Breve historia de Bizancio

David Hernández de la Fuente

Breve historia de Bizancio

Prólogo de Johannes Niehoff-Panagiotidis

Alianza editorial
El libro de bolsillo

Diseño de colección: Estudio de Manuel Estrada con la colaboración de Roberto Turégano y Lynda Bozarth
Diseño de cubierta: Manuel Estrada
Ilustración de cubierta: Maximiano (mosaico, basílica de San Vitale, Rávena)
© Bridgeman Art Library / Index
Selección de imagen: Carlos Caranci Sáez

Calle Juan Ignacio Luca de Tena, 15;
28027 Madrid; teléfono 91 393 88 88
www.alianzaeditorial.es

ISBN: 978-84-206-8334-8
Depósito legal: M-31.014-2013
Composición: Grupo Anaya
Printed in Spain

Índice

Prólogo[1]

Para entender las diferencias en la cultura académica entre Alemania y España, basta solo recordar el hecho siguiente: en 1995 Juan Signes Codoñer publicó su voluminosa tesis doctoral sobre el periodo de la segunda iconoclasia en Bizancio (815-843, véanse las páginas 163-166), según los historiadores que escribieron a continuación de la crónica de Teófanes el Confesor († hacia 817), los llamados *scriptores post Theophanem*[2]. Ese libro, que analizaba la transmisión del texto y sus fuentes de una manera detallada y sutil, en vista de la compleja y discutida situación de ese legajo de historia, es hoy en día un elemento importante para el conocimiento de los autores cla-

1. Quisiera agradecer a mi colaboradora Sandra Görgen su amable y desinteresada labor al procurarme materiales indispensables para la redacción de este prólogo.
2. J. Signes Codoñer, *El periodo del segundo iconoclasmo en Theophanes Continuatus*, Ámsterdam, 1995.

ve de la historiografía de la dinastía macedónica. Sin embargo, fue publicado cuando la existencia de libros en castellano sobre ese campo seguía siendo una rareza y mucho antes de la edición de la crónica de Simeón el Logoteta, a cargo de Staffan Wahlgren, en 2008. Pero no es el desarrollo de la historiografía bizantina, por supuesto, lo que nos interesa en este prólogo. Lo más llamativo para un alemán es que el español Juan Signes no escribió esta tesis para comenzar una carrera en el campo de la Bizantinística, como habría hecho, sin duda, si hubiera escrito su tesis, por ejemplo, en Múnich o Viena. El autor, especialista también en Derecho Bizantino, es hoy catedrático de Filología Griega en la Universidad de Valladolid. Y eso, en Alemania, sería imposible.

Aunque el interés por la Antigüedad tardía se haya intensificado a lo ancho de todo el mundo en el campo de las humanidades, sobre todo a partir de las publicaciones del docto investigador irlandés Peter R. L. Brown (*1935), el hecho de que un filólogo clásico de pura cepa o un historiador del mundo antiguo dedique su energía a autores o hechos datados después del siglo VI sigue siendo algo realmente excepcional[3]. Un joven colega alemán que quisiera emprender una carrera universitaria habría de escribir sobre Esquilo, Platón o

3. M. Hose, catedrático de Filología Griega en la Universidad de Múnich en los años noventa, ya había escrito obras sobre historiografía bizantina: cf. «Zwischen Tradition und Wandel: Die griechische Historiographie zwischen dem Hellenismus und Byzanz. Versuch eines Überblicks», *Plekos. Periodicum On-line zur Erforschung der Kommunikationsstrukturen in der Spätantike*, 1. 1998 (http://www.plekos.uni-muenchen.de).

Demóstenes, como máximo sobre Calímaco. Un libro como aquel de Thomas Schmitz sobre la segunda sofística, *Bildung und Macht*, ya de 1997, sería, todavía hoy, una notable excepción.

Desde el siglo XIX, la Bizantinística alemana es una disciplina aparte: un *Fach*. Es una materia perfectamente organizada segun las tradiciones artesanales típicas del mundo universitario centroeuropeo. Ya en la primera mitad del siglo XIX Gottlieb Lukas Friedrich Tafel, famoso coeditor de la documentación veneciana relacionada con el Imperio de Oriente, postuló la separación del ámbito «bizantino» del «clásico». Fue, a su manera, precursor de Karl Krumbacher (1856-1909[4]), ilustre filólogo clásico en su origen y primer catedrático de estudios bizantinos en el mundo germanófono. Krumbacher concibió esta disciplina como una continuación de los estudios sobre la cultura griega clásica y como preludio de sus predilectos estudios neohelénicos, y los articuló como un mundo propio. Por falta de conocimientos en el campo teológico –algo indispensable para un bizantinista–, Krumbacher se dejó ayudar en su día por un excelente especialista, Albert Ehrhard, para la segunda edición de su monumental *Geschichte der byzantinischen Literatur*, de 1897. También él empezó su carrera con obras aparecidas en *Kuhns Zeitschrift* sobre el desarrollo desde la lengua griega clásica –la de sus maestros en la universidad– a la moderna –que entonces todavía no era el idioma oficial de Grecia, donde se seguía escribiendo

4. P. Schreiner y E. Vogt (ed.), *Karl Krumbacher. Leben und Werk*. Múnich, 2011.

en griego clásico, la *katharevousa*–, la cual había aprendido de los griegos residentes en Múnich. Esa importante colonia helena, establecida a partir del reinado del hijo menor de Luis de Baviera, Otón, primer rey de Grecia, desde su independencia hasta 1862, sigue existiendo hasta hoy y representa, en el fondo, el origen mismo de la Bizantinística en Alemania. La mayor parte de los especialistas en este campo han estudiado en la cátedra de Krumbacher, entre otros, muchos griegos, como el difunto Ioannis Karayannopoulos.

Distinto es el origen de las colecciones de manuscritos griegos –un corpus indispensable para los estudiosos que comienzan a ocuparse de este campo– presentes en el área centroeuropea, por un lado, y al otro lado de los Pirineos, por otro. En la primera, la actividad de compilación está conectada con la recepción del humanismo italiano por los émulos del humanismo al otro lado de los Alpes y fue en las ciudades libres del imperio donde se dio carta de naturaleza al mundo cristiano greco-oriental como una entidad separada. Sirva de ejemplo el docto humanista Jerónimo Wolf (1561-1580), quien, después de una estancia en Núremberg, legó sus libros a la Biblioteca de Augsburgo, y desde allí acabaron en la Biblioteca Real de Múnich, aunque solo tras la incorporación de la ciudad de los Fugger a Baviera el 26 de diciembre de 1805. En el año 1984, Hans-Georg Beck editó la autobiografía de Wolf en una traducción del latín al alemán[5], llamándole «el padre de la Bizantinística alemana», una distinción que ha sido seriamente

5. *Miscellanea Byzantina Monacensia*, vol. 29.

puesta en duda por D.-R. Reinsch.[6] Sea como fuere, el título de su obra, *Corpus historiae Byzantinae,* hizo época. Otra biblioteca típica de una capital imperial donde abundan los manuscritos griegos es, sin duda, la de Basilea, la cual, sin embargo, no resultó integrada en ninguna biblioteca palatina.

Por el contrario, si hay una biblioteca en el mundo de habla alemana comparable a la situación en España (o, mejor dicho, en Castilla[7]), es la de Viena. Y, por supuesto, son los Habsburgo en ambas partes del continente europeo los responsables de esas colecciones de manuscritos bizantinos. Sabemos bastante sobre la colección de manuscritos griegos de San Lorenzo de El Escorial, incluida la carta de entrega de los propios códices al Real Monasterio datada el 30 de abril de 1576 y firmada por el propio rey Felipe II, la cual fue descubierta en el Archivo de Palacio por R. Beer.[8] La biblioteca contaba entonces, antes del «día nefasto», en palabras del admira-

6. Hieronymus Wolf, manuscrito no publicado y puesto a disposición del autor por cortesía de D. -R. Reinsch. Véase también D. Reinsch, «Edition und Rezeption byzantinischer Historiker durch deutsche Humanisten», en V. H. Eideneier (ed.), *Graeca recentiora in Germania*, Wiesbaden, 1994, 47-63.
7. La situación en la antigua Corona de Aragón, que el autor de este prólogo conoce mal, se configura de manera distinta en cuanto que este Estado tenía intereses políticos directos en el territorio del menguante Imperio Bizantino, incluida la Companía Catalana. Piénsese también en las Vísperas Sicilianas. El archivo de la Ciudad Condal, por esa razón, contiene un rico material para la historia del sudeste de Europa.
8. R. Beer, «Die Handschriftenschenkung Philipps II. an den Escorial vom Jahre 1576», *Jahrbuch der kunsthistorischen Sammlungen des Allerhöchsten Kaiserhauses*, 21, t. 2, 1903.

ble padre Revilla[9], de su incendio, el 7 de junio 1671, con 4.000 volúmenes de manuscritos, latinos y hebreos incluidos. Y gracias a las investigaciones de Miller, Graux, Beer y Jacobs, conocemos bastante bien la historia de ese *fundus*[10]. Desde esas investigaciones sabemos que Felipe II requirió sistemáticamente a sus colaboradores, como Antonio Gracián en España y Don Diego Guzmán de Silva en Italia. Este último, por citar solo un ejemplo, compró la colección de Antonio Eparchos en 1572, y en 1575, poco antes de la entrega oficial al Real Monasterio, la de Francesco Patrizzi, cuyo catálogo (antes de la regia adquisición) se conserva en la *Staatsbibliothek* de Berlín[11]. Como embajador de su Católica Majestad ante la Serenísima desde 1571, Diego Guzmán estaba lo más cerca posible de las fuentes de los manuscritos griegos. Al ver la oferta de Patrizzi, se entiende cómo pasaron a El Escorial con esa compra –la última de tamaño considerable antes de la del *fundus* de Diego Hurtado de Mendoza–, en junio de 1576, manuscritos de autores que nosotros llamaríamos «bizantinos» como Miguel Pselo, Mateo Blastaris, Nicéforo Gregorás o Demetrio

9. A. Revilla, *Catálogo de los Códices Griegos de la Biblioteca de El Escorial.* Tomo 1. Madrid: Imprenta Helénica, 1936. Una *summa* de las investigaciones del origen del fondo puede verse en los párrafos 2 y 3 de su «prólogo» (pp. xv ss. y xx ss.).
10. E. Miller, *Catalogue des manuscrits grecs de la bibliothèque de l'Escurial*, Paris 1848; C. Graux, *Essai sur les origines du fonds grec de l'Escurial*, Paris 1880; Beer, *op. cit.*; E. Jacobs, «Francesco Patricio und seine Sammlung griechischer Handschriften in der Bibliothek des Escorial», *Zentralblatt für Bibliothekswesen* 25, 1908, 19-47.
11. Jacobs, *op. cit.*; esp. p. 30. Felipe II compró todos los manuscritos ofrecidos, 75.

Cidonio. En esta colección se puede notar la predilección de los Austria, por la teología, las ciencias –incluidas aquellas que nosotros acostumbramos a llamar «pseudociencias»–, la medicina o la filosofía. La colección refleja bien el estado de los estudios griegos en la España de entonces[12]. Piénsese también en los gustos de un Rodolfo de Habsburgo en su corte de Praga.

Ya desde entonces, esos estudios griegos siguieron en la Península una misma pauta, que unía lo clásico y lo bizantino. Hasta hoy, las fronteras estrictas en el campo de los estudios helénicos no existen en España. En la tradición mencionada se encuentra el caso de J. Signes, pero también la obra cuya introducción tengo el honor de presentar con estas breves líneas, del también helenista David Hernández de la Fuente, que nos ha regalado varios libros sobre el mundo griego. Recordaré el que dedicó a una escuela de poesía, apostrofada por M. Mullet como «*the Egyptian poetry boom*»[13] y encabezada por Nono de Panópolis (Akhmim, en Egipto), que fue el maestro de todo un grupo de poetas errantes como Pamprepio, Coluto o Museo. Durante mucho tiempo todos ellos padecieron el juicio negativo que pesaba sobre toda la poesía bizantina[14]. El mismo poeta compuso también una paráfrasis del Evangelio de San Juan en versos homéricos, quizás después de su conversión. Otro trabajo no menos meritorio del profesor Hernández de la Fuen-

12. Beer, *op. cit.,* 46.
13. M. Mullett, «The Madness of Genre», *Dumbarton Oaks Papers* 46, 1992, p. 236 y n. 42.
14. H. Hunger, *Die hochsprachliche profane Literatur der Byzantiner*, vol. 2, Múnich 1978, cap. 7.

te es la traducción al castellano de los difíciles versos de su epopeya sobre el dios pagano Dioniso. Siendo él también escritor, no sorprende tanto el éxito de esa traducción a su idioma materno, habida cuenta de que su país conoce una poesía como la de un Góngora o un Quevedo, quienes se vieron malinterpretados durante largo tiempo, siendo definidos, como último recurso, con un término tan lábil como «barroco».

Hasta hoy, el lector español disponía de un manual introductorio a la civilización bizantina, pues tal tarea puede desempeñar la excelente colección de ensayos del insigne Antonio Bravo García, intitulada modestamente *Bizancio, perfiles de un imperio* (Madrid, 1997). En realidad, este libro constituye un intento de examinar unos problemas importantes, y muchas veces debatidos, desde la perspectiva de un helenista español, la cual lo sitúa fuera de unas luchas partidarias entre los bizantinistas, pero cerca de los temas abordados, dada su profunda erudición, también filológica. Ese pequeño volumen se vio completado, en el mismo año, por aquel otro titulado *El Imperio Bizantino. Historia y civilización,* del mismo A. Bravo (y de J. Signes, por supuesto, y E. Rubio Gómez), con el subtítulo «Coordenadas bibliográficas»[15].

15. Tuvo un predecesor en la bibliografía española en el profesor Manuel Fernández Galiano, *Sobre las oposiciones a cátedras de Instituciones de Lengua Griega*, Madrid, 1966, 266-283 (Didáctica de Lenguas Clásicas). La obra de ese docto representante de los estudios griegos en ese sentido general es significativa: publicó –sin olvidar nunca, por supuesto, la literatura «clásica»– trabajos sobre el papiro de Ezequiel de Madrid, sobre Tomás Magister, Konstantinos Kavafis y Giorgos Seferis, y también en griego moderno. Usó su idioma materno y el alemán, y tradujo el Evangelio de San Marcos.

Libros de gran erudición y –si se le permite a un extranjero– de una pluma agradable, pero que no ofrecen, ni prometen hacerlo, una historia de Bizancio tal como hace el presente, que viene a rellenar un vacío casi absoluto patente durante decenios[16].

Esta *Breve historia de Bizancio* tiene sobre todo, para un lector hispanohablante, un interés distinto, aparte del humanístico. Los bizantinos, herederos del Imperio Romano de Oriente tuvieron algo que resulta difícil de entender a los alemanes (pero no a los austríacos y a los turcos), así como a los italianos, maestros *utriusque linguae* desde siempre, y, extraña decirlo, a los propios griegos de hoy: un Imperio. Con todas las consecuencias y para todas las partes implicadas. Y el profesor Hernández de la Fuente se ha propuesto escribir esta *Breve historia de Bizancio* como un relato continuo de hechos y de ideas: por un lado, las victorias, las derrotas, los personajes impresionantes, las intrigas y las traiciones; por otro, también el contexto cultural, literario, artístico y religioso. Pero, sobre todo, el heroísmo de esta civilización, que perduró hasta llegar al último emperador. Constantino XI, en efecto, cayó en las murallas de la Ciudad, convertido al catolicismo y ayudado en postrer extremo por los occidentales, sobre todo los genoveses.

Este vibrante panorama de la civilización bizantina se centra con detalle –y de forma plenamente justificada–

16. Sobre ese tema y con tales características, según mis noticias, solo existe en el mundo académico español la publicación del profesor J. Faci Lacasta, *Introducción al mundo bizantino*, Madrid, 1996.

en los primeros siglos de Bizancio, la llamada antigüedad tardía, aunque habría que mencionar también que, para los pueblos de Europa oriental, fue el último Bizancio el que aportó el influjo más decisivo histórica y culturalmente. Pero no entremos aquí en detalles. Una historia como esta –en el doble sentido de *narratio rerum gestarum* y de *res gestae*– no necesita más prolegómenos. El libro del profesor Hernández de la Fuente merece toda la atención del lector en virtud de dos grandes ventajas: cuenta una historia fascinante –y comparable a la de España, incluido el sentido de pérdida– y la narra de una manera amena, matizada, escrita, en muchos puntos, por un sucesor de Quevedo.

Johannes Niehoff-Panagiotidis
Catedrático de Bizantinística
Universidad Libre de Berlín

Breve historia de Bizancio

Para Alicia

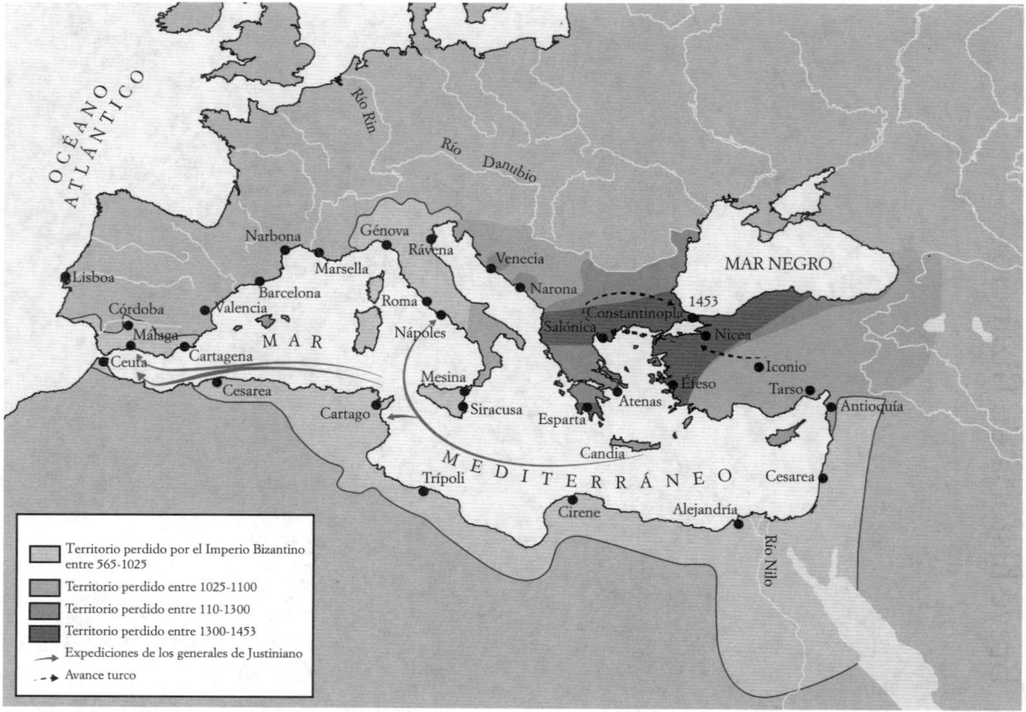

Mapa 1. El Imperio Bizantino

Introducción: La Nueva Roma

En el principio fue la gran capital, el estratégico emplazamiento del Bósforo, a caballo entre Asia y Europa en el estrecho que controla el paso al mar Negro. Este lugar había sido poblado ya desde antiguo. Según la leyenda y la historia de las colonizaciones griegas, su fundador fue Bizante, hijo del rey de Megara e identificado a veces con un hijo legendario del dios de los mares, Poseidón. Zarpó desde la metrópolis megarense para fundar una colonia siguiendo un oráculo délfico que le instaba a levantar la ciudad frente al «país de los ciegos». El ambiguo vaticinio de Apolo no era ajeno a los enigmas de la tradición oracular, pero sorprendió sobremanera a aquel héroe fundador. Solo cuando Bizante pasó navegando a lo largo del Bósforo, frente a la ciudad de Calcedonia, reparó en lo que quería decir aquella misteriosa expresión, al darse cuenta de que los habitantes de Calcedonia –ciudad, por cierto, de larga trayectoria en la posteridad bizantina– habían establecido allí su emplazamiento sin que hubieran sabido ver el excelente lugar que había justamente al otro lado del estrecho, en la orilla europea. Allá se podía construir un puerto prácticamente inexpugnable, un invencible bastión capaz de enseñorearse sin rival alguno del paso de uno de los estrechos más importantes del mundo antiguo. Así que fue en aquel lugar donde decidió fundar en 667 a. C. la prodigiosa ciudad epónima que, ya desde el mito y la leyenda, ha nacido y renacido sin cesar a lo largo de las épocas.

Mil años después, y con una visión de futuro solo comparable a la de Alejandro Magno cuando fundó Alejandría o a la de la Peter Minuit cuando compró el emplazamiento de la futura Nueva York, Constantino eligió aquel mismo lugar clave para el control del Imperio oriental, de las ricas rutas asiáticas, del mar Negro y de la Hélade. Allí se dispuso a reedificar en 324 su nueva capital, que sería el punto de referencia para los pueblos y territorios que en adelante habría de controlar. El movimiento estratégico que significó el desplazamiento del poder imperial hacia Oriente quedaba así señalado mediante la elección de aquel privilegiado enclave que servía como encrucijada de mares, tierras y caminos. Ya en el siglo II a. C. el historiador griego Polibio de Megalópolis, al tratar acerca del surgimiento del poder de Roma, había advertido de la importancia de este lugar para ejercer el dominio de un imperio universal. La espesa red de calzadas del Oriente romano entre el Ponto, Asia y Occidente la atravesaban como un punto neurálgico de comunicaciones y comercio, con especial mención de la célebre Vía Egnatia, construida *c.* 140 a. C. como arteria del Oriente griego, que llevaba desde Dyrrachium (Durazzo) hasta Bizancio, pasando por Salónica. En todo caso, con aquel acto fundacional, o más bien refundacional, estaba naciendo una perdurable civilización hija de Grecia y Roma, de lengua griega, derecho y administración romanos y religión cristiana. La vieja Bizancio, renovada desde entonces por la savia de nuevos pueblos, nuevas ideas y nuevas corrientes creativas, habría de protagonizar un milenio de historia, literatura, lengua, arte y cultura hasta el final de su etapa como guardiana de la tradición imperial romana con su caída en manos de los turcos otomanos en 1453. La ciudad cambiaba entonces de dueños, y paulatinamente de nombre, y aun prolongaría la fascinación cultural que seguiría ejerciendo como capital de la Sublime Puerta, del Imperio Otomano.

El Imperio Romano de Oriente –pues sus habitantes nunca se tuvieron por otra cosa que por romanos de Oriente– es hoy designado con el epíteto de Imperio Bizantino o Bizancio, en una denominación de los estudiosos posteriores que hace referencia al arcaizante origen de la *Bizantion* griega y que ha tenido fortuna por ser una cómoda etiqueta científica para la bizantinística. Huelga decir que esta fue la parte del Imperio Romano que no pereció en la crisis política del siglo V, con la deposición en 476 del último emperador de Occidente. Antes al contrario, esta *pars orientalis* significaba la pervivencia, durante mil años todavía, del nombre y del título de emperador de los romanos, que se extinguió dignamente con la muerte de Constantino XI Paleólogo, el último gobernante al que honró tal distinción. Ha querido la historia que este vibrante milenio de historia bizantina transcurra entre dos siglos, dos ciudades y sus dos caídas: la de la antigua Roma, en pleno siglo V, y la de Constantinopla, la llamada Nueva Roma, en el XV, en un proceso histórico rico y pleno de acontecimientos, y con un legado cultural, el de los estudios bizantinos, que sirve de enlace no solo entre la edad antigua y la medieval y moderna, sino entre Oriente y Occidente, el mundo griego y el latino, la cultura griega clásica y la griega moderna. Pero Bizancio no se acaba ahí, sino que del estudio de su historia, siquiera en un conciso panorama como el presente, se desprende un complejo entramado de relaciones culturales, de lazos políticos y corrientes espirituales, entre el mundo tardoantiguo, heredero de la civilización grecolatina, y el mundo cristiano oriental (armenio, copto, etc.), germánico, judío, islámico, eslavo, etc. (véanse, entre las muchas obras introductorias y de carácter general, Vasiliev 1946, Kazhdan 1991, Treadgold 1997, Bravo 1997 o Stephenson ed. 2010).

A este milenio de historia y cultura dedicaremos estas páginas, que pretenden ser una visión general, amena pero rigurosa, de los sucesos políticos y militares, los procesos sociales y económicos y las corrientes culturales y de pensamiento que se desarrollaron a lo largo de la persistente civilización bizantina. Conforman estos aspectos una unidad estatal y cultural diferenciada que ha desempeñado un papel crucial en la historia de la civilización occidental. Se hará especial énfasis en los aspectos de la historia de las mentalidades y la historia de la cultura que mejor permitan comprender la idiosincrasia del Imperio Romano de Oriente con su especificidad sociopolítica, espiritual y creativa.

Desde sus primeros siglos, cuando se produce la refundación constantiniana de «la ciudad» *(he polis),* de tan larga trayectoria anterior y tan indeleble huella histórica en la posteridad, se verá con detalle el momento clave de la génesis de la civilización bizantina incardinada en la historia del Bajo Imperio, durante la pugna definitiva entre cristianismo y paganismo, y el apoyo progresivo a aquel por parte de las altas instancias políticas del Estado romano. Esta época de cambio, que integra el elemento cristiano en la sociedad y la política tardorromanas, se caracteriza por un cambio notable en la subjetividad, una nueva estética y un nuevo idioma de la propaganda política y de la retórica del poder que se concreta en tres figuras fundamentales, Constantino, Teodosio y Justiniano. A los primeros tres siglos del Imperio de Oriente se dedicará, así, una atención detallada en los tres primeros capítulos, que se detienen especialmente en aspectos culturales, teóricos e ideológicos indispensables para comprender la futura especificidad del mundo bizantino.

Los dos siguientes capítulos consignan el proceso de transición política y espiritual que experimenta el Imperio durante los siglos VII y VIII, marcados por el nacimiento de una ideología estatal de cuño helénico en un mundo cambiante. Como se ve en el reinado de Heraclio, se despojaba el protocolo, y quizá también el imaginario colectivo, de ciertas apariencias de latinidad que cedían el paso a una nueva identidad política ya plenamente griega, aunque orgullosa de su tradición romana. El marco del Mediterráneo oriental, a la vez, se ve agitado por el surgimiento de nuevas corrientes religiosas que, como el Islam, tienen una incidencia clave en los equilibrios geopolíticos de la época. La historia de las mentalidades en esta época muestra el paso de una sociedad caracterizada por los movimientos espirituales de huida del mundo –como el monacato y los varios ascetismos cristianos surgidos en la Antigüedad tardía– a un mundo en el que la religión pide paso en el terreno de lo real y de la implicación militante de sus acólitos, como se ve en el caso de la duradera controversia iconoclasta.

Un capítulo central se dedica a la época macedónica y a la expansión del Imperio de Oriente entre los siglos IX y XI, lo que con toda justicia puede llamarse la edad de oro del Medievo bizantino. El Imperio, que pasa a ser una potencia media del Mediterráneo, continúa revestido de un profundo capital simbólico que le lleva a procesos expansivos y a seguir desempeñando un papel crucial de mediación cultural. Bajo el gobierno de Basilio I o el de los emperadores militares del siglo X se restauraban en parte las fronteras y el prestigio de Bizancio ante los pueblos limítrofes, que admirarían su modelo político y cultural y no tardarían en imitarlo.

En fin, los tres últimos capítulos tratan el largo proceso histórico del declinar del mundo bizantino, en la esfera política europea, hasta su final en el siglo XV, reducido prácticamente a una reliquia histórica testimonial. Las relaciones con Occidente, con el trasfondo de las Cruzadas y de la toma de Constantinopla en 1204, cambian radicalmente el panorama de la época y la percepción de Bizancio desde fuera y desde dentro. Pese a ello, es de destacar la enorme influencia que ejercerá Bizancio sobre la Europa oriental y la importancia de los lazos comerciales, artísticos y literarios que se refuerzan con el Occidente latino, sobre todo con la península itálica, por ejemplo, y la prodigiosa transferencia cultural de los saberes clásicos que se obrará en esta época en los varios renacimientos bizantinos que producirán el Renacimiento italiano. En ese marco, la última dinastía imperial, la de los Paleólogo, impresionará a Occidente y propiciará un florecimiento cultural sin parangón en su tiempo.

Esta breve historia quiere, ante todo, servir de homenaje a los siglos de Bizancio y a su gran importancia como una cultura única y creativa que sirvió de punto de encuentro y de cruce de caminos, frente a un prejuicio por desgracia demasiado enraizado que considera lo bizantino poco menos que sinónimo de algo decadente, fútil y huero. Se proporcionan al lector algunas indicaciones ineludibles a la bibliografía clásica y moderna de la bizantinística, en referencias básicas insertas en el texto, bien entendido que se trata sobre todo de una invitación a profundizar en cada tema concreto al que se alude (véanse, por lo demás, Bravo *et al.* 1997 y Jeffreys ed. 2008). El propósito de este libro, en definitiva, no es tanto trazar una historia política y lineal sino una historia cultural y de la mentalidad bizantina, a modo de resumen general, pero con pretensión de rigor histórico. En todo caso, pretende más bien ser una primera aproximación a la historia bizantina y a su rico legado cultural, un paisaje histórico de una comunidad política y espiritual irrepetible que ha dejado una huella profunda en la historia de las ideas en Occidente.

1. La época de Constantino y sus sucesores

Constantino el Grande

Cuando el 11 de noviembre de 330 Constantino inauguró de manera formal la ciudad que habría de inmortalizar su nombre *(Konstantinoupolis),* se abría el fecundo periodo de la historia bizantina, entre la Antigüedad y la Edad Media y Moderna, a la que se dedica este libro. Una fascinante peripecia histórica gracias a la cual perviviría la cultura griega clásica junto con la política y el derecho romanos en la posteridad, mucho más allá de la caída de la ciudad a mediados del siglo XV. La que pronto sería conocida como la «Nueva Roma» *(Nea Rhome)* o la «Segunda Roma» *(Deutera Rhome)* floreció en una línea histórico-cultural que sigue alumbrando al mundo y asombrando a la posteridad. El enorme legado del helenismo y de la Roma imperial se fundía entonces en una síntesis perfecta gracias precisamente a este Imperio de

Oriente, cuya andadura comienza con la fundación de su espléndida capital.

Llamado «el Grande» en la historiografía tradicional, Constantino era hijo del augusto Constancio Cloro y de la cristiana Elena, posteriormente canonizada. Brillante militar y líder carismático, se vio abocado a la acción tras la muerte de su padre en 306, al verse proclamado nuevo emperador por sus legiones. Esta situación le fue enfrentando sucesivamente a distintos rivales –desde Majencio hasta Licinio– para poder obtener la hegemonía en el Estado romano, la cual consiguió en 324.

Primero hubo de batir a Majencio, hijo del antiguo augusto Maximiano, que se había hecho fuerte en Roma y a quien plantó cara en 312 en la batalla del Puente Milvio, en una situación que en principio era muy desventajosa para Constantino. Cuenta la leyenda que, en la víspera de la batalla, Constantino tuvo una visión en la que se le aparecía un símbolo cristiano y una voz le decía *en touto nika,* o, si se quiere, *in hoc signo vinces* ('bajo este estandarte vencerás'). Y así fue. Sobre el episodio hay discrepancias en las fuentes históricas contemporáneas: en su propia época Lactancio habló de una visión, mientras que Eusebio refiere ora una señal al mediodía, ora una simple invocación a Cristo antes de la batalla. Este es, en cualquier caso, el origen de la estrecha relación que se generó entre Imperio y cristianismo, además del nacimiento legendario del estandarte que habrían de llevar los emperadores cristianos de Constantinopla: el lábaro cristiano sustituyó para siempre a las águilas romanas.

Un año después de su victoria en el Puente Milvio, Constantino promulgó el famoso Edicto de Milán (313), un acuerdo que concedía libertad religiosa a los ciudadanos romanos y ampliaba las libertades que ya había dado su antecesor Galerio.

En este edicto se le reconocían a la religión cristiana los mismos derechos que a las otras religiones, juzgándola compatible con el Estado romano, lo que suponía un cambio significativo frente a las persecuciones anteriores: se devolvieron las propiedades, inmuebles y libros confiscados durante las mencionadas persecuciones, se reconoció la personalidad jurídica de la Iglesia cristiana y sus sacerdotes obtenían las exenciones de impuestos y privilegios que tenían los sacerdotes paganos.

Puede detectarse, no obstante, cierto trato de favor hacia el cristianismo a partir de este edicto, sobre todo en lo que concierne al reconocimiento de los tribunales eclesiásticos, cuyas decisiones debían ser refrendadas por el derecho civil. La proliferación de iglesias en Roma, Constantinopla, Jerusalén o Alejandría, ciudades que se convertirían en centros neurálgicos para la expansión del cristianismo a partir de entonces, atestigua estos beneficios de una confesión que, poco a poco, habría de crecer bajo el amparo del Estado hasta convertirse en la religión imperial. Sin embargo, no hay que olvidar que el paganismo era todavía mayoritario entre la población y que, incluso con las subsiguientes prohibiciones y persecuciones que sufriría la religión tradicional, todavía se prolongó la pugna por la supremacía religiosa al menos durante dos siglos más. A ello hay que sumar las controversias religiosas que surgieron continuamente, sobre todo en los siglos IV y V, en el seno del cristianismo, y con las que el poder político tuvo que convivir o lidiar las más de las veces.

Comoquiera que sea, sobre la sinceridad de la «conversión» de Constantino hay dudas tanto en las fuentes antiguas de diversa inclinación –como el historiador pagano Zósimo, acérrimo detractor del emperador, y el cristiano Eusebio de Cesarea, panegirista suyo– como en la crítica moderna. Parte de esta, no en vano, la considera una astuta maniobra destinada a obtener réditos políticos de la nueva y pujante religión (Barceló 2013, 39 ss.).

Constantino tuvo que mantener una ambigüedad calculada, pues no solo la gran masa social del Imperio seguía siendo pagana, sino que el simbolismo imperial –y por ende la autoridad del Estado– continuaba fuertemente arraigado en la tradición del paganismo grecolatino (cf. Jones 1948, Barnes 1984). Tal vez, siguiendo una costumbre inveterada en los emperadores romanos, Constantino había adoptado simplemente a un nuevo dios tutelar, como otros gobernantes habían elegido a Dioniso o Heracles. Pero la diferencia era que Cristo no era una divinidad pagana tradicional bajo cuya protección se situara el emperador y cuya simple asimilación reivindicara, sino el representante de una religión revolucionaria para la sociedad y el Estado tardoantiguos que transformaría radicalmente los conceptos básicos del mundo grecorromano, si bien a partir de una relectura y apropiación de estos. Obviamente, el Dios cristiano, y también el Dios hombre, no podía ser tan fácilmente instrumentalizado, a la manera tradicional, por el emperador, que reclamara su tutela o la identificación con él.

Se trataba, claramente, de un cambio de paradigma, paulatino y profundo, en la dinámica entre poder y religión que se había dado hasta ahora en el Imperio Romano y que en Constantino aún muestra vacilaciones interesantes, restos del viejo sistema e innovaciones propias de la especificidad del cristianismo. Hay que recordar, en todo caso, que el bautismo –por así decir, la auténtica conversión de Constantino– no se produjo antes de la batalla ni tras el edicto, sino solo en su lecho de muerte.

Sea como fuere, además de este apoyo al cristianismo, que marcó indeleblemente no solo su reinado sino el futuro de Europa (Jones 1948), Constantino fue recordado también para siempre, como se ha dicho ya, por su otra gran contribución histórica, de intuición casi visionaria: la fundación de Constantinopla y el radical desplazamiento del centro de gravedad político del Imperio hacia el este (Dagron 1984).

La nueva capital fue inaugurada formalmente el 11 de mayo de 330 –fecha siempre recordada festivamente durante la época bizantina– bajo los auspicios de la nueva religión cristiana, pero a la vez también por la *Tyché* o fortuna, que estaba acuñada en las monedas de su flamante ciudad. Esta ambivalencia como capital de la cristiandad oriental –una Nueva Roma celosa de la primera también en cuanto a la primacía por la religión– y a la par refugio del saber tradicional clásico marcó el devenir histórico y cultural de Constantinopla a la sombra de la gran catedral justinianea de Santa Sofía, 'la divina sabiduría', mas siempre al albur de la caprichosa y alada fortuna. El programa iconográfico constantiniano es fiel reflejo de esta combinación de motivos; tal vez el símbolo más llamativo de esta mezcla sea la columna de Constantino, con sus reliquias paganas en un contexto que tendía ya inexorablemente a lo cristiano.

Es posible que Constantino tuviera en mente otras ciudades de la parte oriental cerca de su Naissus natal o de la Nicomedia que le vio crecer, pero al fin, además de la situación estratégica del lugar, seguramente pesó en su elección el simbolismo de la cercanía de Troya, desde donde había partido Eneas, fundador de la Roma eterna e imperial en la épica proaugústea de Virgilio, y adonde, siguiendo el círculo de la historia, habría de regresar el pueblo romano para obtener un nuevo y brillante futuro en una 'Segunda Roma'. Con el transcurrir de los siglos, cristianismo y tradición clásica se irían amalgamando en la Nueva Roma hasta formar un tríptico basado en el elemento helénico, el cristiano y el romano.

Características del Imperio en la Antigüedad tardía

Además de como fundador de la Nueva Roma, Constantino ha de ser recordado como el gobernante que sentó las bases políticas del Imperio de Oriente y dio origen a su primera dinastía imperial. Sus reformas administrativas, que continuaron las llevadas a cabo por su predecesor Diocleciano, condujeron a una clara división entre ambas partes del Imperio y a una transformación del aparato estatal en una estructura política, militar y burocrática jerarquizada desde la cúspide del poder, ostentado por los dos Augustos y los dos Césares, hasta la multitud de cargos administrativos de prefecturas, provincias, diócesis, ciudades, etc.

Hay quien ve en el llamado Dominado una adopción de modelos helenísticos y orientales en el Imperio que se basa en una monarquía absoluta y cercana a la idea de lo divino. Hay que decir, no obstante, que Constantino supone una evolución y una cierta superación de la crisis en la que entra el modelo político de la Tetrarquía impuesto por Diocleciano, que va a tender desde entonces a la concentración del poder (sobre las reformas de Diocleciano, cf. Williams 1985, Kolb 1987, Bravo 1991). Esta fuerte impronta se notará en la línea de reformas que instala la nueva capital en territorio oriental, afianza el poder omnímodo del emperador y separa los poderes militar y civil, potenciando una numerosa administración.

La organización burocrática del Estado que legó la reforma dioclecianea-constantiniana nos es conocida gracias a la *Notitia Dignitatum (c.* 430), un listado de los máximos cargos civiles y militares, con sus respectivas tareas y dotación (Neira Faleiro 2005). La separación entre lo civil y lo militar que conllevó esta reforma se ejemplifica en varios aspectos que van desde el sistema tetrárquico –y sus consiguientes divisiones de carácter político y administrativo–, el aumento de las provincias y la creación de diócesis hasta la época posconstantiniana. A los más altos magistrados del Imperio, los prefectos del pretorio, se les confiaron tareas exclusivamente civiles y administrativas en el gobierno de las prefecturas de las Galias, Italia, la del Ilírico y la de Oriente. Cada una de ellas estaba a su vez dividida en varias diócesis; en total eran doce, con un vicario a su mando, y cada diócesis se dividía en provincias, a cargo de gobernadores o procónsules. Las excepciones a esta reforma administrativa que se gestó en la época dioclecianea-constantiniana fueron Roma y Constantinopla, que estaban regi-

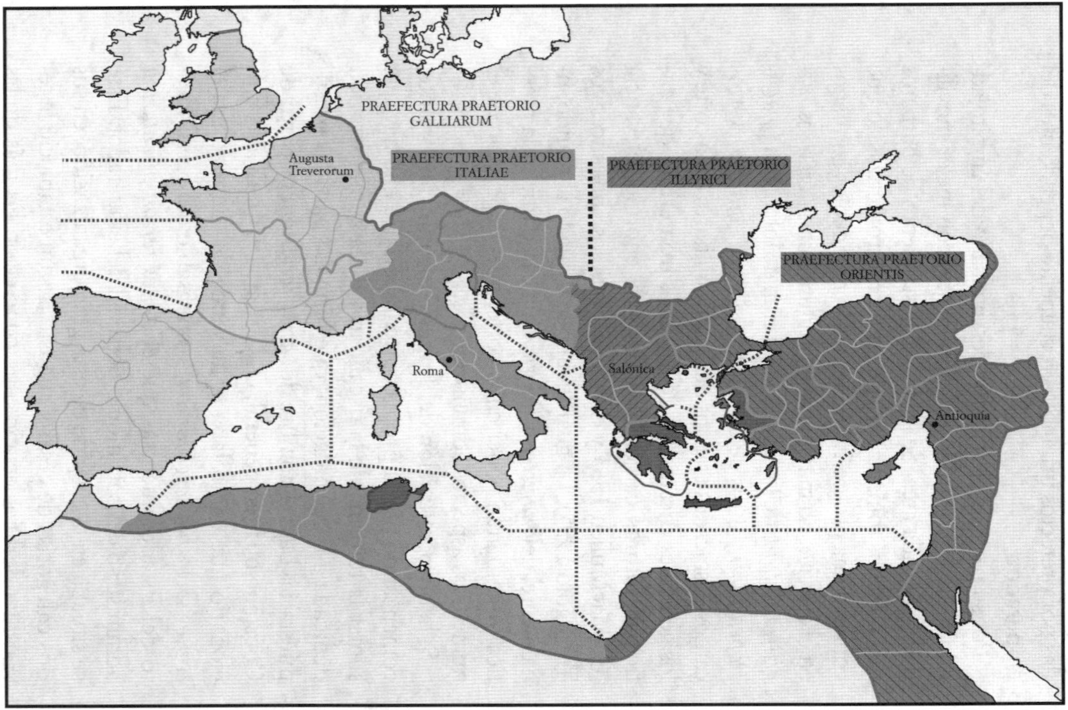

Mapa 2. El Imperio Romano tardoantiguo según la *Notitia Dignitatum* (*c.* 430)

das por prefectos urbanos directamente dependientes del emperador.

Por su parte, el ejército fue desvinculado del ámbito administrativo y dividido en contingentes con mejor movilidad para cada área. Se aceptó el alistamiento de bárbaros más o menos romanizados de las tierras fronterizas, lo que conllevó una progresiva penetración de pueblos germanos en el ejército. La máxima magistratura militar eran los *magistri militum,* de los cuales unos eran de infantería *(magistri peditum)* y otros de caballería *(magistri equitum).* Otros cargos destacados eran los delegados militares en la corte y los generales encargados de las zonas fronterizas, que anticipan futuros cargos bizantinos de enorme relevancia (cf. MacMullen 1963 y en general y en los años sucesivos Treadgold 1995). La guardia imperial quedó al mando, finalmente, del *magister officiorum,* un cargo que en la práctica ostentó gran poder en la corte, pues dependían de él numerosos aspectos administrativos.

Si la burocratización del Imperio fue muy importante, comenzando por la propia corte imperial, a ello hay que sumar la reforma de la fiscalidad y de la administración dedicada a la recaudación, que formaba partidas presupuestarias bajo el nombre de *sacrae largitiones* a partir de Constancio II (en general, cf. Goffart 1974). El alto funcionario que controlaba la hacienda del Imperio era el *comes sacrarum largitionum,* responsable del presupuesto del Estado, mientras que el *comes rerum privatarum* administraba el patrimonio personal del emperador. Este se situaba en la cúspide de esta gran organización, en sus dos categorías de césar y augusto, según estableció la tetrarquía de Diocleciano, una concreción las más de las veces imperfecta, que se desdoblaba en Oriente y Occidente. El emperador era el comandante en jefe del ejército, la máxima instancia judicial y el legislador de todo el sistema, y conservó, hasta Teodosio, la prerrogativa religiosa de ser *Pontifex Maximus,* como cabeza de los creyentes y primero entre los obispos en sus sínodos.

En breve, este Imperio reformado de la Antigüedad tardía que alcanza su punto culminante bajo Constantino muestra a un emperador relacionado con la divinidad, pronto situado directamente bajo la tutela de Cristo y de Dios Padre, y rodeado por un complejo protocolo en la cumbre de una enorme pirámide burocrática, administrativa y militar. La reorganización del Imperio era solo parcialmente funcional, pues el funcionariado podía ser excesivamente burocrático y las unidades militares tornarse peligrosas para la estabilidad del Estado, como de hecho ocurriría en los sucesivos siglos de historia bizantina. Además, las discordias civiles y los problemas sociales no fueron ajenos al Imperio.

Las reformas de este Imperio tardoantiguo y protobizantino se basaron en un aumento de la presión fiscal. Desde la reforma tributaria de Diocleciano, se había implantado un nuevo impuesto a la propiedad, la *annona,* y un estricto sistema fiscal que combinaba la *iugatio,* un gravamen de las rentas de la tierra, y la *capitatio,* sobre las personas físicas (cf. Goffart 1974). Parece que Constantino instituyó un nuevo impuesto a comerciantes, prestamistas, artesanos y personas que recibían honorarios por su trabajo; se trataba de la *collatio lustralis,* la cual se aplicaba cada cinco años en ambas partes del Imperio, y que en Oriente era conocido como el *chrysargyron* (de *chrysos,* 'oro', y *argyros,* 'plata', las dos formas de pago). Cada ciudad recaudaba los impuestos, que luego eran pagados al Estado.

Esta dura fiscalidad tardoantigua causó penurias entre la población; la sociedad experimentó un aumento en la brecha entre ricos y pobres además de una reducción de la movilidad social y geográfica. Ciertos aristócratas *(honestiores)* se enriquecieron de forma impensable para épocas pasadas, mientras que aumentó la masa de población desfavorecida *(humiliores)* forzada a la producción agrícola en condiciones durísimas y en una porción de terreno determinada a la que quedaba atada de una manera casi servil (cf. en general Stein 1928, Demandt 1989; recientemente, y sobre el cambio agrario, Banaji 2001).

A la idea de la fundación de una Nueva Roma, de una capital imperial renovada, se le dio énfasis por medio de un programa propagandístico de construcciones urbanísticas que comenzó el propio Constantino y que continuaron sus sucesores, notablemente Teodosio, Anastasio y Justiniano. El viejo contorno de la ciudad griega originaria –en el idóneo emplazamiento que había sido elegido siglos atrás por los megarenses– fue ampliado cinco veces en su tamaño por el perspicaz refundador de la ciudad, Constantino, que mandó abrir una amplia plaza, llamada Augusteo, en el centro de la antigua Bizancio. Salta a la vista en la actualidad, al igual que entonces, el paralelismo entre Constantino y Augusto como dos refundadores del Estado rodeados de un aparato iconográfico y propagandístico muy notable. Las medidas reformistas abarcaban un amplio espectro, desde la legislación hasta las artes.

Muy pronto comenzó Constantinopla a hacerle sombra a su hermana mayor tras recibir el *ius italicum* y una cierta autonomía al quedar bajo el mando de un prefecto urbano. Sobre el modelo de la vieja Roma, la ciudad se habría de convertir en uno de los más populosos enclaves del Imperio, sobre todo cuando, tras la época de Teodosio, fue designada definitivamente capital imperial de Oriente. La Nueva Roma imitó las instituciones políticas de la antigua, con un Senado que tenía prácticamente los mismos privilegios que el romano (Dagron 1984). La distinción oficial de la ciudad como Segunda Roma no es anterior al siglo V, aunque el historiador de la Iglesia Sócrates afirmaba en 381 que ya Constantino la llamaba de esa manera, dando fe, por tanto, el emperador de su carácter visionario y de su amplitud de miras.

Una segunda equiparación se nos antoja necesaria, y es la de Constantino con Alejandro, en la perspectiva comparable histórica y geopolíticamente que poseen la fundación de Constantinopla y la de Alejandría. Ambas ciudades estaban inspiradas en un ideal de monarquía universal, con la última razón del dominio del mundo y el sueño del Imperio. Constantinopla sumaba a ese viejo ideal clásico –macedonio y helenístico el de Alejandro y sus sucesores, y luego romano y tardorromano– la consciencia de la necesidad de la unidad religiosa y la noción de una armonía espiritual que habría de llevar al Imperio Bizantino a unir indisolublemente política y religión (para un panorama del Imperio tardoantiguo, cf. Stein 1928, Brown 1971, Demandt 1989, Cameron 1993, Ward-Perkins 2005).

Iglesia e Imperio

Una de las notas distintivas más perdurables de la civilización bizantina sería precisamente la simbiosis entre religión y política, que no solo marcaría sus comienzos constantinianos, sino que incluso determinaría su caída ante los otomanos, cuando muchos cristianos orientales antepusieron su identidad religiosa a la alianza de las Iglesias para obtener la ayuda del Occidente latino. La cuestión religiosa fue, poco a poco, superponiéndose a la política imperial e incluso condicionándola.

El poder de la Iglesia y su influencia social fueron en aumento a lo largo de los siglos III y IV. Hay que decir que esta fue una época marcada por la tendencia a la santidad y el monacato, al prestigio social del hombre santo, con un desplazamiento evidente de los modelos de ejemplaridad pública desde el mundo político, artístico o militar al religioso: las masas de desfavorecidos ponían su mirada en un mundo prometido, divino, más allá de sus sufrimientos en este «valle de lágrimas». Las clases altas y las que querían medrar veían, por su parte, en el creciente influjo del cristianismo un elemento fundamental para procurar éxitos sociales y riquezas.

No está de más recordar que el siglo III, y sobre todo el IV, es la época del auge de los movimientos espirituales de huida del mundo y contacto privilegiado con lo divino: el monacato y la religiosidad personal. Los ideales de ascesis y pobreza que defiende el cristianismo promueven el surgimiento de nuevos modelos sociales en la sociedad cambiante de estos años a lo largo de todo el Imperio (cf. Brown 2012 para el Occidente): los pobres heredarán el reino de los cielos, según los Evangelios, y un enfervorizado cristianismo decide poner en práctica estos ideales en la sociedad tardoantigua. En la espiritualidad de estos años aparecen figuras clave como los santos Antonio Abad, Atanasio de Alejandría, Pacomio o Shenoute de Atripe. Ellos representan las tendencias que aspiran a aislarse de la sociedad mediante el eremitismo, a fundar comunidades en los páramos y cenobios entendidos como ciudades divinas; fueron movimientos en torno a líderes carismáticos a los que siguieron multitudes que, como se verá, revolucionaron la sociedad y la cultura de la Antigüedad tardía.

Constantino, sin embargo, conservaba aún la vieja prerrogativa de *Pontifex Maximus,* lo que le procuró no pocos quebraderos de cabeza a la hora de lidiar con los nuevos problemas que plantearon las herejías surgidas en el seno del cristianismo. La Iglesia será, a partir del siglo IV, un hervidero de discusiones teológicas en un ambiente de sutiles disquisiciones en torno a la naturaleza del Dios cristiano –como Dios-hombre u hombre-Dios–, de la Trinidad y de la Madre de Dios, que originaron propuestas desviadas de la ortodoxia, las cuales fueron afrontadas en distintos concilios convocados por los emperadores.

Lo más curioso y lo que más fuerte influencia tuvo en la posterior edad bizantina es que tales disputas llegaron a impregnar la discusión pública y casi cotidiana en el Imperio Oriental, que sería célebre por sus controversias teológicas. Estas discusiones se irían convirtiendo en rasgos de pertenencia a grupos sociales o territoriales, pues, más allá de circunscribirse a círculos de teólogos o filósofos, habían calado en el seno de la sociedad y había más personas interesadas en ellas, en un nivel básico e identitario, de lo que cabría suponer.

Quizá la más importante herejía durante la dinastía constantiniana fue el arrianismo, que había nacido en Siria y tomó el nombre de Arrio de Alejandría, quien, para resolver la delicada cuestión de la coexistencia de las naturalezas humana y divina de Cristo, propugnó la idea de que Jesucristo, como Hijo de Dios, había sido creado y participaba de una esencia semejante a la del Padre, en un sentido neoplatónico. Desde muy pronto, el arrianismo contó con el apoyo de destacados miembros de la Iglesia y el conflicto llegó ante el emperador. Constantino recibió las quejas de cada partido y convocó para dirimir la cuestión el primer concilio ecuménico, en Nicea (325), que presidió en persona. El arrianismo resultó finalmente condenado y se adoptó el llamado «Credo de Nicea» que reconocía a Cristo como «Hijo de Dios, no creado, y de la misma naturaleza que el Padre». Pero la disputa entre arrianos y nicenos no terminaría allí, sino que sería una de las cuestiones más candentes del debate teológico que, según la orientación de cada soberano, marcaría el devenir político del Imperio.

No se compaginaba mal esta teoría con la comparación entre el emperador como cabeza del Estado, y ser tradicionalmente divino o semidivino, y la compleja figura de Cristo según la teología. Suponía una cierta manera de integrar el cristianismo en el sistema político e ideológico imperial de la tradición romana. El arrianismo, además, triunfó especialmente en ciertos sectores de la población, y fue especialmente difundido entre los neófitos de origen bárbaro, sobre todo entre los pueblos germánicos. El emperador, en esta controversia, se hallaba en un punto medio muy delicado. Esta y otras disquisiciones teológicas tuvieron honda influencia en las facciones de la corte, en la relación entre la capital y las provincias e incluso en la vida cotidiana de los romanos del este.

Los sucesores de Constantino: de Constancio II a Juliano

Cuando en 337 murió Constantino, se anticipaba en cierto modo un panorama de lo que habría de ser el Imperio de Oriente en los tres siglos siguientes. A la vez, surgía una dinastía de emperadores marcados por el cristianismo y su imbricación en la corte oriental, cada vez más difícil de comprender sin la jerarquía eclesiástica.

A la muerte del fundador de Constantinopla, sus tres hijos, Constantino, Constancio y Constante, se repartieron las dignidades del Imperio, pero terminaron enfrentándose entre sí hasta que prevaleció Constancio, que reinaría hasta 361 como Constancio II. Se trata de uno de los reinados más largos e intensos de la Antigüedad tardía, pleno de sucesos cruciales para el devenir de la política religiosa del Imperio (Barceló 2004). Ya su propia ascensión al trono estuvo marcada por el enfrentamiento sangriento con sus rivales directos al trono. Las causas de la disensión entre los tres hermanos fueron diversas; no poco pesaba la discrepancia en materia religiosa, pues Constantino y Constante adoptaron el credo niceno, mientras que Constancio apoyaba abiertamente el arrianismo. Al final, mediante sangrientas intrigas, Constancio neutralizó a sus dos hermanos, exterminando a sus posibles competidores, y se aseguró el trono para sí.

Durante su reinado, Constancio II acosó a los paganos prohibiendo el sacrificio y hostigó a los cristianos nicenos haciendo profesión de arrianismo y otorgando sus favores a los eclesiásticos de esta orientación. Sus disputas con el poderoso patriarca de Alejandría, Atanasio, a quien desterró por dos veces de su sede episcopal, constituyen un interesante capítulo en la lucha por la influencia política y espiritual entre emperadores y obispos (Barnes 1993, Barceló 2013). En cuanto a la política exterior, su reinado estuvo marcado por las luchas contra los persas sasánidas de Sapor II, que asediaban las fronteras orientales del Imperio; el mismo Constancio murió en Asia durante una campaña contra aquellos.

Constancio II murió sin descendencia. Aunque había designado a su primo Galo como césar, lo eliminó también al sospechar que conspiraba para obtener el trono. Solo quedaba en la familia como candidato el hermano de Galo, Juliano, que llegó al trono en 361 y que sería recordado en la posteridad con el sobrenombre del «Apóstata» por su vuelta a la religión tradicional y su intento de revertir la influencia del cristianismo. Su personalidad la conocemos bien merced a su extraordinaria obra, su colección de cartas y a la gran fascinación que ha provocado su biografía (Browning 1975, Athanassiadi 1992).

Juliano había sido instruido por su familia en las Escrituras, pero desarrolló un enorme amor por la literatura del helenismo y contrapuso el mundo de Homero y del paganismo antiguo al de la nueva religión oficial del Imperio, influido por excepcionales maestros e intelectuales paganos, como el orador Libanio –del que también fueron discípulos Padres de la Iglesia como San Juan Crisóstomo– o el filósofo neoplatónico Máximo de Éfeso. El propio Juliano fue autor de una obra filosófica y retórica nada desdeñable. Cuando una serie de casualidades y sucesos luctuosos –como la muerte de su hermano por el recelo del emperador– le llevaron desde el destierro a ser nombrado césar por Constancio, Juliano probó su valor en la guerra contra los germanos, a los que pudo mantener a raya más allá del Rin, desde sus destacamentos en la Galia. Su popularidad fue en aumento hasta que sus soldados resolvieron proclamarle emperador. Desde ese momento, el conflicto con Constancio, desplazado al Este para hacer frente a la amenaza persa, se tornó inevitable. Pero, en un golpe de suerte, Constancio murió inesperadamente y Juliano quedó en solitario al frente del Imperio. A partir de entonces dedicó su afán a restaurar las viejas glorias del paganismo y a impulsar la literatura y la filosofía clásicas, quitándolas de las manos de los cristianos mediante el llamado Edicto de los Rétores (362). Curiosamente, el sistema de sacerdocio y adivinación pagana que trató de reinstaurar desde el poder imitaba en cierto modo, al menos en cuanto a estructura y fines, al cristianismo que intentaba erradicar.

En efecto, durante el reinado del emperador Juliano se produce un curioso fenómeno de mímesis de las estructuras eclesiásticas y sociales cristianas por parte del paganismo, al que no pudo permanecer ajeno el helenismo del siglo IV de nuestra era. Para la mayor parte de la crítica, esta imitación de las estructuras de apoyo social era una pieza en la estrategia del emperador contra el cristianismo, que iba paralela al intento de establecer «obispados» paganos en los que personas de prestigio recibirían autoridad sobre los cultos paganos de una diócesis. La iniciativa de establecer instituciones de beneficencia, por otra parte, queda atestiguada en una carta dirigida a Arsacio de Galacia, uno de estos altos sacerdotes, que data de 362. Parecía que el emperador trataba de conseguir un *aggiornamento* de la vieja religión tradicional (Sanz Serrano 1991, Athanassiadi 1992); esta actualización se formaba sobre los moldes del neoplatonismo, pero, paradójicamente, mostraba ciertas influencias cristianas que delataban su educación temprana.

Sin embargo, Juliano murió sin ver culminada su obra reformista en el verano de 363, a causa de una herida que recibió en el campo de batalla durante una campaña contra los persas. Su intento romántico de volver al paganismo clásico ha proporcionado a su figura dimensiones casi legendarias. Cuenta una tradición apócrifa que, antes de morir a consecuencia de sus heridas –según alguna versión, una flecha de un soldado cristiano; según otros, castigo divino–, el emperador exclamó: «Venciste, Galileo», dirigiéndose a Cristo, que, en adelante, sería el único dios del Imperio Romano.

Con el breve reinado de Juliano –que fue seguido por el más breve aún del cristiano niceno Joviano (363-364)– se puso fin a la dinastía de Constantino. Con la figura de Joviano, que era un simple comandante de la guardia imperial de Juliano proclamado por las tropas a la muerte de este, se volvía a la elección por aclamación, característica de la época de la anarquía militar. Tras su repentina muerte, fue sucedido por los dos hijos de un general de Constante, uno en cada parte del Imperio: el niceno Valentiniano (364-375), que gobernó Occidente, y su hermano el arriano Valente (364-378), que se encargó de la parte oriental del Imperio. Por primera vez, las preferencias religiosas marcaban también territorial y políticamente de forma diferenciada cada mitad del Imperio, propiciando también diversas actitudes ante el paganismo, desde la mayor tolerancia de Valentiniano a la persecución de Valente.

Pero lo que más fuerte impronta dejó en la época de estos dos hermanos regentes fue sin duda la amenaza de los godos, que ya se cernía al noreste de las fronteras del Imperio (en general, Sanz Serrano 2009). Una serie de trágicos errores hizo que el emperador oriental, Valente, muriera en la batalla de Adrianópolis (378) frente a los godos, que ya se habían establecido no muy lejos de la capital oriental, Constantinopla. El desastre de Adrianópolis impresionó vivamente a sus contemporáneos, en un episodio que marca un antes y un después en la Antigüedad tardía y la primera edad bizantina: la invasión de los pueblos godos había causado por vez primera la muerte a un emperador romano. La presencia del elemento germánico en el seno del Estado romano sería desde entonces una referencia ineludible en la historia del Imperio de Oriente, por no hablar de su papel fundamental en la caída del Imperio de Occidente.

2. La época teodosiana. Política y cultura en la génesis del Imperio de Oriente

Teodosio el Grande

El último cuarto del siglo IV configura de forma definitiva lo que será el Imperio Romano de Oriente, con la separación de las dos partes del Imperio y con la adopción del cristianismo como religión oficial y propia del aparato del Estado. En la época de Teodosio, el último emperador que reinará sobre ambas partes del Imperio, se observa un cierto repliegue táctico de la corte y del aparato militar del Estado, que muestra una nueva actitud hacia los pueblos germánicos. En cierto modo, se había demostrado que el futuro del Imperio pasaba por una integración, de una forma u otra, de los bárbaros en su interior, después de la conmoción que supuso la derrota romana en Adrianópolis.

En la parte occidental del Imperio, a Valentiniano le sucedió su hijo Graciano (375-383), quien, cuando murió el emperador oriental Valente en Adrianópolis (378), y tras asumir brevemente el mando de todo el Imperio, nombró augusto de Oriente al hispano Teodosio. Esta demostraría ser a la postre una de las decisiones más importantes de Graciano, pues en breve accedería al dominio de todo el orbe romano una personalidad influyente y singular que sería determinante en el desarrollo del Estado romano tardoantiguo.

Teodosio, llamado el Grande (379-395), fue, sin ninguna duda, la segunda gran figura de este siglo IV, después de Constantino. Nacido seguramente en Cauca, en el interior de Hispania, su gobierno supuso un punto de inflexión en la historia romana (Lippold 1980, Williams y Friell 1994, Bravo 2010). Por un lado, bajo su reinado se produjo la definitiva incardinación del cristianismo en el seno del Imperio, con la noción de la ortodoxia y la persecución de las herejías contrarias al credo apoyado por el emperador. Esto conllevó lógicamente una dura pugna con los restos del paganismo tradicional (Cameron 2011) y trajo como contrapartida el creciente predominio de ciertas figuras de la jerarquía eclesiástica en la cúpula política.

Por otro lado, además de sentarse las bases de la futura división del Imperio, Teodosio restauró su unidad, no solo políticamente –fue el último emperador que gobernó sobre ambas partes, como se ha dicho, tras la desaparición de Graciano–, sino también desde el punto de vista del uso de la religión como elemento de cohesión y de control social y político con la apuesta por la ortodoxia nicena frente al arrianismo. La fragmentación religiosa existente entre el Occidente niceno de Valentiniano y el Oriente arriano de Valente había logrado que tanto la unidad de la Iglesia como la posición mediadora del poder imperial como autoridad religiosa quedasen en entredicho. Teodosio trató de favorecer esta unidad, pero, paradójicamente, fue el primer emperador en renunciar al título de *Pontifex Maximus* que tuvieron sus predecesores para arrogarse la prerrogativa de dirimir en último término las disputas religiosas.

En efecto, Teodosio hizo uso de la legislación para regular la cuestión religiosa, pero siempre apoyado en un consejo eclesiástico que lo asesoraba. Por medio del edicto *Cunctos populos* Teodosio marcó las líneas rojas de la posición del Estado romano frente al hecho religioso y a la actitud individual de sus súbditos: se establecía el credo niceno como recta fe *(orthodoxia)* del Estado frente a herejías como el arrianismo o frente al paganismo, que resultaban oficialmente proscritos y combatidos con duras penas. Teodosio, así, estableció por ley la primacía del catolicismo niceno, y a instancias suyas se celebró en 381 un concilio en Constantinopla para acreditar la unidad de la Iglesia en la llamada fe verdadera, confirmando el Credo de Nicea y la naturaleza doctrinal de la Santa Trinidad. Además, este concilio decretó la posición privilegiada del patriarca de Constantinopla solo después del papa de Roma «pues Constantinopla es la nueva Roma», una polémica cláusula de la que se derivarían, como no podía ser de otra manera, futuras controversias entre las Iglesias de Oriente y Occidente.

Hay que mencionar otra notable diferencia con respecto a sus predecesores Constantino y Constancio II. Mientras que estos sólo se bautizaron poco antes de morir, Teodosio se hizo bautizar poco después de su coronación y tras salir con bien de una grave enfermedad en el año 380. Con este acto sacramental, de honda significación política, el emperador quedaba aún más integrado en la comunidad de los creyentes, pero ya no tenía una posición privilegiada en la Iglesia y, con ello, su papel como mediador entre facciones religiosas, ciertamente, se diluía un tanto. En esa línea hay que entender sus famosas disputas con el influyente Ambrosio, obispo de Milán y ferviente partidario de la ortodoxia nicena, una de las figuras más fascinantes y poderosas del cristianismo de esta época.

A raíz de un tumulto en el hipódromo de Salónica provocado en 390, una multitud nicena linchó al comandante imperial godo –y por ende arriano– a cargo de la ciudad. Teodosio mandó castigar ejemplarmente a la ciudad y a los culpables, aunque en el último momento se arrepintió de sus severas órdenes; sin embargo, la guarnición de Salónica se adelantó y causó una masacre indiscriminada entre la población civil. Los obispos nicenos, con Ambrosio a la cabeza, condenaron enérgicamente el hecho y la actuación del emperador. Tras una viva discusión entre Teodosio y Ambrosio, que llegó a su escenificación final en la basílica de Milán durante una misa –Teodosio llegó a ser incluso excomulgado por Ambrosio–, el emperador suavizó su posición. El poderoso Teodosio acabó por ceder ante las tesis del obispo para poner término a los cada vez más frecuentes enfrentamientos entre facciones religiosas. Ambrosio había marcado claramente cuál era el lugar de la Iglesia frente al Estado y despojó al emperador de todo poder decisorio sobre cuestiones teológicas.

Otros casos de justificación de la violencia con otras minorías, como el caso de la destrucción de la sinagoga de Calínico, en Mesopotamia, en 388, mostraron la doble vara de medir de Ambrosio y de la ortodoxia nicena según sus intereses. Los cristianos de la ciudad, con el obispo a la cabeza, fueron los responsables de la destrucción del templo judío, por lo que Teodosio les condenó a reconstruirlo a sus expensas. Este episodio también causó notables tensiones entre el emperador y el poderoso obispo de Milán, que finalmente convenció a Teodosio para anular sus órdenes.

A esto se añaden las duras medidas que tomó Teodosio contra el paganismo, prohibiendo por ley, en 392, los sacrificios y el culto en los templos de los dioses. Estas medidas se sumaban a las anteriores decisiones de Graciano, quien, seguramente a instancias de Ambrosio de Milán, había hecho retirar del Senado de Roma el tradicional Altar de la Victoria, donde se pronunciaban los juramentos. También en época de Teodosio se clausuraron los Juegos Olímpicos y el santuario de Zeus en Olimpia, otro de los símbolos del helenismo tradicional.

Al amparo de estas leyes, los grupos de cristianos más combativos, en Siria o en el Egipto de las comunidades monásticas, camparon a sus anchas por pueblos y ciudades destruyendo templos y estatuas de los dioses paganos. Así, bajo el patriarca Teófilo, la culta Alejandría sufrió destrucciones de templos y bibliotecas, como el famoso Serapeo, quemado en 392. Posteriormente, a instancias del patriarca Cirilo, fue asesinada en 415 la célebre filósofa y matemática Hipatia durante un segundo pogromo antipagano que desbarató el partido helenizante de Alejandría. Hay que recordar que la palabra *hellen* ('heleno' en griego) designaba en esta época a los paganos, lo que evidenciaba la ligazón entre la religión tradicional y la cultura griega. En otras partes del Imperio, desde Palestina a Roma, se cerraban templos y monumentos de la antigua religión, pese a la resistencia de los paganos tanto de clases populares como de las élites romanas. Un buen ejemplo es el mencionado caso de la clausura del Altar de la Victoria en el Senado romano: el gran orador Símaco, uno de los últimos paganos, solicitó su permanencia por el bien del Estado, al que siempre había protegido ese altar (Chuvin 1991, Cameron 2011). No es sorprendente que los paganos achacaran los desastres militares del Imperio ante los bárbaros al descuido de la tradición religiosa.

Con todo, el paganismo no sería erradicado totalmente, y en provincias orientales como Egipto o Siria sobreviviría en focos culturales, tanto populares como intelectuales, hasta bien entrado el siglo VI (Bowersock 1990).

La división del Imperio: de Arcadio a Teodosio el Joven

La actuación de Teodosio, último emperador de todo el Imperio unido, modeló definitivamente el futuro del Estado romano a través de unas medidas de fuerte impronta cristiana, que legislaban directamente sobre las creencias de sus súbditos y castigaban cualquier desviación de la norma religiosa apoyada por el poder político. El hispano Teodosio, así, ostentó una posición clave en el proceso histórico de la Antigüedad tardía, y el balance de su reinado, con todo, resulta positivo, pues procuró una cierta recuperación del Imperio ante los bárbaros después de la catástrofe de Adrianópolis (MacMullen 1963). Además, su reinado sería el origen de una nueva sociedad, al integrarse a algunos germanos en el aparato del ejército y del Estado mediante pactos.

Sus descendientes, Arcadio y Honorio, reinaron sin autoridad y, en contraste con su padre, ya solo sobre una de las dos partes del Imperio, que a partir de entonces seguirán diferentes derroteros por separado: en ambas mitades del Imperio la cuestión religiosa y el problema de la integración de los pueblos germánicos marcarán en los años venideros el devenir político, pero de diversa manera y con efectos muy diferentes.

El largo y calamitoso reinado de Honorio en Occidente, por ejemplo, sería sucedido por una serie de emperadores débiles y maniatados, condicionados por el poder de los bárbaros y por la influencia de poderosos validos, hasta llegar a su fin en 476 –durante el reinado del breve Rómulo Augústulo– con la caída del Imperio de Occidente, tal y como se había entendido hasta entonces, y el surgimiento de naciones godas de entre sus restos. Para un panorama literario e histórico de la corte de Honorio en Rávena, es conveniente comparar los panegíricos de su poeta oficial Claudiano dedicados al emperador y las interesantes menciones a su valido, el general de origen bárbaro Estilicón, con la situación política real (Cameron 1970).

A partir de este punto, sin embargo, centraremos nuestra atención exclusivamente en la *pars orientalis* y en su desarrollo como ente político independiente y como re-

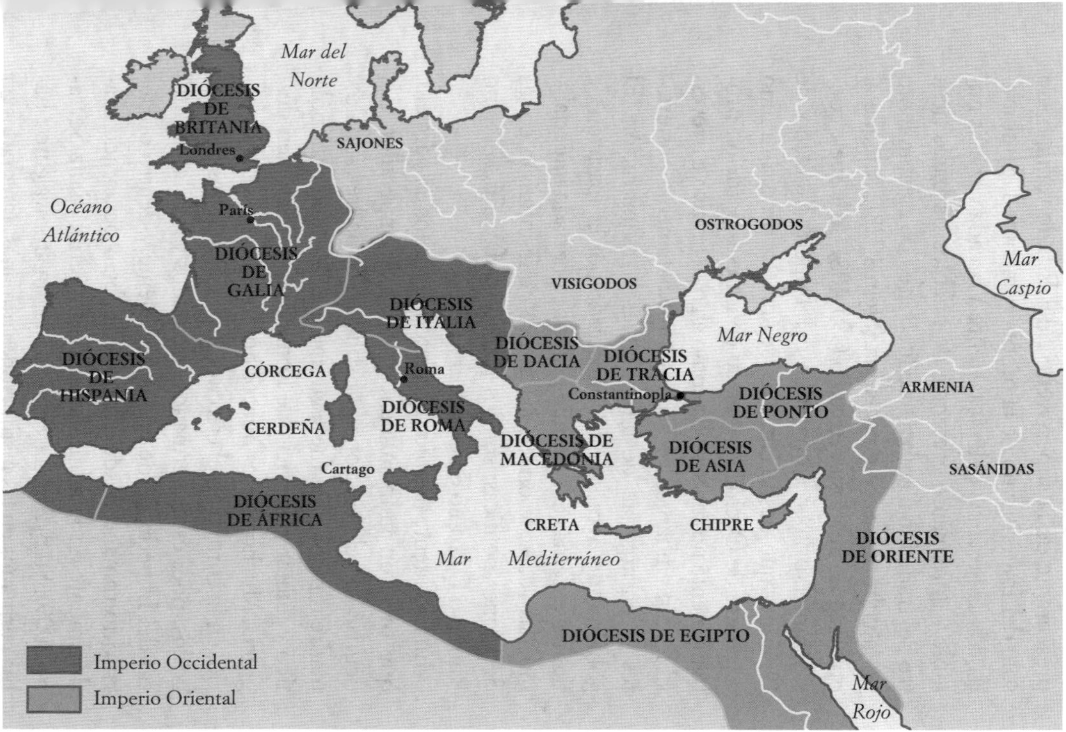

Mapa 3. Partición del Imperio Romano

presentante de la supervivencia del Estado romano, no solo del Imperio sino de la propia romanidad, combinada con la herencia helénica, frente a la cada vez más notable y apremiante presencia de pueblos bárbaros dentro del tradicional ámbito mediterráneo de asentamiento de la cultura clásica grecolatina (Stein 1928). Aunque al otro hijo de Teodosio, Arcadio (395-408), se le suele considerar el primer emperador del Imperio Romano de Oriente –que desde entonces seguirá su propio camino separado de Occidente–, en su época esta partición probablemente no fue sentida como algo definitivo e irreversible. Sin embargo, los hechos inmediatamente posteriores se encargarían de imposibilitar la reunificación. El gobierno de Arcadio estuvo marcado por la aparición de figuras externas a la familia y al funcionariado imperial –muchas veces de origen extranjero– que influirán en las decisiones políticas: son los llamados «favoritos», como Rufino o Eutropio en Oriente.

En Occidente también surgieron favoritos en paralelo, que tuvieron gran influencia sobre el emperador. Así ocurrió con el mencionado Estilicón, de padre vándalo y madre romana, que fue seguramente el último gran político y militar al servicio de Roma hasta su caída en desgracia. Muchos de los nuevos hombres fuertes del Imperio, en la corte o en el ejército, procedían de los pueblos godos, pues estos germanos, asentados ya en las fronteras del Imperio desde época de Valente y dentro del territorio romano desde Teodosio, habían penetrado gradualmente en la administración imperial (Sanz Serrano 2009). Su presencia y actividad eran ambivalentes: había germanos en las instituciones romanas, integrados en el ejército –los llamados *foederati*– y en la burocracia, mientras que otros contingentes seguían suponiendo una amenaza externa, al presionar los territorios fronterizos del Imperio con la intención de asentarse sin permiso en ellos u ocuparlos por la fuerza.

Tras la muerte de Teodosio I, los hunos habían atacado de improviso los territorios de los pueblos godos, y estos, en un movimiento en cadena, se desplazaron hacia el sur, cayendo a su vez sobre el Imperio Oriental, gobernado entonces por el dócil Arcadio. La irrupción de los bárbaros creó enormes tensiones entre los emperadores hermanos Arcadio y Honorio, controlados por sus intrigantes favoritos, quienes aprovecharon el momento de crisis para jugar sus cartas políticas.

Así, bajo el mando del terrible Alarico, los godos asolaron las tierras de Grecia, que fueron defendidas bravamente por Estilicón, favorito de Honorio. Arcadio, aconsejado por sus validos Rufino y, posteriormente, Eutropio, le pidió a Estilicón que se abstuviera de actuar en sus dominios. Esta estrategia, sin embargo, dejó los territorios del Imperio Oriental a merced de los godos. Solo cuando Alarico marchó hacia Occidente, Arcadio optó por dar un título honorífico al jefe godo para intentar ganárselo y conjurar la amenaza que suponían dirigiéndoles hacia Italia, donde Estilicón pudo hacer frente a Alarico sin cortapisas.

Entre tanto, Arcadio tuvo que defender sus fronteras también de la amenaza de los hunos. En esta época, las disputas fronterizas eran frecuentemente dirimidas entre godos rebeldes y godos leales al Imperio, pero ambos grupos estaban marcados por su ambición. Además, sobre la relación romano-germana pesaba siempre la cuestión religiosa, pues los godos eran mayoritariamente arrianos. En general, puede decirse que los godos alcanzaron en esta época su máxima influencia política en la capital oriental bajo el mando del general Gainas, que conspiró contra el favorito del emperador, Eutropio.

Eutropio había aprovechado su influencia en la política defensiva del Imperio para medrar políticamente, lo que terminó conllevando una revuelta orquestada contra él. La esposa de Arcadio, Elia Eudoxia, la poderosa emperatriz oriental, participó en la conjura para neutralizar al valido y convertirse en la nueva influencia en la corte. El general Gainas consiguió la ejecución de Eutropio, además de privilegios para los godos arrianos en Constantinopla, a pesar de la oposición del entonces patriarca Juan Crisóstomo. Al fin, estalló una revuelta contra los godos en la capital, lo que dio pie a Arcadio para eliminar a Gainas mandando contra él a otro godo de su confianza, llamado Fravita.

Pero la política de Arcadio en su corte estuvo también fuertemente condicionada por la poderosa jerarquía eclesiástica, como se puede comprobar en la historia de la caída en desgracia del obispo de Constantinopla, Juan Crisóstomo. Este era enemigo del patriarca de Alejandría, Teófilo, y su actuación en la sede episcopal constantinopolitana le hizo objeto de odio para una parte importante del clero. Además, Crisóstomo se enemistó con la temible emperatriz Eudoxia por las críticas que vertió en sus homilías contra el lujo excesivo de las mujeres de la corte, por las que se dio por aludida Eudoxia, y acabó desterrado por la influencia del fuerte partido que surgió en su contra (Liebeschuetz 1990).

A la muerte del emperador Arcadio en 408, su hijo Teodosio II (408-450) ascendió al trono siendo aún un niño de solo siete años. El Oriente de Teodosio II vivió una pequeña edad dorada de calma frente a la acentuada decadencia occidental. El emperador supo rodearse de una corte de hábiles consejeros y apoyarse, primero, en su sagaz hermana Pulqueria, y después, en su culta esposa Eudocia, dotada de un refinado gusto para la literatura y, en concreto, por la poesía.

La historia de esta emperatriz cultivada es muy particular, pues se trata de una de las últimas filósofas al estilo antiguo de la que tenemos constancia. Tras el lamentable episodio de la muerte de la neoplatónica Hipatia, representante del paganismo, Eudocia puede ser un buen ejemplo de cómo el neoplatonismo, y con él la tradición helénica, se integraba en la corte imperial cristiana. Fue hija del orador y filósofo platónico Leoncio, y su nombre era, en verdad, Atenaida. Versada en el saber helénico tradicional, pues conocía bien a Homero y a Platón, su destino cambió cuando pasó a vivir a Constantinopla justo en el momento en que el emperador Teodosio el Joven buscaba esposa. La hermana del emperador, la influyente Pulqueria, impresionada por la belleza y la sabiduría de Atenaida, arregló su matrimonio con Teodosio. Su nombre fue cambiado por el más apropiado de Elia Eudocia, su carácter y pensamiento se amoldaron a la corte cristiana y su talento poético pasó a celebrar las vidas de santos cristianos. Sobre el ocaso de la influencia social y política de los últimos paganos, pueden consultarse Bowersock (1990), Chuvin (1991) y Cameron (2011).

El largo reinado de Teodosio II estuvo también marcado culturalmente por el surgimiento de una escuela superior en Constantinopla, que destacaría como centro del saber cristiano frente a la ya extinguida escuela filosófica de Alejandría y la languideciente academia neoplatónica de Atenas, que aún tuvo unos últimos destellos con el filósofo pagano Proclo. Asimismo, el emperador promulgó el *Codex Theodosianus* (438), una compilación de disposiciones imperiales que reunía las leyes de los emperadores cristianos anteriores sobre la base de las recopilaciones jurídicas tradicionales. Esta obra, en 16 libros, abarcaba una gran variedad de asuntos, desde el derecho de familia hasta las regulaciones sobre religión.

Durante el reinado de Teodosio II, el Imperio Oriental se mantuvo en una relativa tranquilidad, con la notable excepción de la invasión de los hunos de Atila –conjurada gracias a cesiones y embajadas, como la de Prisco–, lo que contrasta con los numerosos desastres que, como el saqueo de Roma por Alarico en 410, asolaron la parte occidental. La organización política del Imperio de Occidente, entre tanto, se deshacía paulatinamente en nuevas entidades territoriales prácticamente independientes. La caída de Roma en manos de los godos, que tanto impresionó a San Jerónimo y a otros contemporáneos, es buena prueba de que aquel viejo mundo estaba ya desmoronándose y mudando en otro diferente, que había de dar cuenta de la influencia de los pueblos de allende las fronteras del mundo grecorromano tradicional.

El Imperio de Oriente se preparaba, empero, para salvaguardar su integridad en esta época de grandes convulsiones. Como ejemplo, valga decir que de esta época, durante el reinado de Teodosio II, datan las sólidas murallas de Constantinopla que las autoridades orientales construyeron asustadas ante los tremendos acontecimientos en el Occidente.

El final del paganismo y las controversias religiosas

En lo que a la política religiosa se refiere, Teodosio II imitó a su antecesor Teodosio el Grande en su beligerancia contra los paganos. Hay que hacer al respecto un breve excursus histórico y terminológico, pues, como ya se viera en los casos opuestos de Constantino y de Juliano, el paganismo no era sino la religión tradicional del Imperio Romano, a cuya adhesión se debía mucho en la estructura política y cultural del mundo antiguo. Su erradicación y su sustitución por el cristianismo, por ende, no era un proceso sencillo y unívoco, y pese a las medidas legislativas y simbólicas llevadas a cabo por emperadores cristianos como Graciano, Teodosio o Teodosio II, el paganismo sobrevivió en las costumbres y en las mentalidades de los ciudadanos del Imperio durante varios siglos aún.

La consideración de paganismo era, huelga decirlo, una calificación extraña a la antigua religión grecorromana. La palabra *paganus* en latín designaba en principio al habitante de una aldea rústica o al civil en contraposición con el militar. Pero desde los Padres de la Iglesia, como, por ejemplo, Tertuliano o Agustín –que seguramente seguían la metáfora militar del *miles Christi*–, pasará a denominarse así a los seguidores de la religión tradicional. De esta manera lo refleja también la legislación, como en el ejemplo del *Codex Theodosianus* (16, 7, 2: *sacerdotales paganae superstitionis).*

Por su parte, los paganos se denominaban a sí mismos –como se ve en el edicto de Serdica o en los discursos de Juliano– seguidores de la «religión de los padres» o *religio romana,* acentuando que los neófitos cristianos habían renunciado a su tradiciones y que eran, por tanto, traidores a la memoria de los ancestros y a la historia del Imperio Romano y del helenismo a la par. Eso quiso enfatizar, por cierto, con sus medidas el emperador Juliano, en su último intento de volver las tornas a favor de la religión antigua. El tránsito conceptual de llamar a la antigua religión *religio romana* a denominarla *pagana superstitio* era muy significativo, pues trataba de convertir a la tradición religiosa en una mera superstición ignorante.

Además, el paganismo tradicional –que llamaremos así para abreviar– adoptó en plena controversia con el cristianismo la base doctrinal que le proporcionaba el neoplatonismo, un sistema filosófico basado en las prestigiosas doctrinas de Platón y tendente a localizar a un único ser supremo en la cúspide de la pirámide ontológica, que se armonizaba bien con las tendencias henoteístas del paganismo tradicional. Los cristianos, en principio, renegaron de esta corriente filosófica, pero curiosamente después fue adaptada de una manera masiva por teólogos que, como Agustín o Pseudo Dionisio Areopagita, fundamentaron en el neoplatonismo la metafísica cristiana. Las controversias teológicas de los siglos IV-V sobre el sustancialismo y el trinitarismo muestran una profunda influencia de esta corriente de pensamiento, que, en su origen, estaba profundamente inserta en la tradición pagana.

Más allá de la cuestión pagana, Teodosio II tuvo que poner también gran empeño en arreglar las desavenencias teológicas que surgieron en el seno de la Iglesia. Así, se vio en la necesidad de convocar un tercer concilio ecuménico para hacer frente a una nueva herejía, el nestorianismo, que había llegado a amenazar seriamente la convivencia entre los cristianos. La honda cuestión filosófica acerca de la naturaleza divina de Cristo –en el fondo heredada de la alambicada filosofía griega pagana de edad imperial y, en concreto, de las adaptaciones de la teología cristiana a la metafísica neoplatónica– seguía dando enormes quebraderos de cabeza a los Padres de la Iglesia, que pugnaban por encontrar una solución de compromiso que resultara válida para los sutiles razonamientos de los filósofos y que no traicionase la literalidad de las Escrituras.

Se trataba fundamentalmente de entender cómo coexistían en la persona de Cristo su naturaleza divina y la humana; la doctrina, nacida en Antioquía y defendida por Nestorio, patriarca de Constantinopla, afirmaba que en Cristo convivían separadamente las dos naturalezas, la divina y la humana, con independencia de esta última. De ello derivaba también la consideración de la Virgen María como madre solo de su parte humana y no de la divina o «Madre de Dios» *(theotokos)*. En el concilio de Éfeso (431), el papa de Roma y el patriarca de Alejandría, Cirilo, se opusieron a estas teorías y consiguieron que se condenara el nestorianismo y que se exiliara a Nestorio y a sus seguidores (Teja 1995).

Pero, entre tanto, allí también había tenido fortuna otra doctrina, amparada por el poderoso patriarca Cirilo, que, llevando al extremo la oposición a la herejía de Nestorio, sostenía que Cristo solo participaba de una naturaleza divina, que eclipsaba o absorbía su parte humana: el miafisismo (del griego *mía,* 'una', y *physis,* 'naturaleza'). La Iglesia de Alejandría posterior a Cirilo defendió esta noción como propia y con pretensiones de validez universal, pero encontró la oposición del patriarca de Constantinopla y del papa de Roma (Frend 1972).

El sucesor de Cirilo de Alejandría, Dióscuro, había desarrollado la doctrina miafisita llegando a negar totalmente la humanidad de Cristo, frente a la ortodoxia de Roma y, sobre todo, del patriarca de Constantinopla. También estaba el monofisismo de Eutiques, que sostenía que la naturaleza humana y divina de Cristo se fundían en una sola *(mono-)* y nueva naturaleza. La brecha ideológica entre el patriarcado de la ciudad *apud Aegyptum* y el de la ciudad del Bósforo se profundizaba, y finalmente Flaviano de Constantinopla y el papa León I pronunciaron una condena contra estas posiciones. Sin embargo, Dióscuro contraatacó y logró que el emperador convocara un nuevo concilio en Éfeso (449), en el que el partido miafisita se impuso, logrando que su doctrina fuese aprobada y rompiendo la unidad de la Iglesia. Fue el llamado «Latrocinio de Éfeso», pues Cirilo y el partido miafisita obtuvieron su triunfo de forma poco respetable, mediando malas artes y coacciones (Teja 1995, 134). Aunque el miafisismo fuera entonces aprobado e incluido en la ortodoxia oficial por el colegio de obispos, no tardaría, como veremos, en ser de nuevo rechazado en un nuevo concilio.

Huelga decir que, a lo largo de los siglos IV y V, la cuestión religiosa y las discusiones entre paganos y cristianos, ortodoxos y herejes, ocuparon un papel crucial no solo en la política imperial, sino también en la vida cotidiana del Imperio. El arrianismo y el paganismo eran combatidos con igual ardor por emperadores y Padres de la Iglesia ortodoxo-nicenos, y en ocasiones los conflictos rebasaban los tumultuosos concilios, como el citado «Latrocinio de Éfeso» de 449, y tomaban forma de violentos disturbios callejeros, como los que se produjeron en Alejandría o Salónica (cf. en general Teja 1999).

Las discusiones teológicas en torno a la naturaleza de Cristo rebasaban los cenáculos de los Padres de la Iglesia e impregnaban el día a día, sobre todo en el Imperio de Oriente y en Constantinopla. La cuestión miafisita se discutía apasionadamente en plazas, iglesias y mercados, de forma que el Padre de la Iglesia oriental Gregorio de Nisa se quejaba con cierta ironía de la siguiente manera:

> Todo, todo está lleno de personas que discuten acerca de cuestiones ininteligibles: las calles, los mercados, los cruces de caminos... Si se pregunta cuántos óbolos cuesta algo, se os contestará filosofando sobre lo creado y lo no creado. Si se pregunta el precio del pan, se os responderá que el Padre es más grande que el Hijo. Si se pregunta por el baño, se os dirá que el Hijo ha sido creado de la Nada. (*Patrologia Graeca,* ed. Migne, 46, 557.)

Educación y cultura en el Oriente tardoantiguo

Durante las dinastías constantiniana y teodosiana el Imperio experimentó también un notable auge de las artes y las ciencias, especialmente en las grandes ciudades, no solo Roma, sino también Alejandría, Atenas y Antioquía. Las élites intelectuales portadoras de la tradición clásica de la *enkyklios paideia* ('educación integral') del helenismo seguían siendo paganas. Escuelas de astronomía o matemática, de filosofía neoplatónica y retórica florecían en las cuatro grandes urbes mencionadas y en otros nuevos centros de la cultura tardoantigua. En esta época se pusieron las bases de toda la educación y de la cultura letrada del Imperio Bizantino, motivo por el cual debemos detenernos en su consideración detallada.

Ciudades como Constantinopla, Bérito, Nicomedia, Salónica o Éfeso les disputaban el lugar a las cuatro urbes de cultura tradicional como florecientes sedes de estudios generales o especializados. Un buen ejemplo es la Escuela de Derecho de Bérito, muy relevante en toda la Antigüedad tardía, hasta que fue malograda por el terremoto del año 551; la educación en el Oriente griego pasaba primero por un *grammatistes* o maestro privado de primeras letras, luego por el *grammatikos* o preceptor retórico –en las escuelas medias de ciudades provinciales del Imperio, que impulsaron el cultivo literario en esos ambientes– y culminaba con la enseñanza superior a cargo de un *sophistes*. Maestros de retórica como los paganos Libanio, Proheresio o Temistio tuvieron una enorme reputación en la época, congregando numerosos discípulos, tanto paganos como cristianos, que aspiraban a recibir la formación retórica indispensable para ingresar en la administración imperial.

Junto a ellos destacaron también las escuelas filosóficas, de corte neoplatónico, que brillaron con luz propia en Atenas, Siria o Egipto. Pensadores y científicos como Jámblico de Calcis, Máximo de Éfeso, Hierocles, Teón o Hipatia de Alejandría cultivaban la matemática, la astronomía o el neoplatonismo iniciado por el egipcio Plotino y sistematizado por su discípulo Porfirio de Tiro en el siglo precedente, atrayendo también multitudes seducidas por el prestigio de sus enseñanzas. Muchas de las biografías de estos maestros de filosofía y retórica las glosó el rétor Eunapio en sus *Vidas de sofistas*. Así se preservará en esta época el ideal helénico de la *paideia*.

Ciudades con sede universitaria, por llamarlas así, eran Atenas, Roma, Alejandría, Constantinopla, Antioquía o Bérito; es decir, allí donde había un rétor que impartiese sus enseñanzas. Reputados maestros de retórica fueron Libanio o Himerio, paganos que enseñaron por igual a grandes filósofos paganos y a Padres de la Iglesia cristiana. La educación integral del helenismo incluía los poemas de Homero, la filosofía de Platón y Aristóteles, prácticas de retórica aticista, etc.

No hubo en las escuelas, hasta más adelante, estudio de las Escrituras cristianas, aunque hay que decir que en esta época empieza a surgir una literatura cristiana que imita los géneros literarios del helenismo: epístolas, diálogos, epopeyas y poemas líricos basados en las Escrituras comienzan a ser compuestos por aventajados discípulos de la educación helénica como Basilio de Cesarea, Juan Crisóstomo o Gregorio de Nisa. Los filósofos o rétores enseñaban comentando algún texto célebre o con autoridad, ya fueran poemas homéricos o pasajes de Platón o Aristóteles. Asistían a sus clases jóvenes de las clases pudientes o aquellos que esperaban medrar en la administración del Imperio y frecuentaban las clases y ejercicios de retórica o *progymnasmata* y las de filosofía (para el surgimiento de la literatura bizantina, véase Krumbacher 1891).

También en Occidente la *humanitas* clásica estaba representada por las élites senatoriales y las aristocracias municipales de las grandes ciudades, como Autun, Arlés, Tréveris, Lyon o Milán. Pero los cristianos iban ganando terreno en el mundo cultural, adaptando el discurso de los géneros clásicos de la oratoria, la épica o la historia a la nueva y emergente religión, que poco a poco ganaba espacio público.

La creación literaria y artística se anclaba en la tradición clásica, griega y latina, pero a la vez se creaban nuevas formas de expresión, una nueva sensibilidad estética que marcó la Antigüedad tardía y sirvió como preludio, en la parte oriental del Imperio, al arte bizantino. Entre los escritores paganizantes de la época podemos citar a Claudiano, Nono de Panópolis, Símaco, Marciano Capella y otros muchos que dieron brillo a la literatura tardoantigua, en griego y en latín, desde una óptica helénica tradicional, pero adaptándose a nuevos temas y formas literarias. Otro tanto cabe decir de la historia, en la que destaca la figura de Amiano Marcelino, el cronista de toda esta generación posconstantiniana, y la del ferviente pagano Zósimo.

Los cristianos avanzaron sobremanera en la adopción del discurso clásico para sus fines de proselitismo. Si los

Evangelios habían sido compuestos en un griego sencillo, muy pronto los Padres de la Iglesia se esmeraron en el cultivo literario tanto de esta lengua como la de la *pars occidentalis,* en su retórica y en sus géneros más elevados. Pero la Iglesia destacaría también posteriormente por impartir doctrina en la lengua de cada nación: siríaco, gótico, copto, armenio, eslavo, etc. El cultivo literario de cada una de estas lenguas vernáculas fue modelado progresivamente sobre la retórica de las lenguas clásicas y a partir de las enseñanzas del cristianismo. En las lenguas de cultura, sin embargo, poetas y oradores como Sinesio, Prudencio, Gregorio de Nacianzo o Romano de Siria, historiadores eclesiásticos como Eusebio de Cesarea o Sócrates, y Padres cristianos de gran pericia retórica como Ambrosio de Milán, Agustín de Hipona, Lactancio, Juan Crisóstomo, Gregorio de Nisa o Basilio de Cesarea disputaban la primacía literaria a los rétores, filósofos y poetas paganos y, a la vez, adaptaban el legado clásico a las ideas cristianas.

El arte bizantino de esta época está marcado por la consolidación del cristianismo y por los esfuerzos de Constantino para decorar su nueva capital. Bajo su reinado y el de sus sucesores se establecen las bases para las mayores iglesias de la ciudad: Santa Sofía y los Santos Apóstoles.

La combinación de elementos paganos y cristianos en la iconografía, y en general en la cultura, es aún muy notable, y se ve especialmente en Egipto, que durante la Antigüedad tardía se convierte en una suerte de laboratorio de la transformación social y cultural de Oriente (Bagnall 1993). Ejemplos de este característico estilo mixto de la Antigüedad tardía son los telares coptos, la escultura en marfil y la funeraria, que revela influencias cruzadas entre Dioniso y Cristo. Posteriormente, bajo Teodosio I y sus sucesores también se edificarán monumentos influyentes en el arte de la época, como el Hipódromo o la basílica de San Juan en el monasterio *tou Stoudiou*. Pese a la destrucción de casi todas las obras de este periodo en la capital oriental, se presume su fuerte influjo en otras iglesias de Roma, como Santa María Mayor, y Salónica.

Durante esta época comenzó la extraordinaria labor de conservación y transmisión del legado de la cultura clásica grecolatina que, a través de la copia de manuscritos, se perpetuó en el Imperio de Oriente; su lengua natural, pese al latín de la burocracia, era el griego, y las obras que se copiaron a lo largo de los siglos fueron fundamentalmente las obras clave de la tradición griega clásica –los poemas homéricos y sus comentarios, las tragedias de Eurípides o Sófocles, los diálogos de Platón o el Corpus aristotélico–, transmitidas en valiosos códices por copistas bizantinos, cuyas copias conservamos desde los siglos VIII y IX (cf. Wilson 1983 y en general, Reynolds y Wilson 2013). En 391, casi coincidiendo con la destrucción de la biblioteca del Serapeo de Alejandría, Constancio II fundó en Constantinopla una biblioteca y un *Scriptorium* imperial para hacer copias de códices. Pero en 475 un gran incendio afectó muy seriamente a esta colección, compuesta de códices en letra uncial. Tras la oscuridad –como veremos relativa– del siglo VII, la centuria siguiente verá un reflorecimiento de la copia de manuscritos que, más tarde, trasladarían los saberes helénicos a la Europa del Renacimiento.

Hacia una nueva sociedad: cristianismo y política

El siglo que media entre la fundación de Constantinopla y de la dinastía constantiniana y el fin de la dinastía teodosiana supone el punto inicial de la civilización bizantina, en la encrucijada de la Antigüedad y la Edad Media (Stein 1928). La llamada Antigüedad tardía y sus bases políticas, religiosas y culturales suponen un periodo clave para la transmisión del legado clásico y para la transición entre el hombre antiguo y el medieval en la génesis de la sociedad bizantina. De ahí la importancia singular de una reflexión teórica e histórico-cultural sobre estos siglos que a la vez suponen el fin del mundo antiguo y los fundamentos del mundo bizantino a la hora de comprender la idiosincrasia de este último.

Esta época de encrucijada cultural, histórica y espiritual encuentra en toda la cuenca del Mediterráneo diversas manifestaciones que han sido estudiadas con gran interés por la crítica, sobre todo en el último medio siglo, siendo objeto de un intenso debate científico entre historiadores, filósofos y filólogos desde la definición de *Spätantike* por A. Riegl. Se ha defendido el propio concepto y noción de estudio diferenciado de esta época –que se debe a Peter Brown (1971)– como una etiqueta científica válida pese a contribuciones más recientes y en ocasiones críticas (Cameron 1993, Ward-Perkins 2005, por ejemplo).

La irrupción del pujante cristianismo junto con la proliferación de cultos orientales, la crisis económica y de valores, los movimientos de población, las lenguas en contacto y la evolución lingüística y otros factores determinantes para este momento de transición tuvieron honda influencia en este periodo. El pensamiento y la literatura reflejan también una nueva sensibilidad estética y una peculiar interpretación del legado tradicional del helenismo a la luz de las nuevas corrientes filosóficas (notablemente el neoplatonismo) y de espiritualidad (los cultos orientales y mistéricos y el cristianismo). Precisamente en el terreno de lo espiritual se han dedicado numerosos esfuerzos por parte de la crítica para clarificar los conceptos del pensamiento religioso de la época y de la confrontación de corrientes teológicas, con sus disputas continuas, que marcarían el futuro político del Imperio (Barceló 2013).

Esta es la época, también, del afianzamiento de la cultura cristiana, de su espiritualidad diferenciada y de su influencia clave en la sociedad, como han visto autores clásicos como P. Brown (1971) o E. R. Dodds (1968), que señalan la propensión de esta época hacia la religión, en sus vertientes ascética y mística, y el creciente prestigio de los hombres santos. En una época de crisis, la espiritualidad toma una gran preeminencia y la sociedad sigue a los santos que ejemplifican la huida del mundo, viejo ideal tanto del platonismo como, ahora, del cristianismo. Aunque habrá un misticismo pagano muy notable –ejemplificado sobre todo en las obras de neoplatónicos como Porfirio o Jámblico, que escriben biografías del santón pagano Pitágoras–, la pujanza del cristianismo en aquella época hizo mucho más significativo el surgimiento de movimientos espirituales cristianos.

A partir del siglo IV se funda la espiritualidad monástica en el cristianismo egipcio con figuras precursoras como

Pablo el Ermitaño y San Antonio. La vida de San Antonio, glosada por el patriarca San Atanasio de Alejandría, provocó un auténtico éxodo al páramo de cristianos que querían huir de este valle de lágrimas y dedicarse a la oración. En palabras de Atanasio, «el desierto se convirtió en una ciudad», siguiendo ese movimiento que propugnaba el alejamiento del mundo, la oración y la meditación. San Pacomio funda también otro segundo movimiento, el cenobítico (de *koinon bion,* o 'vida en común'), que defiende la convivencia de monjes en comunidades aisladas de la sociedad. Otros religiosos, como San Amón, fundan comunidades más reducidas en Nitria y otros lugares. En el Oriente sirio-palestino se desarrollan otras manifestaciones de espiritualidad oriental: estilitas como San Simón que viven en una columna, boscófagos que solo comen yerbas, dendritas que viven en los árboles.

Nace también una rica literatura en torno a estos santos, de la que son testimonio obras tan representativas de la tradición hagiográfica como la *Historia monachorum* o el *Prado espiritual* de Mosco. Hay una literatura cristiana de enorme riqueza en todos los géneros que, gracias a la labor mediadora de intelectuales cristianos como los llamados Padres capadocios, fue integrada en la tradición de la *paideia* literaria griega. Si hubo alguna vez peligro de fundamentalismo cristiano –en algunas comunidades monásticas y vernáculas centradas exclusivamente en la lectura y aprendizaje de las Sagradas Escrituras– y de que las obras antiguas de Homero o de Platón se perdieran, estos grandes personajes y su amor por la literatura clásica consiguieron que las escuelas cristianas incluyeran siempre en su currículo las artes retóricas clásicas y a los autores del paganismo grecorromano. El cambio paulatino de la sociedad había logrado que la audiencia del rétor descendiera y que la del obispo aumentara desmesuradamente, de forma que, frente a otros géneros literarios y declamatorios, se impusieron las homilías, los sermones pastorales y los himnos religiosos.

La cuestión religiosa y la inserción del cristianismo en la sociedad fueron muy significativos en este siglo V y tuvieron hondas consecuencias para el futuro Imperio Bizantino.

Así, a la muerte sin hijos de Teodosio II en 450, el Imperio de Oriente veía extinguirse la dinastía teodosiana, mientras se alumbraban nuevas disputas religiosas, siempre con influencia en la política del momento, que habrían de dejar una huella indeleble en la historia posterior. Nada más subir al trono, el sucesor de Teodosio II, Marciano, se vio obligado a convocar el cuarto concilio ecuménico, el de Calcedonia, en 451, para dirimir, de una vez por todas, la cuestión del miafisismo (Frend 1972): se condenó esta doctrina y se confirmó la doble naturaleza de Cristo, humana y divina, además del credo niceno. El hijo de Dios quedaba como un ser único con dos naturalezas –humana y divina– que coexistían en su persona y no se confundían, alteraban o separaban en forma alguna, un dogma que pasó a formar parte de la ortodoxia posterior. Cristo, como hijo de Dios, se definía como engendrado y no creado, como se había sostenido en el arrianismo, y dotado de una esencia exactamente igual a la del padre *(homoousion)* y no semejante a ella *(homoiousion)*.

Esta decisión, sin embargo, no fue aceptada por todos los obispos, lo que provocó el primer gran cisma de la

Iglesia después de la condena del nestorianismo en 431 (Teja 1995): en efecto, Egipto, Siria y otras provincias orientales se distanciaron de la ortodoxia constantinopolitana y se mantuvieron fieles a sus doctrinas miafisitas dependientes de los patriarcados de Jerusalén, Alejandría o Antioquía, lo que generó conflictos y enfrentamientos. En esos lugares la lengua griega fue paulatinamente sustituida por las lenguas locales (copto o siríaco) para la liturgia y, en la práctica, se produjo un cisma irreconciliable con la capital imperial que, en el futuro, haría más fácil la conquista de amplias zonas religiosa y políticamente desafectas a Constantinopla por parte de los persas y, posteriormente, de los árabes.

Otro resultado de larga trayectoria del concilio de Calcedonia, con el que se pone un punto y aparte a la herencia de la dinastía teodosiana, fue la declaración de la primacía del patriarca de Constantinopla sobre todas las Iglesias de Oriente, en un canon, el número 28 del concilio, que nunca fue aceptado por el papa de Roma. El patriarcado ecuménico de Constantinopla, así, incurrió en directa competencia con el Papado de Roma desde los concilios de Constantinopla y Calcedonia. El patriarcado había sido ya reconocido en el primer concilio de Constantinopla (381), junto con los de Antioquía, Alejandría y el Papado de Roma, pero pronto adquirió especial significación frente a las demás sedes. No era de extrañar que este patriarcado cobrase gran relevancia, pues la ciudad se convirtió no solo en el centro del poder político del Imperio de Oriente, sino también, en general, de todo el Mediterráneo. Este concilio de Constantinopla había subrayado la importancia del patriarcado, que debía ser honrado sobremanera y solo después de la sede romana, precisamente por la consideración que tenía Constantinopla como la Nueva Roma.

Tras este antecedente, el concilio de Calcedonia (451) reconocía la autoridad ecuménica del patriarcado constantinopolitano en su polémico canon 28, que sentó las bases de la posterior ruptura con Roma. Este concilio significó también la ruptura inmediata con el patriarcado miafisita de Alejandría, que siguió su camino desde entonces y, en la práctica, comenzó a asentar los privilegios eclesiásticos de la sede imperial de Oriente, en igualdad con el Papado de Roma, su derecho a mediar en controversias teológicas y su capacidad de fundar monasterios y ordenar obispos en áreas que no dependían directamente de su autoridad. Este canon 28, que redefinía el cuarto del primer concilio de Constantinopla, establece los derechos del patriarca en cuanto a la jurisdicción, una cuestión que, con el transcurrir de los siglos, habría de separar para siempre a la cristiandad oriental de la occidental.

La cuestión de los bárbaros

Durante la época de transición entre el fin de la dinastía teodosiana y el advenimiento de la época justinianea se plantean ya de manera clara los problemas políticos, étnicos y religiosos que se habían esbozado anteriormente y que habrán de marcar en lo sucesivo la historia del Imperio de Oriente. Ante todo está la cuestión del influjo de los diversos grupos étnicos –primero germanos y luego isaurios– dentro del aparato del Estado y las nuevas amenazas que se plantean por otros pueblos desde fuera de las fronteras imperiales –persas, getas, eslavos–. Y por otra parte, las herejías y cismas entre las diversas doctrinas y grupos cristianos –nicenos y arrianos, ortodoxos y miafisitas, orientales y occidentales–, que han de entenderse también desde las diversas perspectivas étnicas, geográficas o ideológicas.

A la muerte de Teodosio II su hermana Pulqueria se casó con el militar tracio Marciano, que fue proclamado así emperador y reinó desde 450 a 457. Su asunción del trono significó la vuelta a la ortodoxia nicena, y en el plano de la política exterior, el repudio al tributo que el Imperio pagaba a los hunos de Atila. Tras esto, y al ver que no podría tomar la fuertemente fortificada Constantinopla, Atila decidió concentrar la presión en el Imperio de Occidente. Así se desactivaba la seria amenaza de los hunos, que aún duraría en la parte occidental hasta la batalla de los Campos Cataláunicos.

Sin embargo, no puede decirse ni mucho menos que la influencia foránea en el Imperio de Oriente quedara anulada. La presencia continua de figuras influyentes en la administración y en el ejército de la *pars orientalis* había forjado una suerte de poder en la sombra de algunos germanos. Así lo demuestra, por ejemplo, el papel del *magister militum* alano Aspar, cuya influencia fue determinante para aupar al trono al emperador Marciano y a su sucesor León I (457-474), ejerciendo un poder determinante en las intrigas de la corte de Constantinopla (sobre el reinado de León, cf. Kaegi 1968).

La coronación del emperador León marcó, en cierto modo, un hito protocolario de simbolismo muy notable, pues fue el primer emperador que recibió la diadema imperial de manos del patriarca de Constantinopla, con lo que se asentaba una nueva tradición para la posteridad bizantina. Hasta ese momento, el emperador era proclamado a la vieja manera romana, por parte del ejército, el pueblo y el Senado. Bajo Constante II se trasladó la coronación del Hebdomon al Hipódromo y luego pasó a la catedral. A partir de entonces, la Iglesia se arrogó esta prerrogativa, que venía a acercar aún más las esferas de la religión y la política en la corte del Imperio Bizantino y que dotaba de un especial simbolismo a la figura del patriarca de Constantinopla.

El problema sociopolítico de la integración de los pueblos de las fronteras en el aparato estatal y en la sociedad del Imperio seguía dando motivos para el conflicto y el descontento. Por un lado, la población toleraba difícilmente la influencia de poderosos personajes de origen bárbaro. Por otra parte, la aristocracia imperial veía amenazada su supremacía en la cúpula del ejército y de la administración. Especialmente, en los últimos años, se había hecho notar el peso del elemento germánico, aunque, a fin de neutralizar su poder en la corte, León I decidió acudir a un pueblo del sur de Anatolia, los isaurios.

Se trataba de buscar alternativas a la abrumadora influencia de mercenarios y funcionarios de origen germánico –godos, vándalos y alanos–, que habían llegado a manejar los hilos de la política romana en Oriente. Como estos pueblos, a la vez, empezaban a regir los destinos políticos de los territorios de Occidente –como sucedía en Hispania, Galia y el norte de África–, la percepción general es que podían causar también una grave inestabilidad en la parte oriental. En este ámbito, se consideraba que eran poco fiables por su ambición desmedida y por su afición a poner y quitar emperadores; además, su presencia dentro de la burocracia imperial conllevaba un enorme peligro para la supervivencia del Imperio, como los hechos en Occidente estaban demostrando ya.

Por otro lado, y en el plano militar, también Oriente estaba bajo los duros ataques de pueblos de allende las fronteras, mientras que otros extranjeros, ya asentados en el interior del Imperio, campaban a sus anchas por los Balcanes, aunque sin poder tomar nunca la bien amurallada capital.

Con su decisión de echar mano de los isaurios, una belicosa etnia del sur de Anatolia, León I introducía en la corte y en la administración a un pueblo menos versado en la cultura grecolatina, aunque súbdito del Imperio. Pero con ello también aparecía un nuevo actor importante en la escena política de Oriente con inciertas consecuencias. Como pronto se vería, los isaurios podían constituirse en un poderoso grupo de influencia decisivo para los destinos políticos del Imperio. Así sucedió con el caudillo isaurio Tarasicodissa, que pronto adoptó el nombre griego de Zenón. Tras llegar a la capital con un gran séquito, obtuvo los favores del emperador León, que incluso le concedió la mano de su hija mayor Ariadna, integrándole en el seno de su corte. Aunque con ello León I modificaba la composición de su corte, esperaba neutralizar al alano Aspar y a su grupo de influencia, de religión arriana, y contra el que la población constantinopolitana ya había manifestado en diversas ocasiones su disgusto.

En aquella época, según la mentalidad más extendida, se creía que el Imperio de Oriente aún podía ejercer un cierto poder tutelar sobre la parte occidental. En ese sentido hay que entender el nombramiento, a instancias de León I, de Antemio como emperador de Occidente. Sin embargo, el emperador oriental fracasó en su intento de someter al recientemente creado reino vándalo de Genserico en África del Norte mediante una costosa campaña en 468. Puede que el fracaso se debiera a las intrigas de Aspar, que, celoso de Zenón el isaurio, había logrado casarse con la segunda hija del emperador, ganando así de nuevo influencia en la corte. Los vándalos afirmaron su poderío en África aún durante décadas. Tal vez como ofensiva final contra los pueblos germánicos, León I se decidió a erradicar radicalmente la influencia de los bárbaros en Constantinopla. Así, el emperador ordenó la muerte de Aspar en el transcurso de una matanza antigermánica que se produjo en la capital en 471, a la que debe León I su sobrenombre de *Makelles* (en griego, 'matarife').

Cuando desaparece León, en 474, le sucedió brevemente León II, el hijo de Zenón y Ariadna, que no llegó a reinar al morir, aún niño, a los 10 meses de reinado. Seguidamente subió al trono el isaurio Zenón, bajo cuya égida la influencia germánica fue sustituida definitivamente por la presencia isauria en la administración imperial, que habría de predominar en la política bizantina durante los años sucesivos (cf. también Kaegi 1968). Pero la percepción en el seno de la población sobre los isaurios seguía siendo, pese a todo, la de un pueblo bárbaro. Estalló una revuelta contra Zenón en 475 instigada por el miafisita Basilisco, tío de la mujer del emperador, que le forzó a un exilio temporal en Antioquía. Un año después, y gracias al apoyo del general isaurio Ilo, Zenón pudo recuperar la capital y deportar al jefe de los insurrectos. La época de dominio isaurio no solucionó la inestabilidad política del Imperio: aún habría otras revueltas, y las pugnas con los usurpadores por el poder serían una constante en estos años.

Entre las revueltas contra Zenón hay un episodio muy particular, pues representó la última vez en que una facción apoyada por el aún persistente partido pagano tuvo ocasión de regresar al poder bajo los auspicios esta vez del general isaurio Ilo y de un poeta, orador y político de origen egipcio, Pamprepio de Panópolis. Este personaje ejemplifica bien este momento de cambio tanto en el plano cultural como en el político (Cameron 1965, Chuvin 1991). Pamprepio obtuvo gran fama como poeta en su país y en los círculos neoplatónicos de Atenas, donde fue protegido de políticos como el patricio Teágenes, al que dedicó un encomio. Ya en Constantinopla consiguió una influyente posición en la corte de Zenón y de su general Ilo como panegirista y orador, pese a que las fuentes le reprochan su ferviente paganismo y su fama de adivino, lo que le causó algún problema al ser acusado de usar sus artes adivinatorias contra el emperador. En 479 se levantó en armas contra Zenón un usurpador de nombre Marciano que procedía del Imperio de Occidente y que llegó a poner cerco al palacio imperial. Las tropas de Ilo conjuraron esta revuelta, lo que fue convenientemente profetizado por Pamprepio, que ganó influencia en la corte. En 482 se produjo una nueva conspiración, esta vez protagonizada por el propio Ilo. Pamprepio fue el encargado de viajar a Alejandría para obtener el apoyo de la fuerte facción pagana de Egipto. Pero al final, el general y el poeta encontraron una muerte violenta, cuando las tropas de Zenón les cercaron en la ciudadela de Papirion en 488.

Aparte de este episodio, durante el reinado de Zenón ocurrió un hecho sin precedentes que, pese a su carácter también eminentemente simbólico, cambió para siempre la faz de Europa: en 476 el germano Odoacro depuso al último emperador del Imperio de Occidente, Rómulo Augústulo. Con todo, Odoacro, en un gesto de sumisión a Zenón, envió las insignias imperiales a Constantinopla. El emperador de Oriente quedaba así también, al menos nominalmente, como emperador tutelar de Occidente. Para guardar las apariencias, a su vez, Zenón reconoció a Odoacro como *magister militum* de Italia, como si aún reinara sobre un Imperio unificado, cuando en la práctica la *pars occidentalis* se hallaba ya fragmentada de hecho desde hacía tiempo en diversos entes políticos. Algún tiempo después, en efecto, Zenón supo desviar la amenaza de los ostrogodos de Teodorico, que asolaban frecuentemente los Balcanes, hacia los dominios de Odoacro, a quien derrotó instaurando un reino ostrogodo en la península itálica. Al fin, Anastasio I, sucesor de Zenón, terminaría por reconocer a Teodorico como rey de Italia en 497.

Así se quebraba la apariencia –una ficción hacía tiempo– de la unidad del Imperio, y la parte occidental quedaría definitivamente cuarteada en reinos bárbaros, desde el África vándala a la Italia ostrogoda. No obstante, el emperador de Oriente no abandonó nunca las pretensiones de dominio sobre aquellos territorios, al tiempo que estos reinos quisieron mantener la estructura de propaganda y de administración del Imperio y presentarse en cierto modo como herederos del Estado romano, así, en las acuñaciones de moneda y en el ritual cortesano (cf. en general para la historia de este periodo Stein 1949).

En lo que hace a la política religiosa, esta época se caracterizó por un nuevo intento de pacificar y unificar la Iglesia tras la ruptura en Calcedonia entre ortodoxos y miafisitas con el Edicto de Unión *(Henotikón)* de 482, emitido por el patriarca de Constantinopla Acacio con el impulso decisivo de Zenón. Esta tentativa fracasó, pues el *Henotikón* eludía la espinosa cuestión de la naturaleza doble o única de Cristo, y se quedaba a medio camino entre las tendencias irreconciliables de ambos bandos. Ni siquiera el papa de Roma aceptó el edicto, sino que combatió el *Henotikón* excomulgando al patriarca de Constantinopla y produciendo una primera y breve ruptura entre las iglesias de Oriente y Occidente que duraría unos treinta años.

La nueva sociedad que se configura en esta época en el Oriente griego muestra una cierta permeabilidad social. Por un lado, nuevos grupos étnicos cobran importancia en el Imperio; por otro, nuevas dinastías se fundan. En la sociedad, los intelectuales errantes –como el caso de Pamprepio, que ha estudiado Cameron (1965)–, van a hacer fortuna a la corte desde las provincias orientales. Hay una gran movilidad geográfica y social que también afecta a la jerarquía eclesiástica y cortesana, y además, varios emperadores y dinastías surgieron de oficiales más o menos destacados del ejército oriental (tales como León I, Marciano o Justino I), algunos elevados a rango de senador, y otros eran militares de origen no griego, como Zenón, cuyo nombre anterior, como se ha dicho, denota su procedencia isauria (cf. Treadgold 1995).

3. La época de Justiniano y la restauración imperial

El comienzo del siglo VI en el Imperio de Oriente está caracterizado por un cierto despegue económico, producido en el reinado de Anastasio, que sentará las bases para la posterior expansión política en la época de Justiniano el Grande. A la muerte de Zenón, la emperatriz viuda Ariadna se casó con un funcionario imperial (silenciario) entrado en años, de nombre Anastasio, que subió al trono y reinó desde 491 a 518. Anastasio demostró ser un gobernante eficaz que, en primer lugar, se empeñó en apaciguar la política interior del Imperio, previniendo los conflictos civiles así como las posibles usurpaciones (Haarer 2006). Para ello, intentó restar influencia a la poderosa facción de los isaurios con la excusa de que intentaban conspirar contra él desde un grupo de presión formado por los seguidores del hermano de Zenón; el emperador consiguió neutralizar a los isaurios emprendiendo una persecución de este grupo étnico en la capital y en una serie de campañas militares que se extendieron por Anatolia. Estas guerras, llamadas «isáuricas», se desarrollaron entre los años 492 y 498, y terminaron con una incursión en la región de donde era originario dicho pueblo. Su conclusión puso fin a la notable influencia de los isaurios en la corte.

En el plano militar, además, Anastasio afrontó otra guerra de gran relevancia, esta vez contra la Persia sasánida, entre los años 502 y 506. Fue un conflicto incierto cuyos episodios más conocidos fueron la pérdida y recuperación de la plaza de Amida. La guerra persa terminó con una paz que dejó a ambas partes en una suerte de empate técnico. Sin embargo, a partir de entonces, el gobierno imperial tuvo que poner especial cuidado en la frontera persa, que hubo de ser custodiada férreamente por una red de fortalezas y guarniciones, como la de Dara. La creación gradual de una interesante sociedad de frontera en el este del Imperio, en zonas cuyo dominio era fluctuante y cambiaba de manos frecuentemente, fue el resultado más notable desde el punto de vista de la historia social.

Finalmente, hay que mencionar un tercer conflicto militar de importancia bajo el reinado de Anastasio que tuvo lugar en el área de los Balcanes. Después de que la amenaza de los ostrogodos hubiera terminado con la fundación de su reino en la península itálica, las fronteras europeas del Imperio se vieron acosadas nuevamente por otro pueblo procedente de las estepas cuyo nombre habría de quedar para siempre relacionado con Bizancio: los búlgaros, en esta época de origen túrquico y no eslavo. Para proteger la capital de amenazas como estas,

Anastasio edificó la larga muralla que lleva su nombre entre el mar de Mármara y el mar Negro, y construyó una serie de fortificaciones a lo largo del Danubio, en paralelo a las que había en la frontera oriental. La dinámica del Imperio entre la capital fortificada y las fronteras es fundamental para comprender cómo se desarrollaría, a partir de ahora, la historia de Bizancio.

En el plano civil y económico, hay que mencionar la inteligente administración de Anastasio. Si el emperador pudo emprender todas estas campañas militares, y, además, un ambicioso programa de construcciones, fue gracias a que había saneado notablemente las finanzas del Imperio. En primer lugar, se le atribuye una eficaz actualización del sistema económico y monetario y una reforma de la fiscalidad. El impuesto conocido como *chrysargyron* fue abolido bajo su reinado como parte de unas reformas fiscales y monetarias que permitieron el relanzamiento económico de Oriente. La abusiva imposición que había gravado onerosamente las ciudades del Oriente tardoantiguo quedaba cancelada bajo Anastasio, con lo que se produjo un alivio en la clase comerciante del Imperio.

Por otro lado, la capital, Constantinopla, había crecido considerablemente durante los casi dos siglos que mediaban entre Constantino y Anastasio. La ciudad del Bósforo se había convertido en una maravilla del mundo romano, tras la crisis que había sacudido todas las grandes urbes del Occidente, incluida la propia Roma, saqueada y violentada por los bárbaros. Su arquitectura se había embellecido con dimensiones monumentales y las murallas la habían convertido en una plaza prácticamente inexpugnable. Así era la capital soñada para que el sucesor de Anastasio, Justiniano el Grande, esbozara la idea de recuperar el dominio universal desde ella. A partir de Anastasio, de hecho, se dio un gran énfasis propagandístico a la idea de la Nueva Roma por medio de un programa imperial de construcciones que se continuaría, sobre todo, en la época justinianea.

Aunque la política religiosa de Anastasio siguió en la línea de intentar restablecer la concordia que comenzó el Edicto de Unión *(Henotikón)* que había impulsado su antecesor Zenón, sus años estuvieron marcados por una clara tendencia a favorecer el miafisismo que le hizo especialmente popular en las provincias orientales; de hecho, ya antes de acceder al trono, Anastasio había jurado solemnemente respetar la paz de la Iglesia y salvaguardar la ortodoxia.

En su acción exterior, sin duda, destacaron los contactos del Imperio con los nuevos caudillos bárbaros que se habían enseñoreado de las provincias principales de Occidente. Por un lado, con el ostrogodo Teodorico, a quien llegó a reconocer como rey de Italia, pese a que el emperador reclamaba aún la soberanía sobre Occidente. Por otro, con el franco Clodoveo, a quien confirió el título de cónsul con la esperanza de mantener, aunque fuera en apariencia, una posición de poder sobre él. En la época aún existía en Occidente, como se ha dicho, la percepción del emperador de Oriente como una figura tutelar y suprema –una vez extinguida la línea sucesoria sobre el trono occidental–, y en cierto modo se mantenía la ficción simbólica de que el emperador romano de Oriente lo era también de los territorios que ocupaban los nuevos entes estatales regidos por los pueblos germánicos en el oeste de Europa. Esta arraigada noción de un Imperio único, que aún persistía al comienzo del siglo VI, contribuiría a facilitar el surgimiento del ímpetu ideológico y militar encaminado a la reconquista de la perdida parte occidental del mundo romano durante el reinado de Justiniano.

Justiniano el Grande

Cuando, en 518, murió el emperador Anastasio, subió al trono Justino, que reinó hasta su fallecimiento en 527. Justino se cuenta entre los emperadores de origen ilírico y tuvo una carrera fulgurante en el ejército antes de su ascensión al trono. Había llegado a ser comandante de la guardia imperial, con lo que se convirtió en un personaje muy cercano al emperador Anastasio. Sin embargo, como Justino subió al trono con una edad muy avanzada, delegó parte de su acción de gobierno en un valido de confianza, su sobrino Flavio Pedro Sabacio, más conocido por la posteridad por el nombre que adoptó como emperador, Justiniano (Vasiliev 1950b). Justino lo adoptó pronto como hijo, lo fue encumbrando paulatinamente y acabó legándole el Imperio.

Poco antes de su muerte, Justino derogó la ley que prohibía a los aristocráticos miembros de la clase senatorial casarse con mujeres de clase inferior, lo que facilitó posteriormente la boda de Justiniano con la mujer que eligió como esposa, de nombre Teodora, una antigua actriz y saltimbanqui del circo, en lo que constituyó uno de los escándalos más sonados de la época. Tras desempeñar una serie de magistraturas previas, ascendió al trono en abril de 527 junto a su esposa. Teodora, una mujer de fuerte personalidad y turbio pasado, se había hecho a sí misma; había sabido medrar desde muy joven en el difícil mundo del circo y pasar sorprendentemente a la corte imperial al seguir –y, huelga decirlo, fomentar con su gran instinto político– la brillante trayectoria de su marido. Hasta su muerte prematura en 548, Teodora desempeñó un papel de enorme importancia a la sombra de Justiniano; su retrato en los mosaicos de la iglesia de San Vital en Rávena deja entrever qué tipo de mujer era. Dotada de una personalidad extraordinaria, Teodora apoyó el programa político de la reconquista de Occidente y dejó sentir su decidida tendencia por el miafisismo.

De tal forma se inauguraba la época justinianea, cuya consigna fue la *restauratio imperii,* la reconquista del Imperio o la reunificación del mismo (cf. en general Rubin 1960, Grabar 1966). Pese a las apariencias de unidad imperial desde el reinado de Zenón, la dura realidad había mostrado un Imperio despedazado por los pueblos germánicos en Occidente, y un Oriente siempre amenazado por las ambiciones de estos nuevos pueblos y marcado por las exigencias de los bárbaros no solo allende las fronteras, sino también en el corazón de la corte constantinopolitana. La única manera de protegerse de manera efectiva, como pensaban muchos romanos de Oriente, era precisamente atacar y reconquistar estas tierras. En su trono en Constantinopla, la segunda Roma, el emperador de Oriente se veía llamado a enmendar esta situación como depositario del legado de todo el glorioso pasado de la romanidad, pero también del futuro de la cristiandad. Frente a bárbaros y herejes, según la ideología que alentó Justiniano, el trono de Oriente era una luz salvadora de la civilización grecorromana y cristiana.

Hay que decir que la situación económica del Imperio que heredó Justiniano de Anastasio cuando llegó al poder era bastante saneada, como refiere el historiador Procopio de Cesarea. De esta forma se pudo emprender la financiación de la ambiciosa serie de campañas que se disponía a emprender el nuevo emperador. Además, el estado de ánimo de la población aún permitía soñar con un Imperio restaurado, y la noción de unidad imperial y sumisión a la figura del emperador todavía tenía cierta vigencia incluso en el devastado y troceado Occidente, donde el prestigio del Imperio era reclamado por diversos actores políticos de los nuevos estados herederos de la ruina de la parte occidental. Además del apoyo indispensable de esta ideología, hay que decir que Justiniano supo rodearse de brillantes personajes, como los incansables generales Belisario y Narsés, el astuto prefecto del pretorio Juan de Capadocia, el jurista Triboniano, el poeta Pablo Silenciario y los historiadores Procopio y Agatías, para llevar a cabo sus planes de restauración imperial.

Por tanto, a principios del siglo VI el capital simbólico del cetro imperial de la Nueva Roma proporcionaba las bases materiales e ideológicas al emperador de Oriente para encabezar una reconquista de los territorios perdidos ante los bárbaros que se habían apoderado de la primera y eterna Roma, deponiendo a su último emperador en 476, y que ahora se enseñoreaban de las prósperas provincias occidentales. La población del Imperio de

Oriente, que odiaba a godos, germanos e isaurios por igual, solo necesitaba una suerte de catalizador, una figura carismática que aunara estos impulsos para dar inicio a la gran aventura de recuperar las glorias pasadas; en suma, el ideal de la restauración imperial.

Tal fue el papel de Justiniano, nacido en 482 en la aldea iliria de Tauresium como Flavio Pedro Sabacio Justiniano, que asumió naturalmente, junto con la dignidad imperial, la sagrada misión de restablecer el gastado esplendor del Imperio frente a bárbaros, por un lado, y herejes y paganos, por el otro. Pero antes de aventurarse a lanzar una campaña militar de reconquista en Occidente, Justiniano comenzó por afianzar los fundamentos del Imperio en las fronteras orientales, que hostigaban los persas sasánidas. Para ello, envió a un joven y enérgico general, Belisario, recién nombrado *magister militum* del Oriente, contra el rey persa Cosroes I. Belisario luchó en Mesopotamia y defendió con éxito Dara en 530. Pero la situación, tras algunos éxitos y reveses, quedó de nuevo en tablas y Justiniano acordó en 532 una «paz eterna» que le dejase las manos libres para emprender su programa político en Occidente.

Las conquistas de Justiniano

La aventura de la reconquista del Imperio comenzó cuando el Imperio envió un ejército de unos 20.000 soldados que, al mando de Belisario, desembarcó en la costa del África vándala en 533. Los vándalos de Genserico habían afianzado su poder en esta rica provincia de Occidente, pese a la resistencia inicial de la población, católica nicena, a los dominadores arrianos. Si en el periodo vándalo el partido donatista de África había podido tomarse la revancha de los católicos nicenos, cuando Belisario, a la cabeza de las tropas imperiales, arrebató en dos veloces victorias el reino al vándalo Gelimer, sucesor de Genserico, las tornas cambiaron (Pringle 1981, 16 ss.). Huelga decir que la excusa para la invasión bizantina fue doble: por un lado Gelimer había depuesto al rey Hilderico, que había mostrado sus simpatías por el Imperio de Oriente; por otra, los vándalos, que profesaban un arrianismo radical, habían perseguido cruelmente, al menos según la propaganda imperial, a los cristianos ortodoxos (Meier 2004).

Con este golpe de mano se iniciaban las fulgurantes campañas de Occidente a cargo de Belisario que habían de conducir a la reconquista de una parte vital del Imperio de Occidente por parte de Justiniano. Fue la caída de Cartago, el 15 de septiembre de 533, el acontecimiento que dio inicio a la estrella ascendente de Belisario y, con ella, a la reconquista de Occidente. El general bizantino llevó al rey bárbaro Gelimer cargado de cadenas a Constantinopla a modo de gran triunfo; se trataba de la primera victoria espectacular sobre los bárbaros que se celebraba desde hacía siglos en el mundo romano. Al punto, y casi sin pausa, Belisario emprendió una campaña relámpago contra los ostrogodos en la península itálica, ocupando en primer lugar Sicilia y remontando victoriosamente la península de sur a norte. Las luchas comenzaron en Nápoles, pero sin duda el segundo hito de la carrera militar de Belisario fue su entrada triunfal en Roma tras un largo asedio (536). Justiniano había recobrado de los bárbaros la antigua capital de Occidente y sede del Papado, un hecho cargado de profundo simbolismo.

Sin embargo, la clave de la victoria estaba en el dominio de las prósperas regiones del norte de la península itálica, que no se conseguiría hasta haber tomado la ciudad de Rávena, la que sería el futuro núcleo del prolongado poder bizantino en suelo itálico. El audaz Belisario logró dominar el lugar en 540, tras derrotar al rey godo Vitiges, a quien llevó preso a Constantinopla ese mismo año, en un segundo y aún más espectacular triunfo, que se vio coronado por la toma de los antiguos centros de poder del Imperio de Occidente, la vieja Roma y ahora Rávena, corte privilegiada desde tiempos de Honorio. Pero la hegemonía bizantina estaba aún lejos de consolidarse en la península itálica.

Durante la llamada Segunda Guerra Gótica (541/42-552), que fue larga y aún más sangrienta que la primera, Roma y Rávena volvieron a caer en manos de los bárbaros, aunque solo momentáneamente. Belisario, que empezaba a perder la confianza del emperador Justiniano, fue llamado entonces a la capital, justo cuando comenzaba a brillar la estrella de su rival, el diplomático general Narsés. El mérito indudable del eunuco Narsés fue, tras tomar el relevo de Belisario, consolidar el dominio bizantino en la península itálica tras neutralizar al peligroso godo Totila.

En cuanto a la previsible caída en desgracia de Belisario, un hombre de enorme popularidad, hay que decir que se le acusaba de tener pretensiones al trono imperial. De hecho, se puede añadir que el general había sido tentado en ese sentido por propios y extraños, como cuando los ostrogodos, para intentar conjurar su ataque, le ofrecieron astutamente reconocerlo como emperador. A su regreso a la corte de Constantinopla, el general acabaría siendo juzgado por corrupción en 562. Tal vez la vida y leyenda de Belisario, el gran general que fue brazo ejecutor de las fulgurantes conquistas de Justiniano en los cuatro rincones del mundo –la península itálica, África, Hispania, Persia, el Danubio–, y sobre todo su ascenso y caída, sean el mejor ejemplo del cambiante mundo bizantino, donde la rueda de la fortuna podía convertir a una saltimbanqui en emperatriz y a un general en mendigo. Belisario, cuyas peripecias fueron narradas posteriormente en el poema épico *Belisariada,* del siglo XIV, fue víctima de las calumnias y al fin cayó en desgracia ante el emperador, quizá por sus veladas ambiciones políticas. Según una leyenda apócrifa, Belisario habría acabado sus días mendigando *–date obulum Belisario!–* después de que le arrancaran los ojos, un castigo usual a los traidores y derrocados en la corte bizantina. Esta impactante imagen de los reveses de la fortuna tuvo gran repercusión a lo largo de la Edad Media y el Renacimiento. Como este personaje casi legendario, la propia época de Justiniano fascina por los veloces cambios de los que fue testigo y que tantas veces llevaron de la gloria al fracaso y viceversa.

Las guerras de Justiniano para reconquistar Occidente son bien conocidas gracias a que fueron consignadas, en términos propagandísticos, en una gran crónica por el historiador más importante de la época, Procopio de Ce-

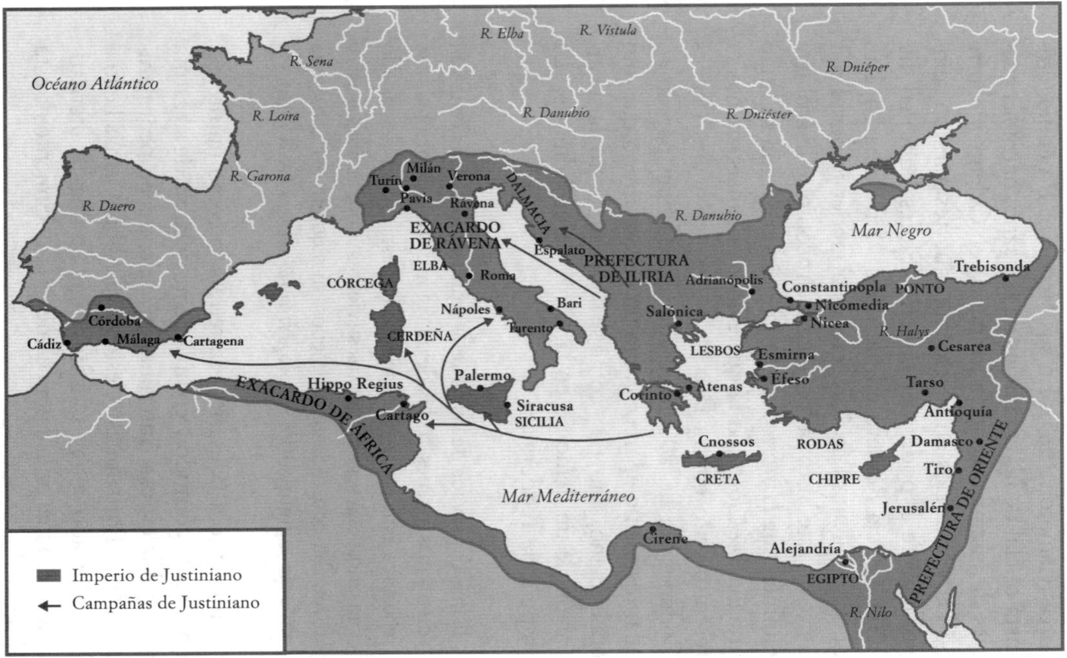

Mapa 4. Conquistas de Justiniano

sarea (Cameron 1985). En sus *Historias,* Procopio, cronista oficial de las campañas de Belisario, narra las guerras de Justiniano contra los persas en Oriente y contra godos y vándalos en Occidente, que restauraron temporalmente el poder del Imperio (Flores Rubio ed. lit. 2000, García Romero ed. lit. 2000). Sin embargo, han quedado algunas críticas feroces al poder imperial por parte de este historiador, pues a Procopio se le atribuye también una *Historia secreta* –o 'inédita', según su título griego: *Anekdota*– en la que evidencia amargamente su resentimiento contra la corte y sus personajes (Signes Codoñer ed. lit. 2000b). Nadie queda bien parado en ella. Justiniano aparece como un odioso tirano que «no era humano, sino, tal y como se había supuesto, la encarnación de un demonio en la forma de un hombre». La emperatriz Teodora era

> la más depravada de las rameras [que] acudía a una cena con diez o más jóvenes, todos de un vigor físico excepcional, y se acostaba con todos...; cuando estos estaban ya demasiado cansados, ella seguía con sus sirvientes, unos treinta o así, y fornicaba con cada uno de ellos; ni siquiera así conseguía aplacar su lujuria. (Procopio, *Historia secreta* IX, 15-16)

En cuanto a Belisario, era retratado como un títere y un marido cornudo y complaciente, víctima de su astuta y malévola esposa Antonina, que sale mucho peor parada que él. Por supuesto, este salvaje libelo jamás llegó a ser publicado, y hoy constituye una fascinante alternativa a su crónica oficial para el mejor conocimiento de esta época.

En todo caso, la gran idea de la *restauratio imperii* culminó en el año 555 con la campaña contra los visigodos, que se habían apoderado paulatinamente de casi toda Hispania desde su primer asentamiento en el sur de la Galia. El destacamento de un contingente de tropas bizantinas al mando del general Liberio en el sur de la Hispania visigoda logró recuperar precisamente la zona más próspera de la antigua provincia romana occidental, la Bética, del dominio visigodo para alivio de la población nicena.

Mención aparte merece esta conquista del sur de la Península Ibérica, un verdadero prodigio de estrategia militar que se logró con un número relativamente pequeño de tropas ante los desorganizados ocupantes del territorio. Hispania, la *Spania* bizantina, logró mantenerse durante casi un siglo unida a la administración imperial de África del Norte (Vallejo Girvés 1993, 2012). De su esplendor dieron fe algunas construcciones religiosas y civiles en Cartagena o Córdoba, que fueron fomentadas por los bizantinos. Ese mismo año de 555, la península itálica quedaba pacificada finalmente: el Mediterráneo, tras algo más de un siglo, volvía a ser, al fin, el *Mare Nostrum* de los romanos. Justiniano, como los grandes emperadores del pasado romano, podía ya firmar sus decretos con la retahíla de títulos que le confería su programa de conquistas: *Alamannicus, Gothicus, Francicus, Germanicus, Alanicus, Vandalicus, Africanus*.

Sin embargo, el reverso de estos fulgurantes éxitos de Justiniano en las penínsulas itálica e ibérica llegó precisamente de las fronteras orientales del Imperio, que, por necesidad, habían sido desprovistas de tropas por los esfuerzos militares en las lejanas tierras de las dos Hesperias. El Imperio Romano de Oriente y la Persia sasánida, las dos grandes potencias del momento, mantenían un precario equilibrio político. El Imperio Sasánida, que se extendió desde mediados del siglo III hasta mediados del VII, fue, en efecto, uno de los más formidables enemigos del Imperio Romano de Oriente. Tras una era de esplendor bajo monarcas como Sapor II (309-379), que pusieron en jaque a las tropas romanas y arrebataron al Imperio varias provincias a mediados del siglo IV, los persas habían afianzado su poder hasta el punto de convertirse en el peligro más notable de la frontera oriental del Imperio. Por medio de la guerra o de la paz, como Yazdegerd I (399-421), los persas sasánidas pudieron hablar de tú a tú a los romanos. Cosroes I, en este caso, fue el gran rival de Justiniano y se debatió entre la «paz eterna» firmada con él y las amenazas bélicas constantes para mantener su poder. Otros monarcas, como Ormuz IV o Cosroes II, supieron mantener el prestigio de su Imperio hasta que este cayó en manos de los califas islámicos tras la larga guerra contra estos que perdió Yazdegerd III (632-651).

Si bien el tratado de paz alcanzado con los persas del rey Cosroes había permitido un respiro a los bizantinos, estos no tardaron en comprobar lo poco que duraba aquella «paz eterna» que habían acordado. En 540, cuando apenas se habían afianzado las pretensiones bizantinas sobre tierras itálicas, la importante ciudad de Antioquía y las tierras de Siria fueron devastadas por una serie de incursiones persas. El rey Cosroes ofreció renovar su acuerdo al emperador Justiniano, pero este, en vista del mal éxito del anterior, prefirió declinar la oferta de paz e intentar repeler a los persas por la fuerza de las armas. Así se vio obligado a mantener un extenuante frente oriental contra los persas –una suerte de cara opuesta del frente godo en Occidente– que duraría, con algunas treguas puntuales, hasta la campaña de 561-562. Entonces, a riesgo de agotar los recursos del tesoro imperial, se decidió acordar una nueva paz con los persas, que en la práctica significaba el pago de un tributo más alto para comprar un poco de tranquilidad y poder maniobrar libremente en el frente occidental.

Por último, la otra zona de conflicto en los límites del Imperio, que obstaculizaba un tanto los planes expansionistas de Justiniano, se hallaba en la frontera del Danubio. Allí, a pesar de la fuerte línea defensiva que se había desplegado en los años previos, continuamente se cernía la amenaza de las incursiones de los pueblos eslavos. De hecho, en el transcurso de los años 548 y 550, una serie de razias eslavas causó estragos en tierras de Grecia, llegando al golfo de Corinto y a la costa del Egeo. La frontera del Danubio fue una zona por la que habrían de llegar nuevos peligros a partir de entonces. A este respecto, una de las últimas actuaciones de Belisario antes de su caída en desgracia fue precisamente contener con éxito a los hunos cotriguros, que cruzaron este río en 559, amenazando con llegar a la propia capital del Imperio.

La discordia en el seno del Imperio

Sobre la inestabilidad de la política interior en el Imperio Bizantino, notoria en el reinado de Justiniano, hay que recordar que la gran capital del Bósforo fue teatro político y humano a lo largo de todo el Medievo bizantino, desde sus años de gloria hasta sus días finales. El inveterado carácter rebelde del pueblo de Constantinopla le llevó a protagonizar sonadas revueltas y discordias civiles que fueron glosadas por los historiadores bizantinos. El pueblo, y su más viva representación en el Hipódromo de la ciudad, se complacía en manifestar con gritos y disturbios sus gustos o disgustos con los regentes, gobernantes o autoridades en general, tanto civiles como militares o religiosas. Unas veces los encumbraban y los adoraban en público, pero un gesto desafortunado o una medida polémica podían acarrear el odio del pueblo y las manifestaciones más vivas de rechazo. Esto podía llegar a su máxima expresión: la revuelta popular, como la de Vitaliano en 512, o la de Nika en 532, uno de los episodios más negros del reinado de Justiniano. Huelga decir que habría numerosos episodios similares en el futuro.

En el Hipódromo de Constantinopla se reunían los dos partidos populares de la ciudad, el de los verdes y el de los azules, facciones rivales en las carreras pero con implicaciones también en la política: era fundamental tomarles el pulso a ambas facciones para actuar en la corte y en la administración. En realidad, eran cuatro estas facciones, los azules, los verdes, los rojos y los blancos, aunque solo los dos primeros tenían relevancia en la época y serían los partidos principales en el futuro. Se trataba de mucho más que meras facciones deportivas, pues tenían gran influencia social y en ocasiones ejercían presión mediante violencia callejera. Además, se inmiscuían en discusiones teológicas o políticas, apoyando a una u otra doctrina o herejía (los azules eran ortodoxos y los verdes tendían al miafisismo), a este o aquel candidato a la púrpura imperial, y condicionaban la opinión del vulgo acerca de las guerras contra los bárbaros o de las reformas legales. O al menos esto es lo que pensaba de ellos la historiografía tradicional, antes de que últimamente se haya relativizado su papel político. Las facciones del Hipódromo, con todo, han sido estudiadas en libros como el de Cameron (1976) como un elemento clave para comprender los vaivenes de la historia cultural y política durante la primera edad bizantina.

El propio emperador Justiniano se había apoyado para su ascenso al trono en los azules frente a otros partidos, pero luego, consciente de la excesiva influencia de estos grupos, había tratado de librarse de su peso con medidas restrictivas. Hay que recordar que Anastasio I, por ejemplo, que fue un miafisita convencido, se había apoyado en los verdes para favorecer esta doctrina religiosa, pero había eliminado impopularmente del circo algunos juegos. También Justiniano había gozado indistintamente de su apoyo y su rechazo: como quiera que fuese, era vital pactar y contentar al pueblo constantinopolitano para lograr la estabilidad del gobierno.

En esta ocasión puede decirse que la fuente más grave de problemas para Justiniano surgió en el propio corazón de su Imperio, con una sangrienta sublevación popular en la capital contra su política. Los disturbios internos y la desafección del pueblo con respecto al emperador y algunas medidas impopulares de su gobierno se concretaron en la revuelta de Nika, llamada así por haber sido iniciada al grito de «¡Vence!» (en griego *nika).* La revuelta en cuestión fue precedida por algunas muertes ocurridas en una pelea entre bandas rivales tras una carrera el año anterior; los culpables habían sido perdonados por el emperador, nervioso por las negociaciones de paz con los persas y la tensión social existente por las subidas de impuestos llevadas a cabo por el prefecto Juan de Capadocia para financiar las campañas militares. Para rebajar la presión, Justiniano decidió convocar nuevos festejos en el circo a modo de reconciliación con el pueblo.

El día 13 de enero del año 532 una gran masa descontenta y sediciosa llegó al Hipódromo para presenciar las carreras, que Justiniano presidía desde su cercano palacio. En la última carrera, los cánticos de ambas facciones se unieron contra el emperador, arreciando los insultos de la muchedumbre, y en ese momento estalló la revuelta con tal virulencia que la masa intentó asaltar por la fuerza el palacio imperial y derribar su trono. Al verse perdido, Justiniano quiso emprender la huida, pero, según la tradición, fue su mujer Teodora la que lo impidió con certeras razones: la emperatriz no estaba dispuesta a perder su corona y le persuadió de que los regentes nunca deben sobrevivir a su cargo y dignidad. Según Procopio, Teodora se negó a huir pronunciando estas palabras: «La púrpura es una hermosa mortaja». (*Guerras* I-24, 32-37)

Como se ha dicho, los tumultos fueron de una extraordinaria violencia y destruyeron una parte muy significativa de la ciudad y sus monumentos, como la importante iglesia de Santa Sofía. Paradójicamente, esta destrucción dio pie a que más adelante se construyera la nueva Santa Sofía, prodigio perdurable de la arquitectura bizantina.

No cabe dudar del trasfondo político de la revuelta, que había sido apoyada oportunamente por algunos senadores contrarios a Justiniano: se comenzó exigiendo la destitución del impopular prefecto y se terminó con la proclamación como nuevo emperador de Hipacio, un sobrino de Anastasio I. Al fin, mediante una hábil estratagema, Narsés y Belisario, fingiendo negociar, lograron sitiar a los rebeldes en el Hipódromo. Lo que siguió fue un auténtico baño de sangre. Se calcula que unas 30.000 personas fueron masacradas para que Justiniano pudiera recobrar el control de la ciudad y deshacerse sin piedad de sus opositores.

Sin embargo, Justiniano no quiso renunciar a su prefecto y favorito Juan de Capadocia, cuyas acertadas medidas económicas –fomento de la industria, desarrollo de los monopolios de la seda y de las redes de navegación, establecimiento de vínculos comerciales con el Lejano Oriente o África y potenciación de una clase media de comerciantes urbanos y navegantes– resultaron fundamentales para financiar las agotadoras campañas militares en el exterior.

Otros problemas internos con los que se tuvo que enfrentar el emperador fueron la terrible peste que, seguida de una hambruna, asoló la capital en 541, o las controversias teológicas con las distintas herejías del Imperio. En esta época de refundación comenzaban a vislumbrarse los claroscuros que acarrearían problemas futuros para el Imperio Bizantino, como la tensión con los pueblos fronterizos en el norte y en el este, y el consiguiente peligro para las rutas comerciales. También comenzó a consolidarse, por otro lado, el comercio bizantino con el Lejano Oriente, con India y China, como atestigua la profusión de objetos orientales de lujo y obras geográficas como la *Topografía cristiana* de Cosmas Indicopleustes.

El reinado de Justiniano se caracteriza por un legado enorme y multiforme: brillantes éxitos en sus campañas militares, un programa propagandístico de restauración del Imperio, la compilación de un gran corpus de derecho y el embellecimiento arquitectónico de su gran capital.

El programa monumental de Constantinopla

La Nueva Roma bajo el gobierno de Justiniano había crecido mucho con respecto a la ciudad en la época inmediatamente posterior a su fundación constantiniana hasta convertirse en la ciudad más populosa de la ecúmene. El embellecimiento de la capital era parte de su programa propagandístico.

Si el área de la antigua *polis* griega ya había sido ampliada cinco veces en su tamaño por Constantino, que mandó abrir una gran plaza, el Augusteo, en el centro de la vieja Bizancio, Justiniano edificó algunos de los monumentos más conocidos de la capital. Es preciso recordar brevemente el programa de construcciones y la disposición de los principales edificios de la Constantinopla monumental, levantados en su mayor parte entre la época de Constantino y la de Justiniano.

Al este del Augusteo se construyó el Senado y el palacio de Magnaura, donde se ubicaría más tarde la universidad de Teodosio II, y al sur, el Sagrado Palacio del Emperador. Junto a él se levantaba el gran Hipódromo, con capacidad para más de 80.000 espectadores. Palacio e Hipódromo estaban muy próximos –desde el complejo palacial el emperador podía ver las carreras desde su *kathisma* o palco imperial–, como elemento simbólico de la unión entre el gobernante y su pueblo. Más allá del Palacio podía verse la gran catedral de Santa Sofía de Justiniano, tal vez el más espléndido edificio religioso jamás construido, pilar religioso del poder bizantino. Las magníficas iglesias justinianeas, como Santa Sofía o los Santos Apóstoles, influirían en toda Europa, desde Sicilia o Rusia al Oriente Medio, en el nuevo estilo arquitectónico y artístico bizantino. Hay que recordar que la época justinianea produjo otras construcciones importantes fuera de la capital, como el monasterio de Santa Catalina de Alejandría en el Sinaí y la basílica de San Juan en Éfeso. La influencia del estilo imperial se deja sentir en otros lugares del Imperio, notablemente en la célebre basílica de San Vital en Rávena (cf. en general Mango 1976).

Al complejo palacial en Constantinopla se accedía por la Puerta de Bronce *(Chalke),* en la plaza del Augusteo, a cuyo flanco occidental estaba el Gimnasio de Zeuxipo, y sus baños, y el Milion, un miliario de las distancias del Imperio. Más allá de la monumental entrada al complejo, y tras cruzar las instalaciones militares y las salas de recepción, se accedía al Palacio de Dafne, la residencia imperial, y más allá a la célebre sala octogonal del trono construida más adelante por Justino II, el *Chrysotriklinos*. Cada emperador añadió y remozó el complejo palaciego, con aportaciones como la iglesia nueva de Basilio I o el palacio de Bucoleón, que daba acceso directo desde el área imperial al puerto.

Del Augusteo salía la gran avenida que atravesaba la ciudad, llamada *Mese* («[calle] central»), jalonada por edificios cívicos, iglesias y foros como el de Constantino, el de Teodosio, el Forum Bous o el de Arcadio. Entre los variados monumentos de la ciudad había también columnas conmemorativas de diversos emperadores, como Marciano, monumentos traídos de los viejos templos paganos, como el pilar procedente de Delfos o los restos de Olimpia, obeliscos egipcios, etc. La *Mese* llevaba desde la primera colina de la ciudad, en su núcleo histórico, hasta el complejo de edificios llamado *Philadelphion,* tras el Foro de Teodosio, donde la calle se bifurcaba creando un amplio espacio ceremonial pensado para ser el ombligo –*mesomphalos*– de la ciudad, con columnas y las famosas estatuas de los tetrarcas, que fueron llevadas posteriormente a la iglesia de Mirielaion y luego a Venecia, tras el saqueo de los cruzados, donde aún se pueden ver. La *Mese* septentrional conducía a la Puerta Carisio, en las murallas teodosianas, pasando por la catedral de los Santos Apóstoles.

Algo más al norte, el conocido suburbio de las Blanquernas, en principio extramuros, pero que Heraclio incorporará a la ciudad; allí se edificaría la iglesia de Santa María, el Palacio de Blanquernas, desde el que gobernaría la dinastía de los Comneno, que lo prefirió al Palacio Imperial, y su ampliación medieval, el llamado Palacio del Porfirogénito (hoy llamado en turco *Tekfur Saray).* El ramal meridional de *Mese* atravesaba la séptima colina *(Xerolophos),* donde enlazaba con la vieja calzada romana, la Vía Egnatia, y cruzaba la gran muralla doble defensiva a través de la recia Puerta Dorada. En las cercanías había otro edificio célebre, el Palacio de Hebdomon, donde fueron tradicionalmente coronados y aclamados los emperadores.

Un eje norte-sur cruzaba la avenida *Mese* entre el muro severiano y el constantiniano, el llamado *Makros Embolos,* comunicando los puertos del sur de la península con los del norte. Allí, por toda la costa del Cuerno de Oro se edificaron a lo largo de los siglos más fortificaciones que resguardaron los populosos barrios que serían poblados por diversas naciones, de Oriente y Occidente, con sus fábricas y barcos de comercio. La vertiente sur de la ciudad, que miraba a la Propóntide, era menos populosa, y estaba también guardada por murallas interiores que discurrían entre la Puerta Dorada, el monasterio *tou Stoudiou* y los muelles de Psamatía, al oeste, con la Academia patriarcal y la iglesia de San Juan, hasta el puerto de Juliano y la zona palacial.

Dos puertos al norte, bien resguardados en el Cuerno y frente a la colonia de Pera, y tres al sur, en el mar de Mármara, garantizaban el suministro de la ciudad. El agua llegaba través de un sistema de acueductos que fue perfeccionado desde el siglo IV en adelante y que discurría desde las colinas del noroeste hasta una serie de cisternas subterráneas de gran capacidad que abastecían la ciudad.

Desde Constantino y Teodosio II, que ampliaron su perímetro, cada emperador llevó a cabo nuevas construcciones, siendo la época de Anastasio y Justiniano una de las más fecundas en este programa de monumentos imperiales. Así, esta península triangular de lados ligeramente curvados que ocupa Constantinopla, encerrada por una muralla con sus vértices occidentales en la Puer-

Mapa 5. Constantinopla

ta de Blanquernas –en el Cuerno de Oro– y la Puerta Dorada –en el Mármara–, separadas por unos seis kilómetros, y Santa Bárbara –la punta de la antigua acrópolis (el actual Topkapi) en su extremo oriental, a seis kilómetros de Blanquernas y a nueve del *Stoudiou*–, configuró un valioso triángulo que durante un milenio fue la capital de la civilización bizantina.

Administración, ideología y religión bajo Justiniano

También se atribuye justa fama la época de Justiniano como uno de los puntos culminantes del esplendor del Imperio de Oriente, además de por la extensión de las conquistas militares y por el embellecimiento de la ciudad, por los monumentos de la cultura y del derecho que produjo.

Un ejemplo indiscutible es la gran codificación que promovió el emperador y que tendría una pervivencia duradera en la posteridad. La obra legislativa que se emprendió era ya una urgencia debido a la multiplicidad de disposiciones antiguas superpuestas y a veces contradictorias. Así, en 529, y bajo la guía del jurista Triboniano, se publicó una primera versión del llamado *Codex Justinianus,* mientras que en 533 aparecían los *Digesta* (también llamados *Pandectas),* una colección de tratados de los juristas romanos que se situaban en segundo plano tras el Código, y las *Institutiones,* una selección de ambos *corpora* legales que constituía una especie de manual jurídico. Toda esta gran obra legal fue redactada en latín, lengua oficial de la administración del Imperio (y seguramente la lengua del propio Justiniano, que, según el malévolo Procopio, no hablaba correctamente el griego). El aparato del Imperio aún se basaba en la lengua de los romanos, pese a ser ya un Estado de lengua y cultura mayoritariamente griegas.

La sociedad del Imperio romano de Oriente en esta época se empieza a perfilar con contornos diferenciados en cuanto a cultura y mentalidades, pero también en cuanto al sistema económico, con respecto a Occidente (Sarris 2006). Las disposiciones legales de esta época son un interesante reflejo de esta sociedad en pleno cambio. A las compilaciones mencionadas se añadió una colección de *Novellae* en griego, es decir, disposiciones adicionales que completaban el gran proyecto justinianeo, el *Corpus Iuris Civilis*. La importancia de esta recopilación jurídica no quedó tan solo circunscrita al mundo bizantino, sino que adquirió un valor universal para la historia del derecho: desde la Edad Media occidental fue la obra principalmente estudiada en la Universidad de Bolonia por la Escuela de los Glosadores y ejercería una enorme influencia en todo el derecho europeo posterior hasta las codificaciones napoleónicas.

Hay que decir, por otro lado, que la ideología política justinianea se caracterizó por un estrechamiento de la unión entre poder y religión, personificado en la actuación del emperador, que asumió prerrogativas sobre la esfera eclesiástica (Meier 2004). En este campo se puede decir que Justiniano trató de recorrer un camino inverso al que emprendió la figura del emperador en la época de Teodosio a fin de procurarse un dominio mayor del poder temporal sobre el de la Iglesia, que ya se había afianzado como autoridad con influencia política. Así, Justiniano se convirtió en el comienzo y a la vez en el más conspicuo exponente de la tendencia a concentrar los poderes político y religioso que ha sido posteriormente llamada «cesaropapismo».

El cesaropapismo, un término acuñado por la sociología política y de la religión de Max Weber en su obra *Economía y sociedad,* hace referencia a la subordinación de los eclesiásticos al poder secular, cuando el líder político ejerce también la autoridad en materia religiosa. En el caso del Imperio de Oriente, diversos estudiosos han discutido la aplicabilidad de este concepto weberiano, que parece claro en época de Justiniano, aunque se desdibuja posteriormente (Dagron 1996, Meyendorff 1983). En efecto, el ideario político promovido en la época justinianea hacía depositario al emperador de Oriente de dos herencias simbólicas de muy hondo calado: por un lado estaba la idea imperial, al perfilarse como sucesor de los grandes emperadores que habían llevado al Imperio Romano a su máxima expansión. Por otro, estaba la idea de la ortodoxia cristiana, pues el emperador se consideraba guardián de la fe verdadera, no solo frente a las abundantes herejías que se habían producido en el seno del cristianismo, sino también ante el recalcitrante paganismo, que se resistía a ser eliminado fácilmente.

En lo que a la política religiosa concierne, Justiniano se erigió en guardián del cristianismo como creencia oficial del Imperio. Una serie de medidas legislativas y decretos quisieron simbolizar el cambio de una era a partir de la cual no se toleraría ninguna manifestación que recordara la religión tradicional pagana, ni siquiera con la excusa de la literatura, la ciencia o la filosofía. De esta manera, Justiniano tomó decisiones muy duras que pusieron fin a ciertas tradiciones muy representativas del helenismo pagano, como su simbólica orden de clausurar la Academia platónica en Atenas en 529. Esta fecha, casualmente, coincide con la construcción del monasterio de Benito de Nursia en Montecasino, tras la destrucción de un templo de Apolo preexistente. En la Academia de Atenas habían pervivido durante casi un milenio las enseñanzas de Platón, que habían mantenido la llama de la vieja cultura griega pagana. Urgidos entre la cristianización y el exilio, algunos filósofos neoplatónicos, como Damascio o Simplicio, encontraron en 532 un refugio temporal en la corte persa de Ctesifonte: la presencia del neoplatonismo en Oriente dejaría huella en el posterior mundo islámico. Pero aunque el rey Cosroes los acogió bien, no se acostumbraron a la vida en aquellas tierras y el Imperio aceptó recibirlos de nuevo sin perseguir sus ideas. Así, y pese a las persecuciones y quema de libros –en la década de 540, casi 100.000 paganos fueron bautizados en Asia Menor–, el paganismo siguió persistiendo no solo en regiones como Egipto o Siria, sino incluso en las cercanías del poder imperial.

En cuanto a la cuestión religiosa en el seno de la Iglesia, Justiniano asumió un papel importante en la lucha contra las herejías. Sus acciones militares con vistas a la conquista y sumisión de los reinos germánicos –y por tanto arrianos– de Occidente, o la evangelización de amplias áreas del sur de Egipto, alternaron con una política de reconciliación forzosa con el miafisismo que, sin embargo, terminó por fracasar. El emperador, aconsejado por su mujer, quiso reconciliarse con los miafisitas, pero chocó con la oposición de las autoridades ortodoxas, con las que mantuvo un largo pulso. Justiniano convocó el quinto concilio ecuménico, segundo en Constantinopla (553), un episodio que da fe claramente de la aplicabilidad de la noción de cesaropapismo a su política. Justiniano había hecho aprobar en 543 un edicto conocido como «Los Tres Capítulos» que, para contentar al miafisismo, condenaba los escritos nestorianos que habían superado el examen del concilio de Calcedonia. El papa Vigilio, representante del sentir de Occidente, rechazó la condena y Justiniano le forzó a suscribirla. El pulso entre papa y emperador se dirimió en este concilio de Constantinopla, que ratificó la condena del edicto de «Los Tres Capítulos».

Es evidente que la unidad política y religiosa era el sueño de este emperador, y la adopción del cristianismo ortodoxo –ya esgrimida por Teodosio I– como arma política le confirió ciertas inclinaciones que hoy podrían calificarse acaso como totalitarias. El emperador se erigía como gran autoridad religiosa cuyo poder emanaba de Dios (Dagron 1996): la consigna ideológica de su reinado se podría resumir en la noción de tener un solo Imperio romano, una sola Ley y una sola Iglesia. Una aspiración que impregnaría el ideario imperial bizantino en lo sucesivo.

4. Crisis y continuidad: hacia un Imperio griego

Los sucesores de Justiniano

Los años que siguieron a la muerte del emperador Justiniano se caracterizaron por una suerte de estancamiento económico y repliegue político en el seno del Imperio, tras el ímpetu expansivo en todos los ámbitos que se había dado durante los años clave de la reconquista del Occidente (cf. en general Grabar 1966). El propio emperador, que falleció el 15 de noviembre de 565, había expresado su voluntad de que le sucediera su sobrino Justino, que reinó como Justino II, llamado «el Joven» para diferenciarlo de Justino I, hasta el año 578. No cabe duda de que la desaparición de una personalidad tan irrepetible como la de Justiniano había dejado un vacío difícil de llenar por su sucesor.

En primer lugar, el nuevo emperador, Justino el Joven, se encontró con el tesoro imperial en una situación bastante precaria, tras los esfuerzos realizados en todos los frentes, que habían dejado exhaustas las arcas del Estado y obligarían a aumentar sobremanera la presión fiscal. En segundo lugar, las conquistas de la época anterior suponían en cierto modo una herencia envenenada y muy difícil de gestionar, pues habían llenado de obligaciones militares y administrativas a un Estado que, como el Imperio de Oriente, se veía sobrepasado ante las dimensiones de lo que se podía controlar cabalmente desde su capital. En efecto, la defensa y el mantenimiento de las posiciones adquiridas exigían un esfuerzo considerable, al tiempo que surgían nuevas amenazas sobre el Imperio desde las fronteras del norte y del este. Con la muerte de Justiniano se inauguraba una época de retraimiento del Imperio, que perdió gradualmente sus nuevas adquisiciones territoriales –como la península itálica– y tuvo que hacer frente a guerras con los pueblos eslavos y ávaros y con los persas.

En un gesto de orgullo romano, en la línea de su ilustre predecesor, el emperador Justino II quiso erradicar la práctica de comprar la paz con los pueblos que amenazaban las fronteras del Imperio. Sin embargo, esta política, que quizá no hubiera sido suscrita por Justiniano, trajo algunos problemas. Por ejemplo, hay que recordar que el fin del acuerdo con los ávaros en 558 llevó indirectamente a que la tribu vecina de los longobardos o lombardos acabara desplazándose hacia el oeste e invadiera después el norte de la península itálica.

En 568 los longobardos, un pueblo germánico que procedía del lejano norte, invadieron y devastaron aquella región, que no mucho tiempo después sería designada con el nombre de Lombardía. Los lombardos, muchos de ellos aún paganos y otros de religión arriana, habían irrumpido al mando de su audaz rey Alboino en tierras itálicas, sorprendiendo a Longino, gobernador de Italia y sucesor del general Narsés, que no se esperaba tal invasión. Su éxito fue arrollador y en pocos años conquistaron el norte de la península itálica: Milán cayó en sus manos en 569, y Pavía, en 572, convirtiéndose en la primera capital del reino lombardo. La ínclita Rávena, residencia imperial desde hacía dos siglos, se salvó por muy poco de las cruentas incursiones de este pueblo norteño.

Con la conquista lombarda de gran parte del sur de la península itálica y la fundación de los ducados de Spoleto y Benevento a partir de 570, los dominios bizantinos quedaban unidos por una pequeña franja de terreno entre Rávena y Roma, separando los territorios lombardos. Por otro lado, la ruptura de negociaciones con los persas, que también eran mantenidos a raya por un acuerdo que incluía un tributo, condujo a una guerra en la que los bizantinos sufrieron graves reveses, como la cesión de la fortaleza de Dara en 573.

Los últimos años de Justino II estuvieron marcados por la enfermedad nerviosa de este emperador, que sufría unos accesos frecuentes de delirio, documentados por el historiador eclesiástico Juan de Éfeso. Quiere la tradición que los reveses militares sufridos por el Imperio en diversos frentes, desde la frontera persa hasta los ataques ávaros en los Balcanes, agravaran cuando no causaran la enfermedad mental que aquejaba a Justino. El emperador sufría ataques y convulsiones como «poseído por un espíritu maligno», por lo que su mujer Sofía encargó poner barrotes a las ventanas del palacio y le dejaba al cuidado de robustos chambelanes capaces de sujetarle. Justino II llegó a herir gravemente a varios de ellos a mordiscos, lo que hizo correr el rumor entre el pueblo de que el emperador devoraba a sus sirvientes. Otro invento que se ideó para controlar su locura fue una especie de trono con ruedas, sobre el que se desplazaba al emperador por el palacio.

En los periodos de incapacidad del emperador, su mujer o sus ministros tomaban el control político. Se dice incluso que la emperatriz había negociado de nuevo la paz con los persas a cambio de una gran suma de dinero. Al fin, y a instancias también de su mujer, Justino II acertó a nombrar a su sucesor en un intervalo de lucidez, designando a un influyente general como futuro emperador en 574. Justino II abdicó así de las obligaciones del trono a favor de Tiberio con un sentido discurso que transmitió también el cronista Juan de Éfeso. De esta manera, a partir del año 578, reinó Tiberio II Constantino, quien se había destacado como estratega en el frente persa y había sido corregente de los destinos del Imperio durante los cuatro años de la incapacidad de Justino provocada por su enfermedad mental.

Tiberio II regresó a la política de apaciguamiento con los ávaros, aunque hay que decir que tuvo éxitos militares muy notables, como la defensa de Roma, aún en manos bizantinas, de los ataques bárbaros. En efecto, la expansión de los lombardos, que ya se habían enseñoreado del valle del Po, mermaba progresivamente los dominios bizantinos en la península itálica y llegaba a amenazar la urbe. Sin embargo, Tiberio II logró mantenerlos a raya gracias a una oportuna alianza con el rey de los francos Childeberto II. Sobrepasado por la gestión de las conquistas territoriales de Justiniano, Tiberio II centró sus esfuerzos en la defensa y mantenimiento de los territorios occidentales del Imperio; así, llegó a acuerdos con los visigodos en Hispania para mantener el *status quo* e infligió una derrota a los pueblos bereberes que amenazaban las posesiones bizantinas en el norte de África. Tampoco descuidó el emperador la defensa y protección de la frontera oriental, donde la amenaza persa estaba muy presente. Pese a sus múltiples esfuerzos en el plano militar, Tiberio II no pudo evitar el comienzo de las migraciones dentro del Imperio de los pueblos eslavos, que fueron instalándose en los Balcanes desde comienzos de su reinado y, a la postre, constituirían un grave problema para la estabilidad del Estado bizantino.

Cuando en 582 falleció Tiberio II, ascendió al trono su yerno Mauricio, un hábil general que se había batido con bravura en las campañas contra los persas y que contó con el apoyo del poderoso estamento militar. Su reinado nos es bien conocido gracias a fuentes como el historiador Teofilacto (Whitby 1988). Como hombre de armas, Mauricio tuvo una destacada y estratégica actuación en la defensa de las fronteras del Imperio, que logró mantener durante varios años; se le atribuye incluso la autoría de un tratado sobre el arte de la guerra, titulado *Strategikon*. Su carrera militar le había llevado a ser nombrado bajo Justino II *magister militum* para Persia, después de ocupar la jefatura de la guardia imperial como *comes excubitorum*.

Una vez que subió al trono, destacó por su actuación militar en la frontera persa, que pudo expandir hacia el este, consolidando sus conquistas mediante una mezcla de éxitos militares e intervencionismo en la política persa: Mauricio decidió apoyar a Cosroes II en las disputas internas por el poder en Persia, y cuando este monarca se afianzó en el trono, en contraprestación, selló una amistad duradera con el emperador bizantino casándose con su hija. En el tratado de paz, Mauricio obtuvo para el Imperio de Oriente la Armenia persa y la Mesopotamia oriental, poniendo fin al tributo que hasta entonces había seguido pagando a los persas. Con las manos libres para actuar en los Balcanes y en Occidente, Mauricio centró su política exterior en una presión militar dirigida a neutralizar a los ávaros y eslavos, a los que logró rechazar al otro lado del Danubio.

En cuanto a los territorios occidentales, el emperador emprendió una útil y necesaria reforma administrativa: la creación y consolidación de dos grandes provincias autónomas en la península itálica y África, llamadas «exarcados», para facilitar su gobernación efectiva, teniendo en cuenta la distancia a la que se encontraban de la capital. Mención especial merece su actividad reformista en el África bizantina (Pringle 1981, 39 ss.). A este respecto hay restos de inscripciones que se refieren a su brillante administración del Imperio. Es de destacar que su influjo se llegó a notar incluso en la lejana Cartagena, en la *Spania* bizantina, que aún seguiría un tiempo bajo la órbita de Constantinopla (cf. en general Vallejo Girvés 1993, 2012, Pérez Martín y Bádenas de la Peña, eds. 2004, 37 ss., 117 ss.).

Sin embargo, y tal vez paradójicamente, el final del reinado de este combativo y eficaz emperador se debió a una revuelta militar causada por el descontento entre una parte de las tropas destacadas allende el Danubio. Los destacamentos bizantinos habían sido obligados a realizar una dura campaña invernal para controlar a los eslavos. La revuelta estalló en 602 bajo el mando de un general llamado Focas, que exigía la abdicación de Mauricio y que fue proclamado emperador por las tropas danubianas. Paralelamente, se desataron disturbios en la capital que obligaron al emperador a refugiarse en una pequeña isla cerca de Calcedonia con su familia y sus leales. Finalmente el usurpador Focas entró con sus tropas en Constantinopla y fue proclamado emperador por la facción verde del pueblo e inmediatamente coronado.

Poco después, y en una actuación que inauguraba las crueldades entre usurpadores al trono y emperadores derrocados, Focas dio muerte al indefenso Mauricio, no sin antes obligarle a contemplar la ejecución de sus seis hijos, lo que aseguraba que nadie de su sangre intentaría vengarle ni recuperar el trono. En cierto modo, este sangriento final del reinado de Mauricio rompía un antiguo tabú que impedía verter sangre y ejercer violencia entre el estamento senatorial. De hecho, su derrocamiento se vio acompañado de convulsiones a lo largo y ancho de todo el Imperio. La repercusión más señalada fue que los persas de Cosroes II declararon de nuevo la guerra a Bizancio, al ver que desaparecía el vínculo personal con Mauricio, mientras los ávaros aprovechaban la confusión para hostigar de nuevo la frontera.

Focas, el nuevo emperador, era un militar de oscuro origen. Reinó solo ocho años, en el transcurso de los cuales se dilapidó el caudal que habían acumulado sus predecesores, la presencia exterior y la concordia interna del Imperio. Las fuentes, mayoritariamente hostiles a Focas, lo retratan como un malvado tirano, un usurpador poco capacitado para las tareas del gobierno y un cruel gobernante que no dudaba en reaccionar a los gritos insolentes del pueblo en el Hipódromo mandando masacrar a la población civil. La vacilante oscilación de Focas entre los partidos verde y azul y el nombramiento de un impopular prefecto de la ciudad sumieron a la capital en una serie de graves disturbios. Mientras tanto, en el Occidente, los exarcados de Rávena y África se las arreglaban sin recibir prácticamente atención del gobierno imperial, mientras que en la frontera oriental, Mesopotamia y Armenia volvieron a manos de Cosroes II. El descontento cundía por todo el Imperio y por los exarcados. De hecho, fue en estos territorios de ultramar, que ejercían un notable poder e influencia, donde finalmente saltó la chispa de una rebelión contra Focas.

En 608 el exarca africano Heraclio se levantó contra el emperador, que intentó en vano reprimir con mano dura una revuelta que pronto, vista la situación general del Imperio, se convirtió en una guerra civil en toda regla, la primera que azotó Bizancio. El hijo del exarca Heraclio, llamado Heraclio el Joven, se puso a la cabeza de una audaz expedición doble, por tierra y por mar, que puso rumbo hacia los territorios bizantinos orientales, comenzando por Sicilia y Chipre, y los fue ganando para su causa. La rebelión se extendió en seguida por Egipto, donde fue especialmente cruenta, por Siria y Palestina, aunque también hubo especial resistencia en Asia Menor. Incluso en la capital las facciones verde y azul se enfrentaron a cuenta de los rebeldes africanos y los leales a Focas. Al fin, cuando Heraclio el Joven llegó triunfalmente por mar a Constantinopla, se produjo una deserción masiva de los militares y aristócratas bizantinos, que se pasaron del bando de Focas al del rebelde, con lo que este fue proclamado emperador. Huelga decir que, siguiendo los precedentes que se habían sentado, Heraclio dio muerte a Focas de una forma extremadamente cruel, según refiere la crónica del obispo copto Juan de Nikio: fue castrado y desollado, su cuerpo fue quemado y su cabeza cortada fue expuesta en la ciudad.

El desastroso reinado de Focas, que nos es conocido por esta crónica y por la de Juan Malalas, coincidió con un momento de grandes cambios en Bizancio. En esos años el Imperio vio decrecer su influencia exterior drásticamente, a la par que se sembraba la semilla de un creciente distanciamiento cultural e ideológico con Occidente.

Cultura, religión e identidad

La guerra civil que se desató en el Imperio a raíz de los tristes años de gobierno de Focas supuso un acontecimiento luctuoso, pero, a la vez, marcó una cierta cesura en la historia política y cultural del Imperio, una suerte de renovación y convulsión simultáneas; de hecho, el siguiente emperador, Heraclio, será conocido en la posteridad por su labor de reconstrucción del poder bizantino, por su tenaz lucha contra el Imperio persa y, en cierto modo, por la reformulación que supuso de la identidad del Imperio (cf. Kaegi 2003). En el ámbito cultural, los siglos VI y VII se ven caracterizados por ciertas transformaciones interesantes en el ámbito de la cultura, la religión y la ideología política que inciden directamente en la percepción que los súbditos del Imperio tenían de sí mismos y de su lugar en el mundo.

Si se consideran de forma retrospectiva las artes y las letras de esta época posjustinianea, se puede atestiguar también, en ese sentido, un cambio de mentalidad. Por un lado, historiadores y cronistas amplían los horizontes del Imperio y permiten un detallado conocimiento de estos años; es el caso de Teofilacto, que refiere abundante información sobre los persas y los eslavos, y de otros autores, como Nonoso, Teófanes, Hesiquio de Mileto o Evagrio Escolástico. Hay que destacar también como fuente de los años de Mauricio el *Chronicon paschale*. El geógrafo Hierocles, por su parte, dejó un listado de gran utilidad para conocer la situación política y administrativa del Imperio.

La poesía floreció especialmente en Egipto, con autores en la estela poética de Nono de Panópolis, como Museo, Coluto de Licópolis, Cristodoro de Copto y, en general, en todo el mundo oriental, como prueba la floreciente escuela de Gaza, representada por Juan de Gaza. La literatura hagiográfica y ascética encuentra un desarrollo extraordinario en las obras de Cirilo de Escitópolis, Juan de Raithu o Juan Mosco y su *Prado espiritual,* a partir de los antiguos escritos de vidas y dichos de los Padres del desierto y de los diversos santos del cristianismo oriental. Hay que decir que la literatura griega de la época avanza notablemente y atestigua también la transformación de la lengua. Aunque autores como Procopio o Museo prosiguen en la senda de la imitación literaria clásica, otros como Juan Malalas escriben en un griego ya muy evolucionado (Krumbacher 1891).

Habrá autores bilingües como el poeta Dióscoro de Afrodito, que hablaba copto, y en el seno del Imperio se escribirá en otras lenguas. No en vano, el desarrollo de las literaturas copta y siríaca corre de manera pareja con el sentimiento de independencia teológica de estas regiones miafisitas del Imperio. En cuanto al copto, hay que recordar la obra de Shenoute de Atripe; en la literatura siríaca mencionaremos a Jacobo de Sarug, Narsai, Isaac de Nínive, Jacobo de Edesa o las *Vidas de santos orientales* de Juan de Éfeso. Incluso habrá versos latinos en Oriente, como los de Flavio Coripo, escritos en honor de un general de Justiniano *(Iohanneis)* y de Justino II *(In laudem Justini minoris):* el latín en Constantinopla tenía aún cierto prestigio como lengua oficial del antiguo Imperio, y tuvo un reflorecimiento desde la obra de Prisciano –autor de una célebre gramática latina, las *Institutiones grammaticae,* y de algunos versos– durante el reinado de Anastasio y las compilaciones jurídicas de Justiniano hasta los *Annales* del conde Marcelino, que escribe en la capital a mediados del siglo VI.

En cuanto a las artes plásticas, la época posjustinianea y la crisis política del siglo VII conllevarán una evolución en la producción artística que se aprecia sobre todo en los mosaicos, como por ejemplo los de la iglesia de San Demetrio en Salónica. Se acaba la época de las grandes construcciones religiosas y civiles del periodo anterior, pero se va a refinar la técnica mosaística y el arte de las imágenes religiosas. Es característico de este periodo el desarrollo de la veneración de iconos milagrosos (*acheiropoieta,* 'no hechos por manos humanas'), de una religiosidad cada vez más propia del Oriente griego (en general, Rodley 1994).

En lo que a la religión se refiere, el ámbito eclesiástico incidirá de una manera especialmente notable sobre la política durante los reinados de Tiberio II, Mauricio y Focas, creando una amalgama peculiar que irá redefiniendo la idiosincrasia bizantina. Hay que destacar cómo se van perfilando las primeras disputas serias por la primacía entre la Iglesia romana, representada por el papa, y la constantinopolitana, bajo la égida del patriarca. En ocasiones, estas toman forma de alambicadas disquisiciones teológicas; otras veces se refieren a declaraciones explícitas acerca de la primacía en la doctrina y en la jerarquía de la Iglesia. Así, al amparo del canon 28 del concilio de Calcedonia, el patriarca Ciriaco II de Constantinopla había hecho uso del título de patriarca «ecuménico», lo que enfureció al papa Gregorio I el Grande (590-604). Este activo papa había combatido también anteriormente las doctrinas del patriarca Eutiquio, bajo el reinado de Tiberio II, acerca de la impalpabilidad de los cuerpos tras la resurrección de la carne. Gregorio refutó esta doctrina ante el emperador con un pasaje evangélico sobre la resurrección de Cristo. Pero el Papado de Roma no pudo prevalecer en el pulso con el patriarcado hasta la ascensión al trono de Focas, que finalmente concedió al papa Bonifacio III una declaración prohibiendo el uso del término «ecuménico» para el patriarca y confirmando la primacía eclesiástica de Roma. El título fue usado por primera vez por Menas en 536, y en la cancillería por el patriarca Juan IV (582-595).

No solo culturalmente fue este un periodo de profundas transformaciones, sino que los avances en el proceso histórico se hacen notar también en la historia de las mentalidades, la fenomenología del poder y la percepción de sí misma que adquiere la población del Imperio durante esta época, aspectos que hablan de una evolución política e identitaria de hondo calado. De hecho, para muchos estudiosos se puede marcar una cesura entre el final del reinado de Focas y el comienzo del de Heraclio, siendo el siglo VII un momento crucial de transición (Haldon 1990): diversos indicios muestran que hay una cierta discontinuidad en la percepción de la identidad bizantina. En breve, se pasa de la idea de un Imperio Romano de Oriente a la percepción cambiante de un Imperio griego, como se ejemplifica en el hecho de que Focas sea el último emperador que hará uso del título romano de augusto, tradicional para quien ocupaba el trono imperial. Este detalle protocolario, en apariencia trivial, nos proporciona una clave interpretativa sobre la evolución política y cultural hacia una monarquía ya plenamente griega.

Desde entonces el gobernante será caracterizado por la palabra *basileus* (rey), cuyo uso con preferencia se constata en las crónicas y documentos oficiales bizantinos a partir de Heraclio. Los títulos tradicionales de *imperator* y *Augustus* (y sus traducciones griegas *autokrator* y *Sebastos)* fueron paulatinamente sustituidos en las acuñaciones de monedas y en los documentos oficiales por esta palabra patrimonial de la lengua griega, ya con la equivalencia de emperador, aunque pervivieron como una reliquia protocolaria aún durante algunos siglos. Tras los éxitos militares de Heraclio, el emperador adoptó oficialmente en 629 el título de *basileus,* una palabra que sin duda se venía utilizando coloquialmente para designar al monarca, pero que no tenía una presencia constante en los documentos oficiales de la administración.

El uso del latín como lengua oficial de los escritos legales (como las leyes de Teodosio o Justiniano), las inscripciones oficiales (como la que acompaña la columna de Focas en Roma, el último monumento incorporado al Foro romano, en 608), en los elogios oficiales y, sobre todo, en los títulos del *imperator* y en los nombres de los diversos cargos de la corte *(silentiarius, spatharius, cubicularius, magister militum, excubitores,* etc.) mantenía desde hacía siglos la percepción de que el Imperio Bizantino no era sino la prolongación en el tiempo del antiguo Imperio de los romanos, de lengua y administración latinas. A partir de Heraclio, sin embargo, se constata el uso preferente del griego en la administración, abandonándose poco a poco el latín, con las implicaciones para la historia de las mentalidades que esto tiene.

Hay quien sitúa, pues, en atención a estos y otros detalles terminológicos, el final de la Antigüedad tardía y el comienzo del Medievo bizantino en esta época de transición, que, por ejemplo, Peter Brown (1971) y otros autores hacen coincidir con el surgimiento del Islam, precisamente durante el reinado de Heraclio.

En cuanto al lugar sobre el que se gobernaba, el Imperio –que, como sabemos, realmente nunca se autodenominó con el cómodo término moderno «bizantino»– seguía siendo «romano», y «romanos» *(rhomaioi)* sus habitantes, con plena conciencia de ser herederos del antiguo Imperio Romano en su nueva forma griega. El título griego aparece en las monedas durante el reinado de los sucesores de Heraclio, y él mismo lo utiliza en el decreto (o *novella,* como se conoce a las constituciones imperiales bizantinas tras Teodosio II) del 8 de noviembre de 629. Así, el emperador, en los siglos VIII y IX, comenzará a denominarse *basileus* para expresar la monarquía universal. Un poco más adelante, también los monarcas germánicos de Occidente reclamarán el título de *Rex romanorum.* El título oriental se amplió como *basileus ton Rhomaion* –es decir, 'rey de los romanos'– desde el siglo IX para subrayar la romanidad de los emperadores orientales, cuando Carlomagno ya había ocupado el trono imperial de Occidente. Así lo recuerdan antiguas regiones bizantinas cuyo nombre ha pervivido, como la Romagna –de hecho, más o menos coincidente con el antiguo exarcado de la península itálica– o Rumanía en los Balcanes. *Rum,* derivado de la palabra 'romano', fue el término empleado por los musulmanes para designar a los bizantinos y sus territorios, por lo que para los turcos pasó a denominar los territorios de Europa. Hasta Heraclio, pues, se puede hablar de una continuación clara del Imperio Romano de Oriente de inspiración latina *(Imperium Romanorum)* o de la *Pars Orientalis* del viejo Estado romano. Pero desde la dinasía de Heraclio procederá más bien hablar de una monarquía greco-oriental, una *Basileia ton Rhomaion* (Haldon 1990).

La jerarquía cortesana y la administración bizantina

A lo largo de la historia que comprende desde sus orígenes constantinianos hasta la caída de Constantinopla, la corte bizantina se dotó de una compleja administración, una burocracia altamente jerarquizada y un largo elenco de cargos y títulos honoríficos, en gran parte heredado del Imperio Romano. A los títulos originales en latín que fueron adaptados al griego *(Augustus, Caesar, nobilissimus, silentiarius),* se sumaron a partir de la época de Heraclio otros tantos títulos griegos. La corte bizantina poseía numerosos cargos ordenados jerárquicamente y divididos entre los otorgados a eunucos y «barbados», es decir, no eunucos.

En cuanto a los eunucos, hay que recordar que eran especialmente apreciados en la corte bizantina para ocupar puestos de confianza y gran responsabilidad, a menudo muy cercanos al poder imperial y a las intrigas palaciegas de Constantinopla. Su papel llegó a ser muy destacado, pues se los consideraba muy fiables para tareas de gobierno y para la gestión de asuntos delicados. Obviamente, se daba por descontado que no había que temer de los eunucos ambiciones desmedidas para su linaje ni, por otro lado, complicaciones amorosas. Como una suerte de sacerdocio funcionarial, muchas madres destinaban a sus hijos a engrosar la lista de los eunucos para facilitar su carrera en la administración estatal, pues un castrado tenía más oportunidades de ocupar uno de los cargos oficiales disponibles. Algunos de ellos llegaron a ocupar cargos muy relevantes, como *proedros* o *magistros*. Famoso es el caso del eunuco Eutropio, que llegó a ejercer una gran influencia en la corte como valido del emperador Arcadio –determinando incluso la política exterior del Imperio–, hasta que una conspiración encabezada por la emperatriz Eudocia logró apartarle del poder, o del general Narsés, uno de los responsables de los éxitos militares de Justiniano.

Entre los cargos más importantes de la jerarquía cortesana estaban el *Proedros*, el *Magistros* (heredero del *magister officiorum),* el *Stratelates (magister militum)* o el *Vestarches*. Otros títulos heredados de Roma eran el *Hypatos* ('cónsul'), el *Anthypatos* ('procónsul') y el *Patrikios* ('patricio'), el más alto título de nobleza instituido ya por Constantino I. Relacionados con la guardia imperial estaban los *Spatharioi,* el *Protospatharios* y los *Kandidatoi,* llamados así por sus túnicas blancas (del latín *candidus).* Como salta a la vista, muchas de las denominaciones de estos cargos revelan su origen en las magistraturas latinas bajoimperiales. Otros, en cambio, tienen un origen puramente oriental. Destacaba entre el funcionariado más cercano al emperador el *Protovestiarios,* que se encargaba del vestuario, y el *Silentiarios,* que mantenía el silencio respetuoso de la corte; eran funcionarios clave para el estricto protocolo bizantino. La nómina era muy nutrida y combinaba títulos de origen latino con nuevas funciones en griego: *Praipositos, Primikerios, Ostiarios, Koubikoularios, Nipsistiarios,* etc.

Las estructuras administrativas del Estado bizantino muestran una complejidad asombrosa a los ojos del estudioso moderno, incluso en las etapas finales del Imperio. En torno al emperador había una multitud de cargos y títulos del gobierno central, altos oficiales del Imperio que se dividían, como en la tradición tardorromana, en las esferas civil y militar. A ello hay que añadir las administraciones territoriales, los *themata,* los exarcados y prefecturas y, a partir del siglo IX, los catepanatos, drungariatos, ducados o arcontados que, poco a poco, se irán conformando como distritos a partir de *themata* únicos y de grandes dimensiones. Posteriormente, algunas de estas divisiones, aunque gradualmente menguadas por las pérdidas territoriales del Imperio, seguirán existiendo e incorporarán, en ocasiones, modelos occidentales, como es el caso de los despotados desde el siglo XIII. Un texto como el de Cecaumeno, con consejos para un aristócrata bizantino del siglo XI (Signes Codoñer ed. lit. 2000a), ilustra al lector actual sobre algunos usos cortesanos de una sociedad en un momento de cambio.

La administración bizantina funcionaba como una pirámide jerárquica que conformaba una suerte de aristocracia burocrática de dignidades de los servicios civiles y militares. Con excepción de los títulos reservados a la familia imperial –*Cesar, Nobilissimus* y *Curopalates*–, la pirámide descendía con los cargos de *Magister, Anthypatos, Patrikios, Protospatharios, Dishypatos, Spatharokandidatos, Spatharios,* etc. Además de los cargos de gobierno, había que pensar en los oficiales cortesanos, como el mencionado *Praepositus,* una suerte de maestro de ceremonias, o chambelanes como el *Parakoimomenos* o el ya citado *Protovestiarios,* que formaban junto a otros muchos el servicio directo del emperador y convertían su palacio en un complejo engranaje burocrático. También hay que citar a los ministros encargados de los diversos departamentos del Estado, los *logothetai,* para política interior, hacienda, economía, etc., a cuyas órdenes había un gran cuerpo funcionarial. La acumulación de títulos y cargos era tal que en Bizancio cada oficial ostentaba dos títulos: uno honorario, que le daba su dignidad y posición en la jerarquía administrativa, y otro práctico, que indicaba su cargo real.

Heraclio y la reorganización del Imperio

Nada más afianzarse en el trono, Heraclio se vio en la urgente necesidad de reorganizar el aparato estatal del Imperio, calibrando las finanzas y el ejército a fin de hacer frente a los nuevos retos que ya se perfilaban en el horizonte. Hay que señalar, así, que con este emperador se produce un impulso renovador muy importante, centrado en subsanar el caos en el que se había sumido el Imperio en diversos ámbitos durante los años precedentes. Al subir al trono en el año 610, Heraclio inaugura una nueva dinastía que se prolongará hasta el año 711, con la muerte de Justiniano II.

Después de los años de confusión que trajo el reinado de Focas, Heraclio –de origen probablemente armenio o capadocio– se esforzó por conjurar las amenazas bárbaras y recomponer en la medida de lo posible la castigada economía del Imperio (cf. Kaegi 2003). La tarea más perentoria, al menos en cuanto a la política exterior, era plantar cara a los persas, que, poco después del ascenso al poder de Heraclio, habían emprendido una devastadora campaña contra las provincias bizantinas más importantes. Era una cuestión, como puede entenderse, que atañía a la propia supervivencia del Imperio, además del gran simbolismo que tenían las pérdidas bizantinas ante el ataque persa. En efecto, cuando aún Heraclio estaba asentándose en el trono imperial, comenzaron a caer plazas de gran importancia en Siria, como Antioquía y Damasco, en un breve período de tiempo.

El avance de los persas sasánidas desde Siria hacia Palestina parecía entonces imparable y fue favorecido, según sostiene la historiografía tradicional, por el hecho de que los cristianos de aquellas regiones, que profesaban en su mayor parte creencias de orientación miafisita y habían sido despreciados y perseguidos alternativamente por la ortodoxia constantinopolitana, preferían el tolerante gobierno persa. En 614, y para consternación de todos los habitantes del Imperio, los persas pusieron sitio a Jerusalén. Poco tiempo pudo resistir la ciudad, que acabó en manos persas.

Los ecos llegaron al Occidente latino, hasta el hispano Isidoro de Sevilla, e incluso el Corán (sura 30) menciona las dificultades de los bizantinos en estos momentos críticos. Los habitantes cristianos de la ciudad santa fueron masacrados y las iglesias más representativas –como la del Santo Sepulcro, construida por Constantino– resultaron profanadas, incendiadas o destruidas. Los Santos Lugares de la cristiandad fueron violentados, e incluso la reliquia de la Santa Cruz de Cristo fue robada y llevada a Ctesifonte, la capital persa.

El desastre no quedó ahí, sino que el ejército persa siguió adelante con su exitosa campaña dividiéndose en dos contingentes: uno marchó con dirección a la capital del Imperio, llegando a Calcedonia, a las puertas de Constantinopla, con el propósito de poner sitio a la ciudad; otro se dirigió a Egipto, donde puede que la población miafisita no viese del todo mal la invasión persa, y logró tomar Alejandría en 619. Nos podemos imaginar el duro golpe que significó para el Imperio la pérdida de estas regiones con tanta relevancia económica, cultural y simbólica.

Pero Heraclio no permaneció de brazos cruzados ante esta situación, y provisto de una acreditada experiencia militar y de un buen conocimiento de las provincias afectadas gracias a su anterior campaña contra Focas, resolvió atacar a los invasores con todas las fuerzas disponibles. Así, en 622 marchó personalmente contra los persas tras entusiasmar a sus hombres mezclando un cierto espíritu de revancha y de misión sagrada al recordar la profanación de Jesuralén y sus reliquias. Poco a poco fue cosechando una serie de éxitos iniciales en su campaña.

Pero por si la situación fuera poco difícil, en la frontera norte los ávaros, aprovechando la confusión general y la ausencia del emperador a la cabeza de un importante contingente militar, atravesaron con gran rapidez los Balcanes y saquearon las ciudades que encontraron a su paso, llegando a las puertas de Constantinopla en el año 626, seguramente con la intención de lanzar un asalto definitivo a la capital del Imperio en connivencia con las tropas persas que habían sido destacadas no muy lejos de allí, en Calcedonia.

Pésimas noticias llegaban también del exarcado bizantino del norte de África, pues el rey visigodo de Hispania,

Suintila, aprovechándose de la lejanía de las autoridades imperiales, que se habían desentendido excesivamente de sus territorios occidentales, había expulsado definitivamente a los bizantinos del sur de la península. El Imperio solo pudo conservar un bastión bajo su soberanía al otro lado del estrecho de Gibraltar.

Pese a la crítica situación, e inaugurando su legendaria resistencia a una serie de asedios por parte de implacables enemigos, la fortificada Constantinopla pudo rechazar el ataque, y tanto ávaros como persas se vieron obligados a retirarse. Por su parte, Heraclio llevó adelante con determinación su campaña militar contra los territorios ocupados por los persas en Asia Menor y Siria, que fue liberando paulatinamente. Los bizantinos infligieron una derrota apabullante a los persas en la batalla de Nínive, en el año 627. Esta victoria permitió a las tropas de Heraclio no limitarse a recuperar el terreno perdido sino incluso adentrarse en territorio persa.

Además, al desatarse un conflicto interno en Persia, el nuevo rey que accedió al poder en la corte sasánida quiso firmar en seguida una paz con los bizantinos de Heraclio y accedió a restituir al Imperio todas las provincias que habían sido conquistadas (Siria, Palestina y Egipto), así como la venerada reliquia de la Santa Cruz. Fue así como el emperador Heraclio la devolvió a su lugar en Jerusalén con un desfile triunfal que luego repitió en Constantinopla. Las hazañas de Heraclio, cantadas por el brillante poeta Jorge de Pisidia, contemporáneo suyo, en poemas como *De expeditione persica, Bellum Avaricum* o *Heraclias,* restauraron el dominio bizantino sobre el Oriente y Egipto. También hay que decir que esta guerra, que alteró el equilibrio geopolítico de la zona, terminó desbaratando el poder de la Persia sasánida. En lo sucesivo, la aparición de un nuevo actor político en la zona, los árabes, extinguiría el poder de los persas (644) y pondría en graves aprietos a los territorios bizantinos en Oriente, además de afectar a otros estados, como es sabido. Otras provincias, como es el caso de la lejana Hispania, se habían perdido ya para siempre.

En lo que hace a la reorganización política del Imperio, hay que recordar que se atribuye también a Heraclio un ímpetu reformista que llevó a la subdivisión del territorio bizantino en los llamados temas *(themata),* aunque aún se discute sobre la paternidad de esta reforma territorial y burocrática; de hecho, hay autores que consideran que esta renovación administrativa tuvo sus bases en tiempos de Constancio II. En todo caso, los temas se constituyeron como unidades administrativas a partir de su origen militar, pues fueron creados en principio para facilitar la defensa del Imperio y la organización del ejército en secciones asociadas a una provincia o un territorio, especialmente en las partes más lejanas de la capital, tanto en las fronteras orientales como en Italia y el Mediterráneo occidental (Treadgold 1995). Parece, sin embargo, que los primeros temas como unidades administrativas fueron los de Asia Menor a mediados del siglo VII: el Armenio, Anatolio, Tracio y Opsicio, que tomaron sus nombres de unidades del ejército; también se creó un tema naval. Con el tiempo se formaron también *themata* en los Balcanes (con el nombre de tema Helénico) y en Sicilia, aunque los dominios bizantinos en Italia y en el norte de África se mantuvieron bajo el control de los exarcas de Rávena y de Cartago (sobre África en el siglo VII, cf. Pringle, 1981, 43 ss.).

Los exarcados bizantinos conferían cierta libertad de movimientos frente a la capital imperial, por lo que a menudo fueron focos de insurrecciones; el propio Heraclio procedía del exarcado africano, y en el exarcado italiano siempre se notaron ciertas distancias políticas y religiosas con Constantinopla.

La política interior de Heraclio se centró sobre todo en reconducir las desavenencias teológicas en el seno de la Iglesia, a fin de prevenir nuevos problemas civiles. El emperador, así, trató de reconciliar a ortodoxos y miafisitas impulsando nuevas doctrinas, como el monoenergismo o el monotelismo, que pudieran superar el enconado conflicto doctrinal en torno a la naturaleza de Cristo, que ya había provocado crisis políticas y derramamiento de sangre. Ambas doctrinas, el monoenergismo y el monotelismo, proponían una solución de compromiso en la cuestión de la naturaleza de Cristo: el monoenergismo, por un lado, sostenía que Cristo tenía dos naturalezas pero una sola «energía». Esta energía o actividad, de definición deliberadamente vaga, no resultó satisfactoria para las distintas facciones y la teoría fue pronto abandonada. Por otro lado, el monotelismo, en la línea de los postulados del patriarca Sergio de Constantinopla, reconocía en Cristo dos naturalezas, la humana y la divina, pero una única voluntad. En el plano religioso, además, se debe a Heraclio la evangelización, a instancias del papa Juan IV, de las zonas de los Balcanes que estaban siendo pobladas por eslavos, contribuyendo así a la génesis de lo que sería la gran comunidad ortodoxa greco-eslava (Obolensky 1971).

Hay que recordar que Heraclio convivió con el surgimiento del Islam, pues, mientras el emperador combatía a los persas, se produjo la hégira de Mahoma. Desde la muerte del fundador de esta gran comunidad político-religiosa, el Islam comenzó su asombrosa expansión a costa de la decadente Persia sasánida y, posteriormente, como veremos, del Imperio Bizantino. Tras el éxito de su campaña de represalias contra los persas sasánidas, las tropas de Heraclio habían logrado repeler la primera incursión musulmana en la batalla de Mu'tah (629). Pero cuando los árabes lanzaron su campaña de conquista contra Siria y Palestina en 634, inspirados por la idea de guerra santa, los bizantinos no pudieron contener su expansión. Por entonces Heraclio había enfermado y sus generales fueron derrotados estrepitosamente en la batalla de Yarmuk (636). Todo el Levante, que había recuperado Heraclio, se volvió a perder antes de su muerte en 641. Cambia entonces ya para siempre la configuración política y cultural grecorromana que había hecho de la cuenca del Mediterráneo un espacio relativamente homogéneo. Los últimos vestigios de la edad antigua, por ende, se pueden dar aquí por superados.

La cuestión sucesoria y la aparición del Islam

En medio de esta serie de vertiginosas transformaciones que experimentó el Imperio de Oriente, y por extensión, toda la cuenca del Mediterráneo y las regiones adyacentes, el Estado bizantino debía reaccionar políticamente para afrontar las nuevas circunstancias. Sin embargo, la versatilidad del sistema político bizantino, que se puso a prueba en estos años, no resultó excesiva y dio muestras de una inestabilidad que, a la larga, sería casi endémica. El propio sistema monárquico evidenciaba, a este respecto, importantes fallos, sobre todo a la hora de gestionar la transmisión del poder. Muchos emperadores se precavían de las posibles querellas sucesorias nombrando a sus hijos, parientes o personas de confianza coemperadores, acaso en la línea del viejo esquema político ideado por Diocleciano, del que no pervivía sino una reliquia poco eficaz. Ello se hacía con la esperanza de evitar disputas y garantizar la continuidad del Estado con una sucesión ordenada. Sin embargo, solo raramente se lograban transiciones exentas de problemas, y en el caso de los últimos años del reinado de Heraclio, como siempre que desaparece una gran personalidad del trono, la situación política hacía presagiar problemas sucesorios.

A la muerte de Heraclio, el hijo mayor que tuvo con su primera mujer, Eudocia, que había sido coronado coemperador en 613, subió al trono con el nombre de Constancio III, pero solo reinó unos meses en 641, pues Heraclio había tenido otro hijo, Heraclio II (también llamado Heracleonas), con su segunda esposa, su sobrina Martina, quien había logrado que fuera nombrado augusto en 638.

Así pues, Heracleonas consiguió la corregencia del Imperio, y cuando Constancio III murió de tuberculosis tres meses después de subir al trono, quedó como único emperador. No faltaron rumores, que se propagaron inmediatamente después de la muerte de Constancio III, que apuntaban la sospecha de que Martina y Heracleonas hubieran envenenado a Constantino III. Así, una facción poderosa en la corte, encabezada por el general Valentino, desencadenó una revuelta que exigía que Heracleonas abandonase el poder y que el joven hijo de Constantino III heredase directamente el trono. Heracleonas fue derrocado, mutilado cruelmente junto a su madre y exiliado de la capital para siempre; a Martina le cortaron la lengua, y a Heracleonas, la nariz. Era la primera vez que se infligía este tipo de humillación pública, a la manera persa, a un miembro de la casa imperial, y en los años sucesivos estas prácticas se repetirían proporcionando a la corte bizantina su arraigada fama de crueldad.

En efecto, la lucha entre facciones cortesanas y dinásticas, o como consecuencia de usurpaciones del trono, culminaba a menudo con actos de inusitada crueldad. Los castigos más usuales que marcaban con la indignidad y el descrédito a quienes los sufrían –y que además los incapacitaban para cualquier actividad política– eran, sobre todo, la mutilación de la nariz, las orejas o los genitales y arrancar los ojos. A partir del derrocamiento de Mauricio por Focas se sentó el nefasto precedente de exterminar a toda la estirpe del emperador; el propio Focas perecería a su vez de forma terrible, torturado y humillado, como posteriormente le sucedió a otros emperadores. Parece ser que estas prácticas tenían su origen en usos bárbaros, acaso persas, pero lo cierto es que marcaron para siempre el Imperio Bizantino con un estigma de crueldad.

Tras este violento episodio, los sublevados consiguieron aupar al trono imperial al hijo de Constantino III, que reinó con el nombre Constante II, llamado Pogonatos ('Barbado'), desde 641 hasta su muerte en 668. Hay que decir que Constante II mostró gran severidad en política interior. Incluso llegó a eliminar a su hermano Teodosio, aunque era eclesiástico, para que no le hiciera sombra. Pero su reinado se caracterizó sobre todo por la arrolladora irrupción de los árabes en la escena política del Mediterráneo oriental, que evidenció las enormes carencias de organización política, administrativa y militar que había en el Imperio, además de una falta de adaptabilidad y de capacidad de reacción muy notable.

La aparición del Islam supuso un mazazo para los bizantinos, que se vieron sobrepasados en el frente militar ante la pujanza de los árabes y estuvieron faltos de toda reacción política. Los árabes, por su parte, enfervorecidos por la idea de la conquista y la *yihad,* protagonizaron una serie de exitosas campañas militares en las provincias orientales del Imperio, Siria y Egipto; las derrotas bizantinas fueron incontables, y prácticamente cada mes se perdía terreno. De hecho, ya bajo Constante II el Imperio perdió totalmente Egipto en 642, y a punto estuvo de perderse también por entero el exarcado de África (Kaegi 1995). Se ha sostenido tradicionalmente que la rápida conquista árabe de las provincias orientales del Imperio y del Egipto bizantino pudo verse facilitada, como en el caso de la invasión persa, por el descontento de la población, de mayoría miafisita, con la ortodoxia de Constantinopla. El Califato árabe avanzaba implacable, y en 647 cayeron Armenia, Capadocia y, poco después, Frigia. Tras una efímera paz, la flota de Muawiya I, primer califa de la dinastía Omeya, prosiguió sus incursiones contra el Imperio, que culminaron en 655 con la estrepitosa derrota bizantina en una batalla naval, en la que participó el propio emperador con gran peligro de su vida. Al fin, en el año 659 Constante II pudo firmar un tratado de paz con los árabes, aprovechando las primeras luchas internas por el poder que surgieron en el seno del Califato.

La política occidental de Constante II tuvo más éxito: contuvo eficazmente a los pueblos eslavos en los Balcanes, lanzó un ataque en la península itálica contra el ducado lombardo de Benevento y recorrió aquellos territorios con el fin de obtener tributos.

En materia religiosa Constante II, harto de los inacabables debates sobre la naturaleza de Cristo, quiso ponerles fin por ley y ordenó mediante un edicto que cesaran; como se puede comprender, no tuvo el éxito deseado. El papa Martín I condenó este intento, y lo mismo ocurrió con la propuesta del monotelismo en el concilio de Letrán (649). Constante II actuó entonces de forma inesperada: mandó arrestar a Martín I y lo depuso, en la intervención más notable de carácter cesaropapista de la época. La presencia en Occidente de Constante II dejó honda huella en los contemporáneos y algunos recuerdos artísticos. No en vano, era el primer emperador que, desde hacía casi dos siglos, pisaba suelo romano e itálico en general.

Los años finales del reinado de Constante II estuvieron marcados por las estrategias e intrigas sin escrúpulos que llevó a cabo el emperador con el fin de evitar posibles usurpaciones y asegurarse una sucesión tranquila. Así, asoció en el trono a sus hijos Constantino, Heraclio y Tiberio, después del asesinato de su hermano Teodosio, pero sus intentos resultaron vanos y siguió teniendo razones para temer una conjura. Al fin, sospechando de su entorno inmediato, ordenó el traslado provisional de su corte a Siracusa. Ya nunca regresaría a Constantinopla, pues precisamente fue en Sicilia donde se cumplieron sus temores: en el año 668 fue asesinado en su bañera por un chambelán, seguramente como resultado del descontento que habían generado los rumores de un posible traslado definitivo de la capital a tierras occidentales. A Constante II le sucedió uno de sus hijos, Constantino, que comenzó su reinado haciendo frente a un intento de usurpación en Sicilia.

De regreso a Constantinopla, se entronizó como Constantino IV, y desde allí tuvo que hacer frente al primer sitio de la capital del Imperio por los árabes en 674. Fue uno de los momentos más difíciles para la supervivencia del Imperio de Oriente, pues nunca antes Constantinopla había estado en tamaño peligro de forma tan evidente. Pero era un hecho que venía siendo ya anunciado por el creciente predominio del Califato en el Mediterráneo oriental. La situación obligaba a los bizantinos a desarrollar nuevas estrategias. Todos los asedios anteriores habían chocado con las fortificadas murallas de la ciudad y las inveteradas costumbres defensivas por tierra. Pero cuando la flota árabe puso sitio a la ciudad, hubo que idear nuevos sistemas defensivos por mar.

De esta época data seguramente el invento del famoso «fuego griego», un líquido inflamable que ardía sobre el agua y que se arrojaba contra la flota enemiga. En todo caso, fue uno de los secretos mejor guardados del Imperio, una de las armas secretas que permitieron a los bizantinos superar con éxito los muchos asedios de la capital imperial. Por las ilustraciones en manuscritos y las descripciones que han sobrevivido, parece que funcionaba como una especie de llamarada líquida que podía incluso flotar sobre las aguas y se pegaba a las embarcaciones enemigas arrasando todo lo que tocaba. Una tradición atribuye la invención del fuego griego a un arquitecto de una de las provincias orientales que los árabes habían arrebatado a los bizantinos. El éxito del fuego griego para conjurar los ataques de la flota árabe en sus dos primeros asedios a la capital bizantina fue muy notable. Más adelante, en los siglos VIII, IX y X, se usaría también contra sarracenos, eslavos y rusos; los occidentales contaban maravillas de su efectividad en combate. Además se perfeccionaron los sistemas defensivos en el acceso a los puertos de la ciudad, que podían cerrarse mediante cadenas.

Fue así como se contuvo a los sitiadores árabes en época de Constantino IV durante tres largos años. Esta férrea resistencia, unida a una derrota en tierra de los árabes, obligaron al califa finalmente a levantar el asedio y firmar una paz ventajosa para los bizantinos. El tenaz Constantino IV logró salir airoso de esta dura prueba y quedó como vencedor a los ojos del mundo contemporáneo, en un momento clave para el afianzamiento del Islam, que, después de sus triunfos en Oriente Medio y África, se expandía inexorablemente hacia Europa. Una derrota bizantina en esta tesitura hubiera abierto de par en par las puertas de los Balcanes a los árabes, que ya se aproximaban a Europa por otros flancos.

En el norte, sin embargo, el Imperio hubo de reconocer a la fuerza el surgimiento de un nuevo ente estatal de notable poder al norte de Tracia, que comenzó a suponer un peligro para los bizantinos: el reino búlgaro. Al mismo tiempo, en las tierras occidentales se firmaba un tratado de no agresión con los poderosos lombardos, que habían afianzado sus dominios en el norte y sur de la península itálica, por el que se aceptaba formalmente la conquista de estas tierras y se reconocía su soberanía.

En cuanto a la política religiosa de Constantino IV, su preocupación principal consistió en tratar de afrontar con éxito la controversia monotelista. Lo que en principio se había planteado como una solución teológica de compromiso para evitar el ya antiguo desafío entre el miafisismo y la ortodoxia, terminó creando nuevos y graves problemas doctrinales que amenazaban seriamente la paz de la Iglesia. Así, el emperador tuvo que convocar el sexto concilio ecuménico (o tercer concilio de Constantinopla) en el año 680. Allí se refrendó la ortodoxia de los dogmas emanados del concilio de Calcedonia y se aplicaron para refutar el monotelismo; según los resultados del concilio, en lo que a la controversia monotelista se refiere, se reconocían en Cristo dos naturalezas y dos voluntades coexistentes. Así se restablecía momentáneamente la paz entre Constantinopla y Roma, que había quebrado este conflicto teológico.

Los dos reinados de Justiniano II y la pérdida de África

A la muerte del emperador Constantino IV en el año 685 le sucedió en el trono, como estaba planeado, su hijo de dieciséis años, que adoptó el nombre de Justiniano II; posteriormente fue apodado *Rhinotmetos* ('Nariz cortada') por las peripecias sufridas a lo largo del reinado de la que tal vez sea una de las personalidades más interesantes de la historia de Bizancio (Head 1972). Acaso el nombre con el que accedió a la púrpura que llevaba le animara a emular a su antecesor y homónimo, Justiniano el Grande, e intentara restaurar las viejas glorias del Imperio mediante conquistas. Sin embargo, su carácter difícil y ambicioso le granjeó numerosos enemigos ya desde el comienzo de su ejercicio del poder, lo que provocó que su reinado estuviera marcado por grandes convulsiones políticas tanto en el ámbito interno como en el externo.

En un principio, como el problema árabe estaba pacificado por el momento, el emperador Justiniano II optó por centrarse en la cuestión balcánica; allí, el reino de los búlgaros había desafiado el poder imperial en Macedonia, por lo que resolvió lanzar una expedición de castigo contra este pueblo para mantenerles lejos del territorio bizantino. Animado por esta campaña, el emperador cometió el error de abrir un segundo frente en la frontera oriental y emprendió otra expedición en paralelo contra los árabes, con el objetivo de recuperar la provincia de Armenia, que estos habían arrebatado al Imperio. Pero el resultado fue negativo: la derrota de las armas bizantinas hizo que Armenia quedara perdida para siempre.

En lo que a la intervención de Justiniano II en materia religiosa se refiere, hay que decir que tampoco fue muy afortunada, pues más bien supuso una fuente de conflictos tanto en ese momento como en el futuro. En 692 este emperador convocó el concilio de Constantinopla llamado «Quinisexto», que creó grandes disensiones con la Iglesia romana; entre los temas tratados se aprobó el matrimonio de un sector de los sacerdotes de la cristiandad oriental. El Papado, que no quiso reconocerlo como concilio ecuménico, se opuso frontalmente a sus decisiones, ante lo cual Justiniano II decidió intervenir de forma radical en la política religiosa y ordenó la detención del papa, como ya había hecho anteriormente su predecesor Constancio II. Pero en estos años la autoridad imperial en la península itálica había disminuido sobremanera y, pese a las órdenes políticas de Constantinopla, las tropas de Roma y Rávena se pusieron del lado del papa y las pretensiones del emperador quedaron neutralizadas.

A todos estos lamentables episodios, que habían minado la autoridad del emperador, se sumaron algunas medidas que resultaron ser muy impopulares y que enojaron a la aristocracia rural y al pueblo. Justiniano II había reforzado la recaudación de tributos a fin de abastecer las maltrechas arcas del Estado –decidido como estaba a realizar un programa de construcciones monumentales como el primer Justiniano–, a la par que impuso una política de redistribución de tierras y organizó reasentamientos de grandes masas de población eslava. También se le atribuye, de hecho, una nueva reforma administrativa del Imperio con la creación del *thema* de la Hélade y la reordenación territorial de los *themata* imperiales heredados de las reformas de Heraclio.

Pero su proyecto reformista no fue, en general, bien acogido, y en 695, tras un levantamiento que contó con el apoyo de la facción azul del Hipódromo y del patriarca Calínico I de Constantinopla, el pueblo proclamó emperador al general isaurio Leoncio, responsable de las tropas en Grecia. Justiniano II fue depuesto y, siguiendo los precedentes, se le cortó la nariz (de ahí su sobrenombre) para que, desfigurado de forma infamante, se evitara su regreso al trono. Además se le mandó a un exilio alejado en la península de Crimea.

El reinado del usurpador Leoncio no prosperó y tuvo corta vida: tres años después, un sonado fracaso militar ante los árabes precipitó su caída en desgracia ante la cúpula militar y la consiguiente pérdida del trono. En efecto, las tropas árabes habían tomado Cartago, y pese a los esfuerzos bizantinos por recuperar la ciudad, el exarcado de África quedó descabezado definitivamente en una batalla naval que tuvo lugar en 698 y que resultó catastrófica para los barcos imperiales. El África bizantina quedaba así en manos de los árabes. Una facción del ejército, enfurecida por la fallida dirección de la guerra por parte de Leoncio y por una derrota que estimaban culpa suya, resolvió proclamar a un nuevo emperador.

Se trataba de un oscuro comandante, de origen germánico, llamado Apsímaro, que ascendió al trono imperial con el nombre de Tiberio III (698-703). Como primera medida –en lo que ya se había convertido en una costumbre cruel para con los emperadores derrocados–, Tiberio mandó arrestar y encarcelar al depuesto Leoncio, no sin antes cortarle la nariz.

El nuevo emperador no tuvo otro remedio que aceptar la realidad de los hechos y dar por perdida el África bizantina; este revés territorial privaba al Imperio de pingües ingresos y, a la vez, del sueño de la restauración del mundo romano. Tiberio III prefirió centrarse en consolidar las posesiones imperiales en el Asia Menor y en los mares circundantes, obteniendo ciertos éxitos al asegurar, por ejemplo, el control de la isla de Chipre. Podemos decir que Tiberio III mostró una gestión razonablemente buena de los asuntos de la política exterior bizantina, pero no llegó a culminar su labor.

En efecto, mientras la derrota en África causaba la ascensión de un nuevo emperador, el depuesto Justiniano II «Nariz cortada» se escapó de su exilio en Crimea, ansiando recuperar el trono. En 704 tomó por esposa a la hermana del kan de los jázaros, Busir Glavan, a la que llamó Teodora, acaso en memoria de la esposa de Justiniano el Grande. Además, con el fin de llevar a cabo los planes de venganza que había concebido, se asoció con otro jefe de los pueblos del norte del Imperio, el kan búlgaro Tervel, que le prometió ayuda militar para recuperar su trono a cambio de ser nombrado césar cuando Justiniano II fuese de nuevo emperador. Así que en la primavera de 705, y con un gran contingente búlgaro y algunos leales, Justiniano II se presentó ante las murallas de Constantinopla para recuperar el poder. Aunque su nutrido ejército de eslavos no pudo franquear de inmediato los muros de la ciudad, contó con el apoyo interno de algunos partidarios que de manera traicionera le facilitaron sobrepasar las murallas y recuperar finalmente el poder. El emperador se puso una nariz de oro para volver a ocupar el trono dignamente y trató con extrema dureza a sus predecesores, Leoncio y Tiberio: entre las burlas del pueblo, fueron llevados en procesión hasta el Hipódromo, donde los humilló públicamente y les hizo ejecutar. Al patriarca Calínico, que había conspirado contra él, le hizo arrancar los ojos y le mandó exiliado a Roma.

El segundo reinado de Justiniano II, que duró desde 705 hasta 711, se caracterizó sobre todo por los conflictos en el exterior y por la crueldad que empleó en el interior, instaurando un auténtico régimen de terror en el Imperio (cf. también Head 1972). En sus relaciones con los pueblos eslavos, el emperador rompió su alianza con el kan Tervel, que le exigía el cumplimiento de sus compromisos. Justiniano II quiso revertir por la fuerza las prebendas y beneficios territoriales que le había concedido, pero no pudo vencerle, y se vio obligado a firmar la paz con el kan. También fracasó militarmente ante los árabes, que no dejaban de aumentar sus dominios en Asia Menor. En cuanto a su política en Occidente, Justiniano II intervino de nuevo en la cuestión religiosa, mandando una expedición de castigo contra sus territorios itálicos. Así se forzó al papa Juan VII a reconocer las decisiones del concilio Quinisexto y se le obligó a visitar Constantinopla, en lo que supuso la última visita de un papa de Roma a la capital bizantina. Por lo demás, castigó duramente a la población itálica y a las autoridades de Rávena por su actitud hostil durante su primer reinado.

Justiniano II fue tristemente recordado en la península itálica y sentó las bases para el creciente desapego de aquellos territorios con respecto al gobierno bizantino. Su política interior, a ese respecto, fue represiva y cruel, lo que provocó a la postre diversos levantamientos en su contra, desde la península itálica hasta la de Crimea. Allí precisamente, en Crimea, donde había estado exiliado, estalló una revuelta dirigida por el militar armenio Filípico Bardanes, que coincidió con una ausencia del emperador de la capital. La sublevación triunfó y Justiniano fue arrestado y ejecutado en 711. Su estirpe fue exterminada, y su cabeza, expuesta públicamente en Rávena para regocijo de la población, que había sufrido sus crueldades. Así terminaba la dinastía de Heraclio.

Pero el usurpador Filípico Bardanes reinó solo un par de años, hasta 713. Su gobierno inauguró una época aún más convulsa, la de la anarquía de 711-717, caracterizada por una sucesión de breves reinados en los que emperadores de origen militar, como Anastasio II (713-715) y Teodosio III (715-717), se fueron sustituyendo unos a otros en la púrpura. Hay que recordar que ya con anterioridad los militares fueron a menudo aupados al trono; el propio Heraclio, procedente de la jerarquía militar del exarcado de África, se enfrentó al emperador Focas en una guerra civil y obtuvo la dignidad imperial. Fueron otros muchos los generales que, en lo sucesivo, harían uso de la fuerza para conseguir el poder, como León V el Armenio, Nicéforo II Focas o Juan I Tzimiscés. El peligro de estos emperadores militares –como se había visto ya en época romana– era la inestabilidad que podían proporcionar al Imperio.

Los años de anarquía militar del siglo VIII se prolongarían hasta el advenimiento de León III, dotado de una fuerte personalidad, que fue capaz de poner freno a esta etapa convulsa. Con todo, estos años provocaron un notable desgaste y desprestigio del Imperio, y causaron confusión, decadencia política y pérdida de territorios ante los enemigos.

5. La época iconoclasta

Las nuevas controversias religiosas: la iconoclasia

Durante el siglo VIII, y en plena expansión de un monoteísmo radical y anicónico, como era el Islam, que había triunfado velozmente a lo largo de muchos de los antiguos territorios bizantinos, la cuestión religiosa volvió a aflorar en el seno del Imperio, con nuevas controversias que causaron una gran inestabilidad en estos años.

Si el monotelismo aún planteaba los últimos problemas bajo el reinado del armenio Filípico, pronto surgiría una nueva disputa doctrinal de hondo calado que, más allá de la teología, convulsionaría la cohesión interna de la sociedad bizantina y su desarrollo político. En concreto, una nueva propuesta teológica, con su consiguiente contestación, surgió en este tiempo conflictivo: la iconoclasia. Con el ascenso al poder de León III, mal llamado el Isaurio, se inauguraba una nueva dinastía y una época de convulsiones a cuenta de esta nueva controversia que se prolongaría, en dos periodos de vigencia, hasta los años 787 y 843.

León era un militar de origen sirio o árabe que estuvo al servicio de Justiniano II en la expedición previa a su segundo reinado, con la que recuperó el poder. Al ascender al trono en 717, derrocando a Teodosio III, sus primeras medidas, de carácter urgente, se dedicaron por fuerza a solventar el nuevo asedio al que los árabes estaban sometiendo a Constantinopla. En efecto, aprovechando la anarquía reinante, las tropas árabes habían cercado las murallas de la ciudad ese mismo año en un momento de gran actividad militar del Califato en todos los frentes. La pugna del Imperio contra los árabes iba adquiriendo paulatinamente los tintes de una guerra religiosa, como ya había apuntado la actuación de sus antecesores Heraclio y Justiniano II.

La resistencia de Constantinopla comenzaba a convertirse en un símbolo en la historia europea de la persistencia de la civilización grecorromana en un siglo crucial que había visto transformaciones radicales en el marco del Mediterráneo de la mano de la velocísima expansión del Islam, que por entonces ya se había enseñoreado de la España visigoda. Ciertamente, no muchos años después de este asedio árabe a Constantinopla, Carlos Martel lograba detener la onda expansiva del Islam en Francia, y con ello su paso a la Europa occidental, en la batalla de Poitiers en 732. Así, puede decirse que en Bizancio se dirimía el otro frente crucial para la expansión islámica y la resistencia a esta: el que afectaba a la Europa oriental. Como Carlos Martel en Francia, en Oriente el emperador León III logró salvar una vez más el sitio de Constantinopla, que duró hasta 718.

Tras este episodio, el emperador se dedicó a consolidar las fronteras y a reforzar la administración del Imperio. También llevó a cabo una importante labor legislativa, refundando el derecho imperial –tradicionalmente escrito en latín desde Justiniano– en griego gracias a las llamadas *Eklogai,* que tendrían gran influencia posterior en toda la Europa oriental.

Pero la reforma más llamativa que emprendió León III se aplicó al ámbito de la religión: entre 726 y 730 el emperador reabrió la controversia en el seno de la Iglesia y se inmiscuyó en la discusión teológica existente tomando partido contra la adoración de imágenes. Esta tendencia a proscribir las representaciones de lo divino existía en la Iglesia cristiana al menos desde los siglos IV y V, por lo que esta reforma, fundamentada teológicamente, tomó la excusa para su aplicación de restablecer el cristianismo en su pureza original (Gero 1973). La idea de un cristianismo sin imágenes fue favorecida también por un sector de la población y del clero a instancias del propio poder imperial, creando un conflicto que casi podría definirse como una guerra civil de inspiración religiosa que duró largo tiempo.

Pero las imágenes *(eikones* en griego) tenían una gran tradición en el cristianismo oriental y estaban profundamente arraigadas en una parte importante de la población. Los orígenes de los iconos se perdían en el primer arte cristiano del Oriente griego que registran las fuentes de los Padres de la Iglesia. Parece que ciudades como la siria Edesa, que fueron ricas en reliquias cristianas, podrían estar en el origen de la producción artística de iconos en los siglos III y IV. Con la oficialidad del cristianismo en el siglo IV, las reliquias e imágenes proliferaron por todo el Imperio, desde el arte copto en telas, hasta las ricas orfebrerías y esculturas de Constantinopla. Lo mejor de los iconos se podía asociar a las famosas imágenes *acheiropoieta,* que se decían milagrosas. En esta tradición, circularon por todo el Imperio imágenes relacionadas con apariciones, curaciones o milagros (Hussey 1986, cap. II). Huelga decir que una parte importante del cristianismo veía esta adoración de imágenes como idolatría.

Por otro lado, se ha discutido si en la decisión del emperador y del clero que tomó parte en la elaboración de esta doctrina pesó mucho la influencia de las otras grandes religiones monoteístas, la hebrea y la islámica, que prohibían las imágenes de Dios (Gero 1973, 83). Quizá León III, con su edicto de 730, esperase reducir las diferencias entre las tres confesiones monoteístas sobre las que reinaba, o esperaba reinar, condenando el uso de las imágenes en el culto religioso y facilitando así la sumisión de un mayor número de súbditos a su poder. Independientemente de que esta doctrina supusiera un reflejo de otras religiones monoteístas –y concretamente, del mundo islámico– o recogiera viejas corrientes del cristianismo, lo cierto es que a partir del siglo VII, el movimiento iconoclasta triunfó de forma intermitente en Bizancio durante algo más de un siglo, comprendido entre los reinados de León III y Teodora (Brubaker y Haldon 2011).

Tal vez la motivación de estas medidas fuese reforzar el dominio imperial sobre la religión y restarle poder a la jerarquía eclesiástica y a los monjes. A la vez, sin embargo, la controversia iconoclasta, junto a otros episodios, ha sido aducida para poner en duda seriamente la existencia del cesaropapismo en Bizancio, precisamente por la fuerte contestación que provocó (Meyendorff 1983).

En efecto, el culto de las imágenes, especialmente de Cristo y de la Madre de Dios, estaba muy extendido en la época, y tanto el papa Gregorio II como el patriarca de Constantinopla, Germano, y amplios sectores del pueblo se opusieron a la iconoclasia. En Grecia estalló una revuelta contra el emperador por parte de la facción iconódula, es decir, la que estaba a favor del culto de las imágenes, que fue duramente reprimida; también hubo luchas callejeras entre el partido iconoclasta y el iconódulo en la capital: cuando en 730, el emperador mandó retirar un Cristo de la Puerta de Bronce que daba acceso al complejo palacial, los encargados de hacerlo fueron asesinados por la facción de los iconódulos. Con ello comenzaban unos años de conflicto entre el poder imperial, que imponía la retirada de imágenes, y partes de la población que se rebelaban ante ello, secundadas por una facción importante del clero, especialmente representada por los monjes. Obras como la de San Juan de Damasco, que escribe un discurso *Sobre las imágenes sagradas* (Torres Guerra 2013) proporcionando un argumentario para la defensa de los iconos, son prueba de la discusión teológica que había al respecto en la Iglesia de Oriente. En 731, nada más subir al trono papal, el papa Gregorio III condenó la iconoclasia en un concilio, lo que causó una nueva ruptura entre Oriente y Occidente: la Italia central escapaba así al dominio de la Iglesia bizantina, mientras el sur se mantuvo del lado del emperador y de su reforma (cf. en general Grabar 2000).

La sucesión del emperador León III recayó sin incidencias en su hijo Constantino V Coprónimo (741-755), que fue especialmente recordado por su apoyo a la iconoclasia; de hecho, su sobrenombre refleja una cierta reputación negativa en las fuentes posteriores, que se debe a una leyenda malintencionada según la cual defecó en la pila bautismal cuando le bautizaron. De lo que no cabe dudar es de su fervor iconoclasta, pues reprimió duramente a los veneradores de imágenes y, especialmente, al colectivo de monjes. Constantino V, de hecho, convocó el concilio de Hieria, en 754, sin contar con la presencia de ningún patriarca, que condenó oficialmente el culto a las imágenes. Este concilio convocado por el emperador para justificar la iconoclasia tuvo como consecuencia la destrucción de obras de arte y manuscritos de incalculable valor: poco ha sobrevivido de esos años de persecución de las imágenes, que tuvieron en los monjes a sus grandes valedores. Mientras una campaña de destrucción de iconos con saña e inusitada violencia vaciaba de figuras humanas la decoración de iglesias y monasterios, el arte de estos años se caracterizaba por el uso de imágenes alegóricas, motivos florales y ornamentales (cf. en general Gero 1977).

La primera restauración de los iconos y el distanciamiento de Occidente

A la muerte de Constantino V le sucedió también linealmente el hijo que tuvo con la princesa jázara Irene, que reinó como León IV (775-780), cuyo sobrenombre, el

Jázaro, alude a su origen étnico en una época en que este pueblo túrquico ejercía una notable influencia en Bizancio. Bajo su reinado, el conflicto religioso se atenuó un tanto, en una especie de tregua en la controversia iconoclasta.

Cuando falleció León IV, y como su hijo Constantino VI aún no había alcanzado la mayoría de edad, quedó como regente su mujer, también llamada Irene. En principio, era una regencia temporal, motivada por la minoría de edad de Constantino VI, pero cuando este finalmente subió al trono, surgió una disputa por el poder entre el hijo y la madre, que no quería abandonar su ejercicio (Speck 1978). Irene demostró con dureza que contaba con más apoyos en la corte y en la Iglesia, y logró derrocar a su hijo. Como si fuera una usurpación más, pero con el notorio agravante de que ocurría en el seno de la familia, Irene hizo sacar los ojos a su hijo y le desterró, quedando como emperatriz única del Imperio (Herrin 2002).

La emperatriz Irene reinó en solitario desde 797 a 802, asumiendo curiosamente el título masculino de *basileus*. Como Irene mostró tendencias iconódulas y convocó un concilio ecuménico en Constantinopla (786) con la finalidad de restaurar el culto de las imágenes, es hoy día considerada santa por la Iglesia ortodoxa, a pesar de su violenta actuación política. Los iconos tuvieron entonces un momento de breve reflorecimiento (Cortés Arrese 2010), pero la restauración no llegó a culminarse, pues, en pleno concilio de Constantinopla, el fuerte partido iconoclasta de la ciudad irrumpió con armas en la iglesia de los Santos Apóstoles, donde se reunían las autoridades, e impidió que se tomara alguna decisión. Al año siguiente, Irene convocó otro concilio en Nicea –el segundo en la historia en esa localidad después del primer concilio ecuménico–, que logró restaurar al fin oficialmente el culto de las imágenes. Este fue el séptimo y último concilio ecuménico de la historia de la Iglesia de Oriente.

Huelga señalar que la controversia iconoclasta y el reinado de una mujer en Constantinopla impresionaron fuertemente a toda Europa, especialmente a Occidente, donde se empezó a fraguar una imagen muy negativa de Bizancio, entre herética y depravada. La Europa occidental había mirado con horror cómo se destruían imágenes sagradas y manuscritos, con lo que se contribuyó en gran manera a deteriorar las relaciones entre ambas Iglesias, Roma y Constantinopla.

Por esos años ascendía la estrella de una poderosa figura en un mundo ya plenamente medieval: Carlomagno. El nuevo soberano de los francos aspiraba también a formar un imperio y a controlar desde el poder terrenal el ámbito religioso. Nada tenían ya que ver los cristianos francos, germánicos o lombardos, que apoyaban el cristianismo romano, con el mundo oriental, griego y eslavo, que había asumido progresivamente notas de identidad religiosa propias, agravadas por la iconoclasia. La Europa de comienzos del siglo IX había olvidado ya muchas nociones del antiguo mundo romano. Así, cuando el día de Navidad del año 800 el papa León III coronó emperador en Roma a Carlomagno, renacía un nuevo Imperio de Occidente, ya totalmente libre de la tutela simbólica de Constantinopla. Carlomagno sería el gran exponente del cesaropapismo occidental, reutilizando esquemas de la tradición imperial romana y bizantina. De todas formas, se hicieron algunos intentos para legitimar al nuevo soberano acudiendo al prestigioso Oriente, heredero de la tradición imperial romana, y Carlomagno le propuso matrimonio a Irene, pero el derrocamiento de esta en octubre de 802 frustró una posible reunificación de Oriente y Occidente. En efecto, una conspiración depuso a la emperatriz y colocó en el trono a Nicéforo I, tesorero real de Irene, que fue desterrada a la isla de Lesbos, donde murió poco después.

El desastre de Plisca y el final de la dinastía isáurica

El nuevo emperador Nicéforo I se enfrentó a los francos de Carlomagno, a quien nunca reconoció como emperador, por el dominio de la costa adriática de Italia y se dedicó al mismo tiempo a hacer frente a las amenazas del Califato y de los búlgaros (su hijo Estauracio realizó junto a él una campaña por Grecia), para lo que tuvo que dictar duras medidas tributarias que, junto con su severo carácter, le hicieron muy impopular y le acarrearon fama de tirano; pero, pese a sus intentos de reforma, Nicéforo murió demasiado pronto para ver algún resultado positivo.

Fue Nicéforo I quien se embarcó en una expedición contra los búlgaros, pues consideraba que la amenaza que suponía este pueblo había sido subestimada durante demasiado tiempo y deseaba reconquistar una región que otrora fuera bizantina y neutralizar la resistencia de los búlgaros. El emperador se puso a la cabeza de una gran expedición militar en verano de 811 que invadió las tierras búlgaras por sorpresa, tomando a sangre y fuego su capital Plisca, que estaba mal protegida. Sin embargo, la expedición terminó dramáticamente en la batalla que siguió a la toma de esta ciudad frente a los búlgaros del kan Krum, derrota que supuso un varapalo para las tácticas militares bizantinas. Los búlgaros triunfaron gracias a una estrategia de guerrillas y emboscadas en los angostos pasos montañosos de la región. Mientras los bizantinos saqueaban la ciudad de Plisca, el kan búlgaro reunió sus tropas y preparó una emboscada en el desfiladero de Varbica, que fue imprudentemente atravesado por los bizantinos en su camino de regreso. La masacre fue terrible; el ejército imperial quedó diezmado en una derrota en la que murieron altos cargos imperiales. El propio Nicéforo I cayó en combate, y su cadáver fue humillado por el kan Krum, que conservó la calavera del emperador para usarla como copa. La batalla consolidó el poder búlgaro en la zona y mantuvo alejados a los bizantinos de ella durante años (cf. en general Haldon 2001). El príncipe Estauracio, que resultó gravemente herido en la batalla, fue nombrado emperador en Adrianópolis; fue la primera vez que un emperador bizantino era coronado fuera de Constantinopla. Sin embargo, murió poco después a consecuencia de sus heridas, ya en la capital.

Tras la muerte de Nicéforo y Estauracio subió al trono el yerno del primero, Miguel I Rangabé, cuyo reinado supuso una cesura en las relaciones con la Europa occidental, pues, a cambio de una tregua en la península itálica, acabó por reconocer a Carlomagno como emperador en el trono de Occidente en el 812. La cuestión búlgara volvió a situarse en el centro de la política exterior bizantina. Los ejércitos del kan Krum, pese a su inferioridad numérica, obtuvieron una nueva victoria muy resonante sobre los bizantinos en la batalla de Versinikia (813) (Haldon 2001, 76). Esta derrota le costó el trono a Miguel I, a quien le sucedió su general León V el Armenio (813-820). El kan Krum murió poco después de su éxito en Versinikia, cuando se disponía a emprender el asedio de Constantinopla. León V, con todo, tuvo que volver a enfrentarse a un nuevo sitio de la capital por parte de los búlgaros en el año 817. Esta sucesión de episodios militares volvía a demostrar que el reino de Bulgaria suponía una cuestión pendiente para los ejércitos bizantinos.

Como se ve, los años 811-820, los últimos de la dinastía isáurica, estuvieron marcados por la inestabilidad tanto en las fronteras como en el trono. Bizancio había perdido ya el dominio de la Italia central, incluida su simbólica capital, Rávena, que fue tomada anteriormente, en 751, por el rey lombardo Aistulfo. También hay que considerar que, con la coronación de Carlomagno, Constantinopla había dejado de albergar el único trono imperial europeo, perdiendo en cierto modo el capital simbólico y la influencia ideológica que confería la exclusividad del legado de la Roma imperial. En paralelo, no era de extrañar que la estrella bizantina en Occidente, y especialmente en la península itálica, decayera, lo cual se veía confirmado por la restauración del Imperio Occidental, el carolingio, y el aumento de su influencia en estas tierras. Con el transcurso de los siglos, dicha influencia continuará con otros rivales germánicos del Imperio de

Oriente, como es el caso, por ejemplo, del Sacro Imperio Romano Germánico.

La cuestión eslava, sobre todo en el plano de la amenaza militar directa, era el otro frente de importancia para los bizantinos de esta época; poco a poco, eslavos y búlgaros se habían hecho hueco a los márgenes del Imperio, no solo creando reinos independientes al norte de este, sino asentándose en territorio imperial, e incluso influyendo en la política bizantina. Suponían, sin ninguna duda, el enemigo más terrible para la estabilidad bizantina y un claro cambio en la estrategia geopolítica del Imperio, aunque, por otro lado, serían una prolongación clara de la influencia cultural de Bizancio (Obolesnky 1971). Los emperadores de la dinastía isáurica se habían apoyado en los búlgaros para su lucha contra los árabes, pero pronto verían cómo, en el transcurso del siglo siguiente, estos se convertirían en una amenaza mayúscula para el Imperio.

No solo la controversia iconoclasta, sino también la política real separaban ya definitivamente al Imperio de la Europa occidental. León V había vuelto a instaurar la doctrina iconoclasta oficialmente desde el trono imperial, y se le atribuye una persecución cruel de la facción iconódula. El patriarca Nicéforo se opuso a esta restauración de la iconoclasia, pero fue depuesto y se convocó un segundo concilio a favor de la doctrina iconoclasta en la capital en el año 815. Sin embargo, grandes intelectuales de la Iglesia seguían mostrando una viva resistencia a la iconoclasia; como había hecho San Juan de Damasco anteriormente, en estos años hay que citar a Teodoro Estudita, abad del monasterio *tou Studiou*.

Más allá de motivaciones religiosas, la política de los emperadores iconoclastas contra los principales defensores de los iconos –los monasterios más poderosos– implicaba también una lucha por el control de la Iglesia. En el 820, en medio del descontento general por su política opresiva de las tendencias paulicianas e iconódulas, León V el Armenio fue asesinado tras una conspiración cortesana organizada por Miguel, uno de sus generales de confianza y jefe de la guardia imperial, que procedía de la ciudad de Amorion, en Frigia. León ya sospechaba de Miguel, motivo por el cual lo había mandado prender y encarcelar, pero, aun con uno de sus cabecillas en prisión, la conjura siguió y León fue apuñalado y prácticamente despedazado mientras oía misa en la capilla de palacio. En medio de la confusión reinante, Miguel fue sacado de prisión y coronado, según la tradición, aún con los grilletes sin abrir.

El trono pasaba así a este militar frigio, que ascendió a él con el nombre de Miguel II, apodado el Tartamudo, y que inauguraba una época y una dinastía, llamadas «amorianas», en referencia a la ciudad fortificada de donde procedía. Esta ciudad clave para parte de la élite militar bizantina simbolizaba una manera de vivir y una sociedad de frontera que, si bien ya se había conformado con el transcurrir del tiempo, en este Imperio pendiente de sucesos imprevistos, refriegas e intercambios de todo tipo en sus límites orientales había alcanzado por estos años una notable importancia.

La época de los emperadores frigios o amorianos, en efecto, estuvo marcada tanto por los intercambios culturales en la frontera como por las continuas hostilidades territoriales entre Bizancio y los árabes; todo ello creó un mundo de frontera que es representado por los *akritai* o 'caballeros de los límites' (Vasiliev 1935), los cuales fueron ensalzados posteriormente por cantares de gesta como el *Digenis Akritas* (siglo XII), que retrata una sociedad que convive con el mundo musulmán (Martínez García ed. lit. 2003).

Cuando murió Miguel II, le sucedió su hijo Teófilo (829-842), que avivó la controversia iconoclasta mediante un edicto que prohibía la adoración de iconos, en apoyo de las tesis del concilio de 815. Durante el reinado de Teófilo, que fue el último emperador de tendencia iconoclasta, diversos testimonios afirman que se persiguió y torturó más cruelmente que nunca a los iconódulos. Pero en el terreno político y en el marco de las guerras que mantuvo Teófilo contra los árabes se produjo un hecho más grave que conmocionó hondamente al Imperio: fue la simbólica toma en 838 de Amorion, cuna de la dinastía reinante, y la masacre de sus habitantes por las tropas del califa al-Mu'tasim. Tras un largo asedio de cincuenta y cinco días y al parecer por causa de una traición en el interior de la ciudad, los árabes entraron a sangre y fuego en Amorion. Se estima que unas treinta mil personas fueron asesinadas y el resto de los habitantes de la ciudad vendidos como esclavos. Amorion quedó reducida a cenizas. La relación de tenso equilibrio bélico con los árabes se quebraba de esta manera de una forma dramática (Vasiliev 1935).

De época de Teófilo data también la aparición en Bizancio de comerciantes y mercenarios del norte, de origen escandinavo y ruso, que formarían la legendaria guardia varega, un contingente de élite del ejército bizantino al servicio de la corte imperial. Esta presencia da fe del contacto continuado de Bizancio con los pueblos del norte, no solo de la Rus de Kiev, sino también de los principados escandinavos, que fue progresivamente en aumento (Obolensky 1971).

La restauración definitiva de los iconos y el auge de los monasterios

La cuestión de los iconos había envenenado la política religiosa del Imperio de Oriente durante estos años, dividiendo profundamente a la Iglesia y a la propia sociedad bizantina, pero pronto se produciría la toma de partido definitiva por parte del poder imperial. A la muerte de Teófilo ascendió al trono Miguel III, apodado el Beodo (842-867), durante cuya minoría de edad reinó como regente su madre, Teodora. Esta, que era iconódula, aprovechó el periodo de regencia para tratar de asestar un golpe definitivo a los iconoclastas y restaurar la ortodoxia religiosa de la adoración de imágenes (Herrin 2002). El apoyo de los monjes, y en especial de las comunidades del monte Atos, fue fundamental en esta labor.

El *Hagion Oros* ('Santo Monte'), el monte Atos, situado en uno de los tres alargados brazos que forman la Calcídica, había ido reuniendo a lo largo del siglo IX diversas comunidades monásticas impulsadas al aislamiento y a la independencia por la controversia iconoclasta. El tesón de monjes como los estuditas y los de las comunidades de Bitinia en la defensa de los iconos, y el de los atonitas en la de los manuscritos y tesoros del arte bizantino, se vio finalmente recompensado con la definitiva actuación en pro de los iconos de la emperatriz Teodora en un concilio constantinopolitano celebrado el año 843. Desde esta restauración de los iconos se produjo un reflorecimiento de los monasterios bizantinos, en especial, de los del célebre monte Atos (cf. en general Bádenas de la Peña, Bravo García y Pérez Martín, eds., 1997).

No es posible saber a ciencia cierta cuándo se instalaron los primeros monjes en el monte Atos. Según una tradición, un barco que transportaba a la Virgen María y a San Juan Evangelista halló refugio en Atos, donde hoy está el monasterio de Iviron –de fundación georgiana y tercero en la jerarquía del Atos–, tras una terrible tormenta. Al pisar la costa la Virgen, se escuchó una voz sobrenatural que exclamó: «Ahí está la madre de Dios, adorémosla», mientras los ídolos paganos, y notablemente la estatua de Zeus que coronaba la península, caían a tierra. Otra leyenda afirma que fue el emperador Constantino el Grande el primero en edificar varias iglesias allí, inspirado precisamente por la Virgen. Como quiera que sea, no hay restos acreditados de presencia monacal en esa península hasta el siglo V.

Entre las razones históricas para el gran desarrollo del monacato en el monte Atos se pueden contar, sin duda, el abandono progresivo de la vida urbana a favor del ámbito rural en la Edad Media bizantina, la presencia de numerosos enemigos del Imperio en la zona y la controversia iconoclasta que desmembraba el Imperio en esa época. Ante el apoyo a esta tendencia contraria a las imágenes que se impuso desde Constantinopla, muchos eclesiásticos iconódulos tuvieron que buscar refugio en Atos. Cuando la emperatriz Teodora puso fin a la controversia y restauró la veneración de iconos, solo pudo hacerlo con el apoyo significativo de los monjes del monte Atos, fervientes defensores de las imágenes desde el comienzo de las disputas teológicas un siglo antes, bajo León III. Desde entonces se produjo una extraordinaria revitalización del arte religioso bizantino, descollando sobremanera la fama y tesoros de estos monasterios, así como su régimen de vida peculiar al margen del poder imperial. Esta época dorada se verá favorecida por la llegada de grandes figuras clave de la religiosidad oriental, como Pedro de Atos y Eutimio el Joven; cada uno será representante de las diversas tendencias monásticas, eremíticas y cenobíticas, respectivamente, en el monte santo.

Las etapas en el desarrollo del monacato en la península comenzaron por un primer momento de ascetismo solitario. Estos primeros anacoretas, debido a las cada vez más frecuentes incursiones de piratas sarracenos, tuvieron que empezar a congregarse en las llamadas *lauras,* pequeñas comunidades semejantes a las que existían en Tierra Santa. Será solo desde el siglo IX, coincidiendo con el concilio de 843, cuando se pueda atestiguar una importante presencia de comunidades monásticas. Poco después se sitúa la fundación del primer gran monasterio, por Juan Colobós, y la prohibición de entrada a los seglares. Fue entonces cuando se crearon los grandes monasterios, muchos de los cuales han perdurado hasta hoy día, resistiendo los numerosos ataques externos como núcleo de la fe ortodoxa griega, y manteniendo un notable poder e influencia a lo largo de la historia bizantina.

En todo caso, su fuerza se puede constatar en la resistencia prolongada que mostraron los monasterios a la iconoclasia. Solo gracias al coraje de los monjes, que murieron por defender los iconos, y a la perseverancia de dos emperatrices regentes, que son veneradas por la Iglesia ortodoxa –Irene primero, en el concilio de 786, y Teodora después, en 843–, se acabó por restaurar el culto a los iconos (Brubaker y Haldon 2011). Aunque los iconos más tempranos de los que tenemos noticia se remontan al siglo VI, no será hasta después del periodo iconoclasta, en el que se perdieron muchas obras valiosas, cuando se pueda hablar de una verdadera explosión de iconos en todo el mundo bizantino.

A mediados del siglo IX puede datarse el esplendor del estilo de los iconos bizantinos y su característica estética, que se hará muy popular en toda la Europa oriental (Cortés Arrese 2010). Los prototipos iconográficos de este característico arte bizantino, del siglo IX al XII, están fijados en varios tipos según las diferentes partes de la iglesia: el Pantocrátor, los Cuatro Evangelistas *(Tetramorphos),* la Madre de Dios *(Theotokos),* la Virgen con el Niño en brazos (la *Kyriotissa),* que lo sostiene como si estuviera en un trono, etc.

Las escuelas bizantinas –de Constantinopla, Salónica, Creta o el sur de Italia (donde tenemos, en Calabria, una Santa Maria Achiropita, en la tradición bizantina)– encontraron una expansión natural en el mundo eslavo, en concreto, en los talleres rusos de Novgorod y de Moscú.

Balance histórico y cultural de una época convulsa

La cuestión de los iconos, a diferencia de las controversias teológicas anteriores, dio pie a un auténtico conflicto intestino en el seno del Imperio, creando facciones acérrimamente opuestas en la política y en la sociedad. Nunca antes la imbricación entre religión y política en Bizancio se había hecho tan evidente como a lo largo de este siglo de pugna entre los defensores y los detractores de los iconos. Una sutil disputa teológica –que sin duda tendría que ver con el propio concepto de la divinidad que imperaba en la época y con el contexto histórico-cultural marcado por el poderío creciente del Islam– se había convertido en motivo de discordia civil, de equilibrios delicados entre la corte, las facciones de la aristocracia capitalina y provincial y la jerarquía eclesiástica, desde el patriarcado hasta los monasterios. Además, por primera vez la implicación del poder imperial en la cuestión teológica había sido determinante, y no como había ocurrido en controversias anteriores, como el sustancialismo o el trinitarismo, en las que cada emperador, pese a manifestar sus preferencias, se había mantenido legislativamente en un nivel más neutro.

Desmembrado por tales querellas internas, el Imperio Bizantino sufrió pérdidas territoriales desastrosas, como la citada destrucción de Amorion: la expansión árabe, además, amenazaba a la isla de Creta, que se terminó perdiendo durante el reinado de Miguel II y se convirtió en un nido de piratas que se dedicaron a asolar los litorales bizantinos hasta su recuperación en 961. Otra catástrofe de dimensiones mayores fue la progresiva pérdida de Sicilia, donde ya habían estallado revueltas y usurpaciones contra Miguel II, que los árabes aprovecharon para ir ocupando la isla desde su primer asentamiento importante: Palermo. En la época de Miguel III, la mayor parte de la isla era suya; Bizancio nunca volvería a dominar la isla por entero.

En la Italia bizantina el panorama no era mucho más alentador. El Imperio conservaba la posesión teórica de Venecia y la Campania, pero la vinculación política de estos territorios era más bien laxa, sobre todo en el norte de la península, mientras que los avances de los lombardos en el sur fueron aislando poco a poco los restos del dominio bizantino. El Imperio estaba demasiado volcado en su política de contención de la peligrosa frontera oriental para dirigir una atención efectiva a un Occidente demasiado lejano. El reinado de Miguel III, último emperador antes de la dinastía macedónica, es un momento de transición retratado en las fuentes –casi todas de época sucesiva– con tintes ciertamente sombríos, aunque muestra gran interés en todos los niveles (Varona Codeso 2009). El propio Miguel III aparece retratado como un libertino e inmoral gobernante, que se burlaba de la religión. Sin embargo, últimamente se ha rehabilitado un tanto su figura y se le reconocen ciertos méritos que facilitarían la expansión del Imperio durante el siglo IX. Entre otras cuestiones, mantuvo el frente oriental ante los árabes y realizó varias incursiones en el Reino de Bulgaria que a medio plazo serían de gran importancia para la cristianización de los búlgaros. Hay que recordar que, no en vano, bajo su reinado comenzó la misión evangelizadora de los santos Cirilo y Metodio, como se verá.

En lo que hace a las artes y las letras, los siglos VII-VIII han sido calificados de oscuros en comparación con la brillante época anterior. La legislación religiosa impulsada desde el reinado de León III –que abre el periodo iconoclasta hasta su fin definitivo en 843– conllevó, como es lógico, una cierta crisis en las artes figurativas. El desarrollo del arte bizantino se estanca durante esta época y se producen numerosas destrucciones de iconos, aunque no se detiene la producción artística de otro tipo de escenas no religiosas y de iluminación de manuscritos. Entre los edificios de esta época destacan las reconstrucciones de iglesias como Santa Irene en Constantinopla y Santa Sofía de Salónica.

Cabe mencionar, sin embargo, algunos destellos literarios de gran calidad de las letras bizantinas (Krumbacher 1891, Hunger 1978), como los del poeta Jorge de Pisidia, que cantó las hazañas de Heraclio, el cronista Juan de Antioquía, el filósofo y teólogo Máximo el Confesor, que destacó en la disputa monotelista, y los hagiógrafos Sofronio de Jerusalén y Leoncio de Neápolis. La época amoriana, por su parte, marcada por la controversia iconoclasta, destacó por un reflorecimiento de la historiografía en el siglo IX, con Jorge Sincelo, autor de una historia universal desde la creación del mundo hasta Diocleciano, y su continuador, Teófanes el Confesor, que prosigue su recorrido en una crónica que llega hasta el reinado de Miguel I Rangabé, en su propia época, y que tendrá gran influencia en historiadores posteriores. También destacan otros autores, como el patriarca Nicéforo, uno de los defensores más acérrimos de los iconos, y Jorge el Monje; el primero se ocupa de los siglos VII y VIII, y el segundo, de una historia universal que llega al emperador Teófilo. En teología, sin duda, fueron Juan de Damasco y Teodoro Estudita los representantes más conspicuos de la época de la controversia iconoclasta, con obras apologéticas vibrantes en defensa de las imágenes sagradas.

Además, durante el reinado de Miguel III la Universidad de Constantinopla, que databa de tiempos de Teodosio II, fue refundada por el césar Bardas en el seno del palacio imperial. Allí tuvo lugar un estudio serio y aplicado de la literatura griega desde sus orígenes en la épica homérica, de la filosofía, la retórica y la teología. En ese contexto, no en vano desarrolló su incesante actividad el patriarca Focio, la figura intelectual más importante del siglo IX. Aunque se le conoce sobre todo por su labor política como causante de la ruptura con Roma, hay que recordar que Focio de Constantinopla fue un brillante filólogo, filósofo y teólogo que recopiló los saberes clásicos y los adaptó a su tiempo, como muestra su recepción de las doctrinas platónicas (Del Campo 2012).

Focio fue designado patriarca por Miguel III en lugar de Ignacio, con el que el emperador mantenía ciertos desacuerdos, y a partir de entonces se ahondó la brecha con Roma. El papa, sin embargo, tomó el partido del patriarca depuesto, Ignacio, porque Focio se había señalado en contra de la Iglesia occidental al condenar el uso en el Credo de Nicea de la expresión *filioque,* común en Occidente desde el concilio de Toledo (397): se trataba de añadir en el credo que el Espíritu Santo procede del Padre «y del Hijo» *(filioque),* cláusula que un sector de la Iglesia oriental, representado por Focio, consideraba herética. Con esta controversia se sentaban las bases del conflicto y posterior cisma entre la Iglesia oriental y la occidental.

6. La época macedónica y el primer renacimiento bizantino

Basilio el Grande y la recuperación del Imperio

Tras el periodo de turbación y decadencia política que, visto de forma retrospectiva, representan los años de la controversia iconoclasta, el cambio de estirpe en el trono imperial de Bizancio encarna una cesura claramente diferenciada en su historia: se abre la llamada época macedónica. Frente al repliegue en diversos aspectos, a partir de mediados del siglo IX y hasta la mitad del XI se puede hablar de una época de expansión política e incluso territorial sin precedentes desde la época justinianea (cf. en general Treadgold 1988). En cuanto a las artes, las letras y el pensamiento, se puede hablar también de lo que se ha venido en llamar, con toda justicia, «primer renacimiento bizantino», con figuras clave de la cultura griega medieval, como el patriarca Focio o el polígrafo Miguel Pselo. En definitiva, los años en los que se suceden los emperadores de la dinastía macedónica vienen a significar para muchos estudiosos el apogeo del Imperio Bizantino.

El periodo macedónico comienza con el reinado de Basilio I (867-886), un oscuro oficial tracio de origen humilde, hijo de un campesino, que empezó su carrera como mozo de caballos y fue el primer emperador de esta estirpe que renovó el Imperio de raíz. Basilio ascendió al poder gracias a una intriga: sustituyó a Miguel III en el trono tras ganarse su confianza y eliminar al césar Bardas, su rival y tío del emperador, y luego a este mismo en una hábil maniobra carente de escrúpulos. Al tomar la púrpura, Basilio I mostró un empeño en resucitar en la medida de lo posible el ideal de la *restauratio imperii,* emprendiendo una política de reorganización en todos los órdenes, desde lo militar hasta lo legislativo, acompañada por un programa de embellecimiento de la capital.

A Basilio se le debe el mérito de haber creado un sistema general del derecho a través de una colección de varias obras de larga pervivencia que incluyen desde un manual *(Procheiros nomos)* que presenta una actualización del derecho bizantino hasta una recopilación de las leyes más importantes del Imperio *(Epanagoge),* en la que seguramente colaboró el propio patriarca Focio y que contiene, por ejemplo, ciertas disposiciones sobre la preeminencia del emperador también en el ámbito eclesiástico, lo que se puede alegar en defensa del concepto weberiano de cesaropapismo en Bizancio. Por lo que respecta a su actuación en materia religiosa, Basilio tuvo que gestionar políticamente la actitud cismática de ese carismático y popular patriarca que fue Focio, a quien acabó por exiliar, restableciendo en la sede patriarcal al destituido Ignacio; el emperador esperaba así mejorar sus relaciones con el Papado, cuya primacía reconocía el patriarca Ignacio. Con ello se ponía fin al llamado «Cisma de Focio» (858-867), preludio del cisma definitivo entre las dos Iglesias. Así, en los concilios de Constantinopla de los años 869-870, Focio fue oficialmente depuesto como patriarca y se le anatematizó, pero una facción importante del pueblo y de la Iglesia oriental siguió apoyándole y defendiendo sus tesis antirromanas. A Focio se le debe, en suma, el armazón teórico de la ortodoxia bizantina, tanto en el campo de la teología como en el del pensamiento filosófico, además de su ya mencionada pericia como filólogo. A todo esto se añade que siempre gozó de gran estimación entre un amplio sector de la Iglesia y entre el pueblo.

Basilio I se enfrentó finalmente a Roma en la cuestión de la evangelización de Bulgaria, y terminó por cambiar de opinión con respecto a Focio, al que puso en libertad. A la muerte de Ignacio, el emperador le nombró de nuevo patriarca y en 879 se convocó un nuevo concilio en Constantinopla, dominado ya por la facción que apoyaba la doctrina de Focio, que le rehabilitó plenamente. En ese concilio se leyó el Credo de Nicea, con ánimo de provocar a los enviados papales, sin el *filioque,* y se llegó a decir que la autoridad del papa era la de un patriarca más, negando su primacía sobre los demás patriarcados cristianos. La furiosa reacción del papa Juan VIII no se hizo esperar: cuando su embajada fracasó ante Focio y sus partidarios, volvió a anatematizar al patriarca de Constantinopla, con lo que se produjo otra ruptura oficial entre las dos Iglesias que culminaría en el gran cisma de 1054. Aunque Focio fue depuesto al fin por el emperador

León VI, hijo de Basilio I, en 886, su figura dejó un rastro imborrable en la espiritualidad oriental.

Del reinado de Basilio I data también la bula que reguló la vida de las comunidades monásticas del monte Atos, con la que se daba cuenta de la independencia de esta suerte de república monacal en la Calcídica, cuya existencia se prolonga hasta nuestros días. El primer documento clave conservado de estos monasterios es un *sigillion* fragmentario de Basilio, pero el que contiene la regulación que sigue determinando aun hoy la vida del monte Atos es el *tragos* de Juan Tzimiscés (971). Estas prerrogativas se vieron confirmadas y aumentadas en el año 985 por el emperador Basilio II.

En política exterior, Basilio I fue un emperador de notable actividad diplomática y militar, campos en los que mostró una notable inteligencia política. De su época data, por ejemplo, la consolidación del cristianismo oriental entre los eslavos, que había sido iniciada algo antes.

La evangelización de Bulgaria –y, por ende, la consiguiente consolidación del cristianismo en el mundo eslavo– supuso el comienzo de la mayor influencia que llegó a ejercer el mundo greco-bizantino en Europa. Fue un triunfo de la Iglesia oriental frente a las pretensiones de Roma de someter esas tierras a la cristiandad occidental. Cirilo y Metodio, santos para la Iglesia ortodoxa, fueron dos hermanos de Salónica de madre búlgara que, en época aún de Miguel III y a instancias del patriarca Focio, marcharon a evangelizar a las poblaciones eslavas. Su misión más conocida se desarrolló en Crimea y en Moravia, donde fueron invitados por el príncipe Ratislav I. La influencia de su labor evangelizadora se extendió entre búlgaros, húngaros y rusos, y conllevó también que estas regiones quedaran bajo el influjo religioso y cultural del mundo greco-bizantino (Obolensky 1971). Además de su enorme labor de difusión de la religión y la cultura bizantinas, se les atribuye la invención del primitivo alfabeto cirílico, derivado del griego, que se usaba en el antiguo eslavo eclesiástico y que hoy se sigue usando en ciertas lenguas eslavas.

En la época de Basilio I también son de destacar diversos enfrentamientos internos que buscaban la pacificación del Imperio y que contribuyeron a consolidar el poder de este emperador frente a posibles rebeliones, además de fortalecer las fronteras orientales de Bizancio frente a los árabes (Vasiliev 1950a). Entre los éxitos militares de Basilio I cabe mencionar la recuperación temporal de Chipre, la reconquista de territorios en el sur de la península itálica y la alianza con el Sacro Imperio Occidental contra los piratas árabes del Adriático, con lo que se restauró en cierta medida el dominio bizantino de los mares, perdido en la época precedente de la dinastía amoriana.

Sin embargo, no todo fueron éxitos bajo su reinado, pues el terreno simbólico y político perdido en Occidente llevó a dos reveses en posiciones clave. En primer lugar, la pérdida de Venecia, que se independizó del Imperio a mediados del siglo IX, convirtiéndose en un estado soberano, la República de San Marcos, que en el futuro conservaría una fuerte impronta bizantina y mantendría relaciones muy estrechas con el Imperio.

La pérdida de la Sicilia bizantina

La otra gran pérdida que sufrió el Imperio en este tiempo fue la de la última gran ciudad bizantina en Sicilia, la ciudad de Siracusa, con lo que terminó el dominio bizantino de la isla. Para Bizancio, la pérdida de Sicilia fue un duro golpe propagandístico, si se tiene en cuenta el antiguo prestigio helénico de la ciudad de Siracusa, fundada por colonos griegos allá por el siglo VIII a. C. y que en ese momento se perdía para siempre. Los árabes apuntalaban su dominio de la isla y miraban ya al sur de la península italiana. Se puede recordar ahora brevemente la historia de la presencia bizantina en esas tierras, desde que en el siglo VI las tropas de Belisario la tomaran para el Imperio de Oriente.

Desde la conquista bizantina, Sicilia había formado parte del Imperio no como prefectura –lo que más tarde constituiría los exarcados bizantinos–, sino como provincia independiente administrada por un gobernador que dependía directamente del alto funcionariado imperial de Constantinopla. Su administración no estuvo exenta de problemas, y pronto se atestiguó la corrupción de la administración bizantina en Sicilia, que sometía a la población a una presión fiscal intolerable. El papa Gregorio Magno (590-604) llegó a quejarse a la propia emperatriz en 595 del trato que se daba a los sicilianos. El descontento de la población con los abusos del funcionariado bizantino llevaría en adelante a diversas sublevaciones (en 718, 781, etc.).

Mención aparte merece el importante papel de la Iglesia y de los obispos sicilianos en la administración civil y en la vida eclesiástica del Imperio, según refiere Gregorio Magno. Muchos de estos eclesiásticos eran súbditos de otras partes del Imperio que se habían asentado en la floreciente Sicilia bizantina. Hay que recordar la serie de papas sicilianos de los siglos VII-VIII, que incluye a Agatón (678-681), León II (682-683), Conón (686-687), Sergio (687-701) o Esteban III (768-777). En 732 la isla pasó a depender del patriarcado de Constantinopla y se fundaron diversos monasterios de rito oriental; junto a los monasterios, proliferaron iglesias con planta de cruz griega que aún hoy pueden verse en Sicilia.

La isla y, en general, el sur de Italia se convirtieron así en un fuerte foco de helenismo bizantino, a lo que contribuyó una gran afluencia de población griega, especialmente cuando las conquistas árabes arrebataron África al Imperio en el siglo VII. En esta época se vive, por tanto, un proceso de bizantinización de Sicilia en todos los órdenes debido a la inmigración procedente de los Balcanes, Siria, Egipto y el norte de África. En el siglo VIII, por otra parte, tenemos noticia de emigraciones griegas –de monjes y también de población general– que pasaron a Italia y Sicilia para huir de las persecuciones derivadas de la controversia iconoclasta.

A mediados del siglo VII, las disputas religiosas, y en concreto la controversia monotelista del patriarca Sergio, afectaron también a la isla. Tras el edicto contrario del 649, promulgado por Constante II, algunos obispos sicilianos defendieron esta doctrina, por lo que fueron perseguidos. Constante II, por otro lado, fue el único emperador bizantino que llegó a residir en Sicilia; en 663 el emperador fijó su residencia en Siracusa, que se convirtió en aquellos años en la verdadera capital imperial, pero los abusos a los que se vio sometida la población desencadenaron una revuelta en la ciudad que terminó con la muerte del emperador en los baños de Dafne, en el año 668. Las tropas estacionadas en Sicilia proclamaron entonces emperador a un tal Mececio, general de origen armenio, que pudo haber sido cómplice en la muerte del emperador y que reinó en Sicilia como usurpador desde 668 hasta 669. Pero cuando las noticias del asesinato de Constante II llegaron a Constantinopla, su hijo, Constantino IV, viajó a Sicilia con un ejército para dar muerte a Mececio y restaurar la capital del Imperio en la ciudad del Bósforo.

La partida de las tropas imperiales supuso algo más que la restauración de la dinastía: cuando Constantino IV regresó a Constantinopla, los árabes lanzaron un devastador ataque a Siracusa. La presencia de este pueblo comenzaba ya a amenazar a la Sicilia bizantina. Resistiendo al empuje árabe por el sur y al lombardo por el norte, Sicilia se mantuvo aún tres siglos más como una joya de la corona bizantina.

Durante esta época, las hostilidades entre árabes y bizantinos tuvieron en Sicilia un intenso teatro de operaciones; la flota árabe hostigaba las costas sicilianas y el Imperio comenzó a perder partes de la isla a raíz de un desafortunado episodio.

Hacia finales del siglo VII, Sicilia se había convertido en un *thema* autónomo en el Imperio, y a menudo había tensiones con el poder central. En la segunda década del siglo IX, a finales del reinado del Miguel II, estalló una sublevación en la isla encabezada por el gobernador bizantino, Eufemio de Mesina. Eufemio, que fue proclamado emperador, cometió el error de llamar en su apoyo a los árabes ante la posible reacción de Constantinopla. Con ello se gestó la invasión árabe de Sicilia.

En 827 los árabes desembarcaron en la isla desde África, y en lugar de auxiliar a Eufemio a hacer frente a las tropas imperiales –que pronto le dieron muerte–, se aprestaron a conquistar numerosas partes de Sicilia. Desde entonces, la isla fue cayendo paulatinamente bajo su influencia; los árabes establecieron su capital en Palermo, y desde allí comenzaron a extenderse por toda la isla. Para los intereses del Imperio, era vital conservar territorio en Sicilia, pues desde allí se podría impedir el acceso de los árabes a la Calabria y la Campania bizantinas.

No obstante, a finales de la dinastía amoriana, en definitiva y pese a los muchos intentos por contener a los árabes, el Imperio solo conservaba en la isla Siracusa, Taormina y sus territorios circundantes. En la época de Basilio I, los árabes lanzaron su asalto final a la capital de la Sicilia bizantina y, en 878, después de un largo asedio que quebró la resistencia de los bizantinos, Siracusa cayó.

No muchos años después, en el 903, durante el reinado de Nicéforo Focas, los árabes tomaron la última plaza fuerte bizantina en Sicilia, la ciudad de Taormina. El último bastión bizantino en Sicilia fue Rometta, que resistió hasta 963. Asentado su dominio en la isla, los árabes comenzaron a lanzar numerosas incursiones a la Italia meridional, por lo que varios emperadores, como Basilio II, planearon en repetidas ocasiones reconquistar la isla de sus manos.

Los renacimientos culturales bizantinos

Como se ha dicho, a lo largo de los siglos IX y X, y ante la presión árabe, muchos griegos de Sicilia se refugiaron en Calabria y, en general, en el sur de Italia. Allí se dio una brillante cultura griega que prosperó a partir del siglo X y preservó grupos de población griega y religión ortodoxa en conventos e iglesias cuyos restos aún se conservan hoy día. En todo caso, e independientemente de la grave pérdida de la isla, la época inaugurada por Basilio I también se caracterizó por un brillo muy notable en la cultura, como se verá seguidamente.

Tras la muerte de Basilio en un extraño accidente de caza, le sucedió su hijo León, que reinó desde 886 a 912. León VI, llamado el Sabio, mantuvo el *status quo* del Imperio consolidado por su padre, tanto en la frontera oriental como en Occidente. Pese a algunos graves reveses, como la mencionada pérdida de Sicilia y los ataques ocasionales a Bizancio por parte de la Rus de Kiev –con los que los rusos hacían su primera irrupción significativa en la política europea oriental–, hay que reconocerle a León el mérito de haber mantenido los límites y territorios del poder imperial y el prestigio de Bizancio. Además, en el plano cultural, León VI completó la obra legislativa de su padre, compilando el derecho existente en el código llamado *Basiliká* (leyes imperiales), que traducía y ponía al día el *Corpus Iuris Ciuilis* de Justiniano. De su época data también un manual legislativo para el gobierno de la capital del Imperio, el llamado *Libro del Eparca*.

Una vez más, la expansión política corría parejas con el florecimiento del derecho en el Imperio. Otro tanto cabe decir de los logros y realizaciones del arte, la literatura y el pensamiento, que experimentaron un notable vigor en esta época. Tras la muerte de León VI en 912, reinó brevemente su hermano Alejandro III y, poco después, su hijo Constantino, que gobernó largos años, desde 913 hasta 959, con el nombre de Constantino VII Porfirogénito ('Nacido en la púrpura').

En lo político, su reinado –marcado por una problemática corregencia hasta 944 con su suegro Romano I Lecapeno– se caracterizó por una reforma legislativa contra los grandes terratenientes y la clase más acomodada del Imperio y, en lo general, se le debe acreditar el haber conservado los territorios bizantinos; en esta época, además, se conquistó la ciudad siria de Edesa (cf. en general y sobre la figura de Romano Lecapeno, Runciman 1990). Pero, sobre todo, se le recuerda por haber fomentado notablemente el florecimiento de las artes y las letras. Él mismo fue un *homme de lettres* muy recordado. El reinado de Constantino VII supone el punto culminante del periodo macedónico (cf. Toynbee 1973). Si esos años se caracterizaron por un desarrollo más idiosincrásico de una espiritualidad bizantina singularizada frente a Occidente, también se atestiguó el cultivo de formas propias y privativas de Bizancio en el renacimiento artístico y literario.

Como la época macedónica coincide con el final de la iconoclasia, era de esperar también un auge del arte religioso. Ya desde el retorno pasajero del culto a los iconos, en 787, que se haría definitivo en el siglo IX, prosperaron los monasterios como centros de copia y de iluminación de manuscritos. En esta época se produce como novedad la introducción de un tipo de escritura hasta entonces cancilleresca en el mundo de los códices, la llamada minúscula bizantina. El primer manuscrito que tenemos en esta letra, que agilizó la difusión del conocimiento, es el denominado *Salterio Uspensky* (835). El llamado «renacimiento macedonio» produjo figuras de enorme talla intelectual, encabezadas por el patriarca Focio, además de una proliferación de la copia de manuscritos.

El arte vive también un reflorecimiento a partir del ímpetu político bajo el reinado de Basilio I y se vuelve a los temas de la mitología antigua y a la imitación del mundo clásico para realzar la exégesis bíblica o la historiografía oficial. Hay que atestiguar también nuevas corrientes literarias de índole enciclopédica, así como una nueva lectura de la cultura griega clásica bajo la égida del sabio emperador Constantino Porfirogénito. En su época escribió el historiador José Genesio, de gran erudición, además de otros historiadores, que abundaron en el siglo X, como León el Diácono, cronista de las guerras búlgaras y de las conquistas de esta dinastía, el continuador de Teófanes, Simeón Logoteta o Juan Escilitzes (Hunger 1978).

Destacaron también en este periodo los poetas Constantino de Rodas y Juan el Geómetra, versificador de la actualidad de su época, Cristóbal de Mitilene y el hagiógrafo Simeón Metafrasta (Krumbacher 1891). Otros monumentos de la erudición bizantina de época macedónica son la *Antología palatina,* una compilación poética de epigramas clásicos y tardíos –llamada así por proceder de un manuscrito de la Biblioteca Palatina de Heidelberg–, la célebre enciclopedia bizantina *Suda,* las glosas de Aretas de Cesarea, con sus comentarios bíblicos y platónicos, las obras históricas y jurídicas de Juan Xifilino y Miguel Ataliates y, sobre todo, la enorme figura del filósofo Miguel Pselo, que sería el gran sabio e intrigante en los gobiernos de varios emperadores en la época del final de esta dinastía y del comienzo de la siguiente.

Hay que mencionar también la existencia de una prolífica corriente de literatura popular en Bizancio (Beck 1971), fabulística o moral, que recoge relatos del folclore de diverso origen, muchas veces oriental, y los propaga en varias versiones; ejemplos de gran interés son el *Barlaam y Josafat,* lo que parece una versión cristianizada de la historia de Buda (Bádenas de la Peña ed. lit. 1993), o las fábulas de animales de origen indio del *Estefanites e Icnelates,* origen de nuestro *Calila e Dimna* (Niehoff-Panagiotidis 2003, Stephou ed. lit. 2011), ambas en torno al siglo XI.

La ciencia bizantina, que se topó en periodos anteriores con los obstáculos de la ortodoxia religiosa, pues se asociaba al neoplatonismo, al paganismo y a la astrología, experimentó un notable auge en esta época en el ámbito de la Universidad constantinopolitana. Se incluyeron los textos científicos de autores clásicos junto al usual currículo literario, retórico y teológico de la *paideia* bizantina, en los estudios de esta época. Es incalculable la deuda de la ciencia islámica y la europea con los *scriptoria* bizantinos que se encargaron de transmitir toda la mole de manuscritos de las ciencias naturales de Aristóteles, la medicina de Galeno y del *Corpus* hipocrático, la *Geometría* de Euclides o la astronomía clásica.

Por otro lado, el florecimiento cultural de los monasterios que siguió a la restauración de los iconos se vio reforzado por el apoyo político y legal que obtuvieron los monjes del monte Atos en 885 a través de la concesión, por parte de Basilio I, de una *chrysoboula,* es decir, una bula refrendada con el sello de oro del emperador, que otorgaba autonomía a los monasterios y designaba al monte santo como territorio consagrado a la ascesis cristiana y vedado a cualquier otra profesión. Estas prerrogativas se vieron confirmadas y aumentadas un siglo después, en 985, por el emperador Basilio II. La expansión de la influencia no solo cultural sino también política de los monasterios del monte Atos fue clave en la historia del Imperio Bizantino y de los pueblos limítrofes. Precisamente fue en el siglo X, y concretamente tras la época de Basilio II, cuando se fundaron los monasterios más importantes y poderosos, los que atesorarán mayores riquezas artísticas, culturales y económicas.

La expansión militar del Imperio: Nicéforo Focas y Juan Tzimiscés

Constantino VII Porfirogénito, que es recordado como escritor por sus obras *Sobre las ceremonias* y *Sobre la administración del Imperio,* reflejó su actitud intelectual en su política interior y en la manera en que supo mantener una política internacional cauta, que afianzó el prestigio exterior de Bizancio y sentó las bases de la expansión del Imperio que tendría lugar bajo el reinado de sus sucesores inmediatos (Toynbee 1973). En sus años de gobierno se establecieron relaciones con el gran poder occidental que se alzaba en su época, el Sacro Imperio Romano Germánico; de hecho recibió en su corte de Constantinopla la visita de una legación del Imperio Occidental a cargo del obispo Liutprando de Cremona. También mantuvo Constantino contactos con otras potencias de la época; entre otros, hay que mencionar sus relaciones con Abderramán III, califa de Córdoba, y la probable visita de la princesa rusa Olga de Kiev, sobre cuya cronología aún se discute.

A Constantino VII le sucedió su hijo Romano II, que reinó pocos años (959-963), y bajo cuyo gobierno el eficiente general Nicéforo Focas el Viejo logró arrebatarle a los árabes la perdida isla de Creta, restaurando el poder naval bizantino en el Mediterráneo oriental. A la muerte de Romano II fue designado como sucesor su hijo Basilio. Como este era entonces tan solo un niño de cinco años de edad, su madre, la emperatriz Teófano –de quien se sospechó que había envenenado a Romano II–, se quedó como regente en su lugar y asumió el poder. Teófano, originalmente llamada Anastasia, procedía de un origen muy humilde. Su padre era tabernero. Según la tradición, Romano II se había enamorado de ella por su belleza, tomándola por esposa en contra del parecer de su padre. Con su regencia comenzaba una de las páginas más brillantes de la historia de Bizancio y, a la vez, una de las historias de traición más notorias (cf. en general Treadgold 1997).

La poderosa emperatriz Teófano no solo rigió los destinos del Imperio Bizantino durante la minoría de edad de Basilio, sino que con el pasar del tiempo, y merced a su inteligencia política, logró ceñir la corona imperial a dos de sus amantes, con los que se casó para entronizarlos, manteniéndose a la par en el poder. El primero de ellos fue el general Nicéforo Focas, que ascendió al trono imperial con el nombre de Nicéforo II (963-969). Varios de los emperadores de este periodo, como Nicéforo Focas, Juan Tzimiscés y Miguel VI, fueron comandantes del ejército, y su pericia militar conllevó algunos éxitos importantes para las armas bizantinas que consolidaron las fronteras del Imperio durante largo tiempo. El estamento militar, puede decirse, se convirtió con el tiempo en una fábrica de emperadores. Nicéforo II Focas, uno de los más brillantes militares de la historia bizantina, procedía de una familia capadocia que había dado al Imperio varios generales de renombre, como lo fue su propio hermano León (Schlumberger 1923).

También en la teoría destacó el emperador Nicéforo como óptimo militar, pues se le atribuye la autoría de un tratado de estrategia. Demostró su pericia táctica cuando reconquistó la región de Cilicia y también la estratégica isla de Chipre, en lo que supuso un duro revés para los árabes. Además, reforzó la frontera oriental del Imperio favoreciendo a la aristocracia fronteriza de los *akritai.* Tras estas primeras campañas, encabezó un importante ejército en dirección a Siria, a fin de hacer realidad uno de los deseos más fervientes de los gobernantes bizantinos desde hacía más de dos siglos: la recuperación de la ciudad de Antioquía. A este notable éxito le siguió también Alepo, cuya región quedaba sujeta a Bizancio mediante tributos. El Imperio volvía a implantar su dominio sobre aquella antigua y rica región miafisita que había perdido ante el Islam, una hazaña que no se veía desde tiempos de Heraclio.

En cuanto a su política en las fronteras septentrionales, Nicéforo dejó de pagar tributo al reino de los búlgaros y les declaró la guerra; mientras, en el ámbito occidental, las ciudades de Bari y Tarento, y algunas partes de Sicilia, fueron recuperadas por los bizantinos. Sobre los antiguos *themata* existentes se creó entonces una nueva administración territorial de índole militar, pues la región en torno a Bari se puso bajo el mando de un duque o *katepano*, con rango de patricio. Así se creó el Catepanato de Italia, que permitía un control más efectivo del territorio por parte del ejército bizantino desplazado al Occidente.

Estos logros, sumados a los éxitos en Oriente, impulsaron una mayor presencia del Imperio en la esfera política de los estados itálicos y también del Papado. De hecho, la relación con el papa experimentó cierta mejoría desde el ascenso de la dinastía macedónica, aunque no pudo alcanzar la cota de influencia que el emperador había ejercido en los siglos precedentes sobre el Papado. Se emprendieron además nuevas negociaciones con el Sacro Imperio Romano Germánico. En esta época Liutprando de Cremona visitó de nuevo la capital como embajador del Imperio Occidental, a fin de conseguir la mano de la hija del emperador bizantino Romano II para el futuro emperador germánico Otón II. La embajada de Liutprando tiene un gran interés histórico-cultural, pues escribió vivos informes sobre sus viajes y los encuentros en los que participó (Nocito y Cavallero ed. lit. 1995). De ellos se desprende el trasfondo de desconfianza que existía entre los emperadores de Bizancio y del Sacro Imperio, empeñados en prevalecer como los únicos que ostentaran el título en Europa.

En otro orden de cosas, hay que recordar que Nicéforo Focas tuvo profundas convicciones religiosas y protegió el desarrollo del monacato oriental mediante nuevas disposiciones legales. Bajo su reinado y el de su sucesor y sobrino Juan Tzimiscés, los monasterios del monte Atos experimentaron un gran desarrollo y se constituyeron en esta época como la referencia religiosa y cultural en todo el este de Europa. Una de las figuras más reconocidas del monacato en el santo monte fue Atanasio de Trapezunte, más conocido como San Atanasio. Protegido del emperador Nicéforo Focas, con el que mantenía una estrecha relación, Atanasio fundó en 963 el monasterio más importante de Atos, la «Gran Laura».

El final de este breve reinado, caracterizado por una dinámica acción bélica, tuvo como protagonistas, precisamente, a una facción de militares descontentos que auparon a un pujante general al poder. Nicéforo II Focas fue, por tanto, depuesto por su sobrino, el joven y atractivo Juan Tzimiscés, que a la sazón se había convertido en amante de su mujer, la emperatriz Teófano. Juan, en una actuación carente de escrúpulos, se puso a la cabeza de un grupo de conspiradores y traicionó a su tío tramando junto con la emperatriz una conjura que logró destronarlo y acabar con su vida. El reinado de Juan I Tzimiscés (969-976), que también había destacado por sus dotes militares ya en las campañas asiáticas de su tío, se centró en conservar las conquistas en Asia Menor y Siria, mientras mantenía una dura pugna con rusos y búlgaros, llegando a expulsar a los primeros de Tracia. De su época data también el establecimiento de un Catepanato en Serbia, una provincia militar bajo el mando de un *protospatharios*, en una zona, la del obispado de Ras, que seguramente mostró ya sumisión a Nicéforo II. Por otro lado, el nuevo emperador quería emular los éxitos de su predecesor y tenía en mente conquistar Palestina y llevar adelante una suerte de guerra santa para recuperar Jerusalén y los lugares más sagrados del cristianismo. Se adueñó con sus tropas de gran parte de Siria y Palestina, pero Juan Tzimiscés no pudo culminar sus proyectos de conquista, pues murió repentinamente en 976 sin poder incorporar de manera definitiva al Imperio las provincias conquistadas, aunque sí manteniendo Antioquía y Siria.

Bizancio contra los búlgaros: la época de Basilio II

A la muerte de Juan I –por fin y tras la larga regencia materna y los reinados de sus padrastros–, subió al trono Basilio, el hijo de Romano II, con dieciocho años de edad. Durante su reinado prosiguió el despliegue militar del Imperio, pues Basilio II, apodado Bulgaróctono ('Matador de búlgaros'), no desmereció las hazañas de sus predecesores. En lo que a su política interior se refiere, el joven emperador comenzó por enfrentarse abiertamente a las grandes familias de terratenientes y a la aristocracia militar, siguiendo la estela reformista iniciada en el reinado de Romano I Lecapeno (Runciman 1990). Frente a los perfiles de sus predecesores inmediatos, procedentes del estamento militar, el emperador intentó rebajar el enorme poder de los aristócratas, que muchas veces había derivado en intentos de usurpación. Así, tras afianzar su poder apagando una revuelta en su contra que organizaron varias familias poderosas y descontentas, Basilio II vio el camino expedito para dedicarse a su política exterior. Comenzó entonces por emprender una rápida campaña en el este a fin de consolidar las plazas fuertes de Siria, conquistadas por los emperadores anteriores, que estaban entonces sitiadas de nuevo por los árabes. Una vez pacificada esta frontera, dirigió su atención hacia la mayor amenaza que se cernía sobre el Imperio desde la frontera septentrional en Europa, el reino de los búlgaros, con intención de someter a este belicoso pueblo de una vez por todas. El zar Samuel de Bulgaria, tras amenazar el norte del Imperio con varias incursiones, había llegado a atacar Tesalia y a campar a sus anchas con sus tropas por el interior de Grecia.

A partir del año 1000 Basilio, resuelto a atajar este problema, emprendió una larga campaña para liberar esta parte del Imperio de la amenaza constante de los búlgaros. La campaña militar fue larga, cruenta y disputada, y duró más de una década, con golpes alternativos favorables a búlgaros o bizantinos, como la toma de Adrianópolis o la de Skopia, respectivamente. Tras unos años de incertidumbre, en los que parecía que la situación se definía por un equilibrio armado y belicoso entre los contendientes, a partir de 1009 las victorias de Basilio obligaron a los búlgaros a retroceder hacia el Danubio. Finalmente, Basilio II pudo derrotarlos de manera aplastante en la batalla de Cleidion, que tuvo lugar el 29 de julio de 1014 (Haldon 2001). La derrota de los búlgaros por Basilio II y el legendario escarmiento al que sometió a los prisioneros de guerra anularon las posibilidades del

Imperio búlgaro de Samuel I y lo abocaron a un pronto final, a la par que resolvían la cuestión búlgara durante algunos años.

En el curso del río Struma, y justo en el paso estratégico de Cleidion (*kleidion* significa 'pequeña llave'), se encontraron las tropas de Basilio –a las que se unieron las del general Teofilacto Botaniates desde Salónica– con el ejército búlgaro que defendía el valle en un emplazamiento fortificado y difícil de tomar. Un destacamento bizantino, al mando del general Nicéforo Xifias, rodeó a los búlgaros tras una agotadora marcha por las montañas cercanas; los búlgaros, atrapados entre dos frentes, tuvieron que abandonar sus puestos defensivos para cubrir su retaguardia, momento que aprovechó Basilio para romper las líneas enemigas. Miles de búlgaros perecieron y otros miles fueron capturados. Basilio II, según cuenta Juan Escilitzes, tomó 15.000 prisioneros; luego ordenó arrancarles los ojos a 99 de cada 100 hombres, dejando tuerto al resto para que guiara a casa al contingente. Se cuenta que el zar Samuel murió de un ataque al corazón cuando vio el regreso de su ejército cegado. Basilio II, que obtuvo así su apodo de *Boulgaroktonos* ('Matador de búlgaros'), restauró la frontera danubiana del Imperio a una situación desconocida desde la aparición de los pueblos eslavos cuatro siglos atrás. Merced a otras campañas, el emperador afianzó los dominios del Imperio en zonas de Crimea y Armenia, a fin de proteger y salvaguardar los intereses comerciales bizantinos. Su ímpetu expansivo llegó incluso a Occidente; allí Bizancio recuperó cierto poderío e influencia entre los estados del sur de la península itálica.

La política occidental de la época muestra que el Imperio Bizantino aún conservaba una parte importante de su prestigio. Por entonces reinaba en el Sacro Imperio Otón III (983-1002), hijo de una princesa bizantina y admirador del mundo griego y oriental, que aspiró a la reunificación imperial y mantuvo buenas relaciones con el Imperio de Oriente.

Además de los árabes en el sur y los lombardos en el norte, la Italia bizantina se enfrentaba desde principios del siglo XI a un nuevo peligro procedente de allende los mares: los normandos. Este pueblo nórdico y errabundo había llegado hasta el sur de la península itálica llamado por un rebelde que se había levantado contra los bizantinos. Las tropas de Basilio II –entre las que se encontraba la legendaria guardia ruso-varega, a la que dio su constitución este emperador– pudieron derrotarlo en la batalla de Cannas, que asentó el dominio de Bizancio en la península itálica durante más de una década. Sin embargo, los normandos comenzaron a establecerse gradualmente en Sicilia y en el sur de la actual Italia. Se convertirían desde entonces en una amenaza creciente para el Imperio.

En suma, puede decirse que Basilio II resucitó en cierto modo el ascendente bizantino en los Balcanes y en tierras de Occidente. En general, a la muerte de este emperador, en 1025, se constata que el Imperio Bizantino había recuperado los límites anteriores a la dinastía amoriana y, en algunos casos, se habían ocupado territorios perdidos hacía tres o cuatro siglos. Pero la desaparición de este emperador marcó una nueva cesura en la historia bizantina: a partir de la muerte de Basilio II, cuya figura será mitificada por generaciones posteriores, se inició en el Imperio una etapa marcada por graves turbulencias, desórdenes políticos y la anarquía en el gobierno, que fue tomado sucesivamente por varios emperadores de breve reinado. Por otro lado, se sucedieron en estos años acontecimientos de hondo calado para el futuro del Imperio, como la aparición de nuevos enemigos en las fronteras septentrionales y el enfrentamiento final de la Iglesia de Constantinopla con la Iglesia de Roma.

Intrigas e historiografía en la época macedónica

Con la desaparición de Basilio II, el trono pasó a su hermano, Constantino VIII, que reinó muy poco tiempo, aunque sin duda el suficiente para mostrar sus escasas dotes de gobierno y, según ciertas fuentes de la época, una inusitada crueldad. No fue capaz de mantener las conquistas de su predecesor, y se caracterizó por una política interior suspicaz y alerta a cualquier conato de rebelión. Un botón de muestra lo refiere con detalle la crónica que escribe sobre él Miguel Pselo (1017-1078) en sus *Vidas de los emperadores,* caracterizando la personalidad y los hechos de este emperador:

> [Constantino VIII] era débil de espíritu y, al hacerse viejo y no poder combatir ya, se exasperaba con cualquier noticia de mal augurio; cuando los pueblos bárbaros que nos rodeaban se alzaban contra nosotros, los contenía con dignidades y presentes, mientras que a los súbditos que se sublevaban les infligía terribles castigos: si sospechaba de alguien que

> era un rebelde o un sedicioso, lo castigaba antes de comprobarlo, de forma que se ganaba la sumisión de los súbditos no por su benevolencia, sino mediante toda clase de terribles torturas; mudable era su ánimo como el que más; se dejaba vencer por su cólera; siempre estaba dispuesto a dar crédito a cualquier rumor; sobre todo sospechaba de los que aspiraban al Imperio y por ello les infligía terribles castigos, pues no los mantenía de momento a raya exiliándolos o recluyéndolos, sino que les vaciaba enseguida los ojos con el hierro. (cf. Signes Codoñer ed. lit. 2005, 103-104.)

Como se deduce de este vibrante pasaje de Pselo, la pasión por la historia de los bizantinos estuvo presente a lo largo de toda la historia del Imperio de Oriente. Desde las crónicas de las guerras vándalas y persas de Justiniano por Procopio (Flores Rubio 2000, García Romero ed. lit. 2000) hasta las citadas *Vidas de los emperadores* de Miguel Pselo, la historia bizantina está plagada de nombres ilustres que fueron pasándose el testigo –al estilo de los antiguos historiadores griegos desde Heródoto– de uno a otro autor para no dejar que ninguna época quedara cubierta por el olvido.

Un buen ejemplo de la historiografía bizantina de la época es Miguel Ataliates, un brillante prosista del círculo del patriarca Miguel Cerulario, que escribe la historia del Imperio desde 1034 a 1079, la época de transición entre la dinastía macedónica y la de los Comneno (Pérez Martín ed. lit. 2002). Otro caso es el de Juan Escilitzes, cuya *Sinopsis histórica,* compuesta en la segunda mitad del siglo XI, narra los hechos de los emperadores bizantinos desde 811 hasta 1057. Es muy conocido el valioso manuscrito de su obra que guarda la Biblioteca Nacional de España, un códice iluminado con más de quinientas miniaturas, seguramente copiado en Sicilia, que es buena muestra del elevado arte libresco bizantino. Entre sus miniaturas se encuentran raras representaciones de batallas y hechos históricos en los que participaron bizantinos, búlgaros y occidentales, e imágenes únicas, como la del fuego griego o los perfiles de importantes ciudades como Nicea, Edesa o Tesalónica, muy valiosas para el conocimiento de la cultura bizantina. Además, su valor reside en ser la única crónica bizantina iluminada que ha sido preservada hasta nuestros días.

Como quiera que fuese, a la muerte de Constantino VIII en 1028 sin hijos varones, sus hijas Zoe y Teodora heredaron el trono. Zoe le confirió la dignidad de emperador a Romano III Argiros, un noble cortesano que había desempeñado ya la magistratura de prefecto de la ciudad de Constantinopla y que se casó con ella. Su reinado duró también pocos años, aunque estuvo marcado por algunos éxitos militares, como la ocupación de la ciudad siria de Edesa, muy simbólica por las reliquias de la Sábana Santa y otras antigüedades cristianas. A su muerte en 1034, la emperatriz Zoe elevó al trono a su amante, el hermano de su eunuco favorito, Juan; este cortesano de origen plebeyo llamado Miguel reinó hasta 1041 como Miguel IV, llamado Paflagonio por su región de origen. Se sospechó entonces que Zoe y su amante Miguel, con la colaboración en la sombra de Juan el eunuco, habían asesinado a Romano III, que murió en el baño, tal vez envenenado. Conocemos estos años convulsos y apasionantes por la crónica del escritor Miguel

Pselo, que comienza sus *Vidas de los emperadores* en el reinado de Basilio II.

Los años de gobierno de Miguel IV fueron especialmente difíciles en las fronteras septentrionales del Imperio, pues estuvieron marcados por las incursiones de pueblos limítrofes como los serbios y los pechenegos, un pueblo de las estepas de lengua túrquica. Por otro lado, se consiguieron ciertos avances en Occidente en lo que estuvo a punto de representar la restauración de los enclaves bizantinos en tierras itálicas. En efecto, en esta época el Imperio envió una expedición militar a Sicilia que ha adquirido tintes legendarios.

En un gran esfuerzo militar, Miguel IV envió una flota en 1038 al mando del general Jorge Maniaces para reconquistar la isla a los árabes. En el contingente participaba la guardia ruso-varega, que cobraría gran fama por sus hechos de armas. En el transcurso de la campaña, los bizantinos reconquistaron Mesina y Siracusa, recuperando temporalmente el dominio bizantino sobre una parte de Sicilia. Sin embargo, como las autoridades bizantinas temían que Maniaces se volviera demasiado poderoso e intentara aspirar a la púrpura, cortaron de raíz su brillante campaña y lo sustituyeron al frente del ejército, por lo que no se pudo completar la reconquista de la isla para el Imperio Bizantino.

El Gran Cisma de Oriente

Cuando Miguel IV murió en 1041, seguramente por empeoramiento de una afección crónica parecida a la epilepsia, fue sucedido brevemente por su sobrino Miguel V, nombrado a instancias del favorito de la corte, el eunuco Juan. Pero cuando los poderes fácticos de la corte constantinopolitana –sobre todo el valido Juan y la emperatriz Zoe– vieron que el nuevo emperador trataba de gobernar con independencia y de deshacerse de su poderosa influencia, alejando a ambos del poder, tramaron la desgracia de Miguel V. En efecto, la emperatriz Zoe, que había dominado las intrigas cortesanas en los últimos años, logró levantar a las masas contra Miguel, merced a su gran popularidad entre el pueblo. Una revuelta masiva a su favor y en contra del emperador rodeó el palacio y consiguió restaurar a Zoe en el trono, junto a su hermana Teodora. El emperador, para escapar de las iras del pueblo y de Zoe, se refugió en el monasterio *tou Studiou*. Pese a ello, Zoe mandó que Miguel V fuera arrestado, que se le castrara y se le arrancaran los ojos como castigo por su insolencia. Así, al año escaso de su ascenso al trono, Miguel V era depuesto y la emperatriz Zoe asumía de nuevo el poder, esta vez absoluto, en la corte de Constantinopla.

Zoe se convertía así en la segunda mujer, después de Irene, que gobernaba sobre el Imperio personalmente, prolongando su reinado, junto con su hermana, durante unos años. Luego se vería obligada a tomar un tercer marido y eligió para ello a un antiguo amante y cortesano, Constantino Monómaco, que subió al trono con las dos hermanas como Constantino IX. En definitiva, Zoe había conseguido llevar al trono a sus tres maridos, siendo una de las mujeres más poderosas de la historia bizantina, como ya hiciera Teófano al conseguir que dos de sus amantes fueran emperadores.

Cuando Zoe murió en 1050, Constantino IX se quedó solo en el trono y reinó aún cinco años más, siendo recordado como el responsable de un cierto florecimiento de las artes y las ciencias en Constantinopla; estos fueron, en efecto, los años del renacer del estudio de la filosofía griega en el Imperio Bizantino y también del desarrollo autónomo de una filosofía propiamente bizantina. En este sentido, Constantino IX fue recordado muy favorablemente por Miguel Pselo, quien ostentó el título honorífico de «Cónsul de los filósofos», que le otorgó el emperador, por haber revivido el estudio de la antigua filosofía griega en la corte. Pselo fue el primer historiador de la filosofía antigua, y destacó por sus comentarios y glosas a Platón, desarrollando además un sistema de adaptación del antiguo pensamiento griego a la realidad bizantina de su tiempo y concretamente a la teología (Del Campo 2012). Fue un auténtico polígrafo que se ocupó de diversos temas, desde demonología hasta filosofía o literatura (Curbera Costello ed. lit. 1991). Con la caída en desgracia de Pselo, su título de «Cónsul de los filósofos» sería heredado por el occidental Juan Ítalo, que fundó una escuela de pensamiento en Constantinopla que desarrolló los derroteros platónicos de la teología cristiana. Sin embargo, su audaz propuesta filosófica no tardó en provocar las iras de las autoridades eclesiásticas, que condenaron su doctrina y provocaron su caída en desgracia.

El reinado de Constantino IX fue testigo de tres hechos cruciales para la posterior historia de Bizancio. El primero fue, sin duda, la entrada en escena de un nuevo y terrible enemigo del Imperio. Cuando en 1045 el ejército bizantino conquistó el reino armenio de Ani, entró en contacto por vez primera con un pueblo que habría de convertirse en el rival definitivo del Imperio: el pueblo turco. En segundo lugar, destacó la presencia duradera de los pueblos eslavos. En la frontera norte, la última expedición de Constantino IX Monómaco contra los pechenegos acabó con una aplastante derrota del ejército bizantino (1046-1047). Así, a uno y otro lado del Imperio, turcos –selyúcidas primero y luego otomanos– y eslavos habrían de marcar el futuro cercano de los bizantinos. Por último, en tercer lugar, hubo otro evento de primera magnitud durante su reinado que cambió para siempre el mapa político y espiritual de Europa: el Gran Cisma.

Las diferencias entre la Iglesia oriental y la occidental habían producido ya una larga serie de episodios de tensión y conflicto, sobre todo desde la controversia del *filioque* y la época del patriarca Focio, que había sentado las bases teóricas para una ruptura definitiva entre ambas Iglesias. El distanciamiento era doctrinal, pero se puede constatar el trasfondo político en los intereses de los reinos occidentales –el apoyo del nuevo poder normando en la península itálica a Roma, por ejemplo– que deseaban restar influencia espiritual en Europa occidental a la Iglesia de Oriente. En ese sentido, el sur de la península itálica se había convertido en el campo de batalla religiosa entre Oriente y Occidente, pues la Iglesia latina quería influir en esos territorios dominados aún por Bizancio y sometidos al clero oriental.

Así, cuando el papa León IX subió al trono de Pedro, quiso emprender una nueva política religiosa inspirada por el movimiento cluniacense que depurase la Iglesia de costumbres no acordes con la ortodoxia romana y erradicar ciertos usos litúrgicos y religiosos orientales que molestaban en Occidente, comenzando por el matrimonio de los sacerdotes, e imponer la doctrina romana, incluido el *filioque* del Credo, en toda la cristiandad. Por otro lado, León IX defendía la tesis de que el Papado, además de ostentar la primacía entre todos los patriarcas y obispos, era, en cierto modo, el auténtico heredero del Imperio Romano y debía ejercer por tanto un poder también terrenal. De esta época data la célebre falsificación llamada «Donación de Constantino», un documento atribuido al emperador Constantino el Grande –y posteriormente desenmascarado por el humanismo italiano y fechado en el siglo VIII– que establecía la primacía de Roma sobre los patriarcas y confería al papa también una autoridad terrenal (cf. en general Runciman 1955).

En Constantinopla, la Iglesia, encabezada por el patriarca Miguel Cerulario, no cedió a este ímpetu político y doctrinal de Roma. Hay que decir que la fuerte personalidad del papa León IX chocó con la de Miguel Cerulario, que veía inadmisibles sus pretensiones. El intercambio de embajadas fue infructuoso y derivó en una serie de ofensas y mutuos desplantes hasta que, en 1054, se produjo la ruptura definitiva cuando los embajadores de León IX condenaron al patriarca, al no aceptar este las prácticas de la Iglesia occidental. Como reacción, a su vez, Miguel Cerulario convocó un concilio para excomulgar a los legados papales. El emperador Constantino IX trató de mediar en el conflicto entre las dos Iglesias, pues estaba interesado en el apoyo del Papado para contrarrestar la enorme influencia que los normandos ejercían ya en los territorios de la península itálica, sobre los que había pretensiones de dominio bizantino (pocos estaban ya de facto bajo el control del Imperio). Pero el emperador murió en 1055 y su intento de restablecer la concordia fue vano. Los patriarcas orientales de Alejandría, Antioquía y Jerusalén tomaron partido por el de Constantinopla, mientras que los obispos occidentales secundaron masivamente al papa, con lo que se produjo una ruptura total que, a la postre, sería fatal para la supervivencia del Imperio Bizantino (Runciman 1955, Hussey 1986). Su influencia en Occidente mermó notablemente, al ser considerado cismático y enemigo de la fe.

Las Cruzadas serían una prueba clara de que la estrella de Bizancio decaía con su aislamiento progresivo de Occidente, que culminó en la falta de apoyo ante las invasiones turcas de siglos posteriores. Los años siguientes están marcados por la inestabilidad y por una decadencia que solo terminará con la consolidación de la nueva dinastía de los Comneno.

7. La época de los Comneno y los conflictos con Occidente

La inestabilidad y el origen de la dinastía de los Comneno

Ante este panorama y ante los vertiginosos cambios que sacudían la política y la religión en el Imperio, la casa imperial estaba casi exánime y parecía ya necesitarse un relevo dinástico (cf. en general Angold 1997). A la muerte de Constantino IX, la ya anciana Teodora, hermana de la carismática emperatriz Zoe, tomó el gobierno durante un año tan solo, antes de morir a su vez; con ella se extinguía la dinastía de los emperadores macedonios. Como Teodora no había tenido descendencia, se vio obligada a escoger sucesor en su lecho de muerte.

El designado fue un antiguo ministro de Romano II, Miguel Bringas, quien, al tener también una edad muy avanzada, reinó solamente un año como Miguel VI Estratiótico, en lo que se puede considerar un periodo de transición en el proceso histórico bizantino. En 1057, el hecho de que la dinastía estuviera exhausta y de que este emperador cortesano hubiera desairado a ciertos sectores del estamento militar, el alto funcionariado y la nobleza provocó una revuelta entre los aristócratas que conllevó la proclamación como emperador del máximo responsable del ejército bizantino por entonces, Isaac Comneno. Con el apoyo del influyente patriarca de Constantinopla, Miguel Cerulario, el emperador Miguel VI fue depuesto y exiliado. Excepcionalmente en la historia de los derrocamientos bizantinos, no sufrió mutilaciones ni resultó cegado, sino que salió con bien de su caída en desgracia.

Con este episodio comenzaba una nueva dinastía que regiría los destinos del Imperio en los años sucesivos: la dinastía de los Comneno (cf. en general Chalandon 1900-1912). Su primer representante, el emperador Isaac Comneno, subió al trono con proyectos de restauración imperial, a la imagen de Justiniano I el Grande o de Basilio I el Grande. Proyectó una campaña militar de gran envergadura contra los pechenegos, y para ello tuvo que aumentar en gran medida la presión fiscal, dedicándose a recaudar tributos. Se trataba de recuperar el prestigio del ejército bizantino, al que consideraba la base del Imperio, y de levantar la moral de la población con una victoria importante sobre los pueblos limítrofes que amenazaban las fronteras (sobre el ejército de esta época, cf. Bartusis 1992). Sin embargo, los resultados de estos planes fueron poco prometedores a corto plazo, y el emperador Isaac, con problemas de salud, acabó abdicando por presiones en la corte: el origen de su impopularidad fue el conflicto que le enfrentó al patriarca Cerulario, que le enemistó con la aristocracia y la Iglesia. Se retiró como monje al monasterio *tou Stoudiou,* donde se consagró al estudio de los poemas homéricos, muriendo dos años después de perder el trono, en 1061.

Se nombró sucesor a Constantino X Ducas, su sobrino político, que reinó hasta 1067. Al contrario que su predecesor, Constantino X acabó inclinándose más bien por el ámbito civil, mostrándose preocupado por la administración y las finanzas y poco predispuesto hacia el ejército. Bajo su gobierno se descuidó el aspecto militar y continuó la sangría de la pérdida de posesiones bizantinas en la península itálica frente a los normandos. A la vez, los turcos dieron su primer golpe de mano importante a los bizantinos, arrebatándoles Armenia y parte de Capadocia. Evidentemente, el ideal de una *restauratio imperii* bajo la nueva dinastía estaba muy lejos de conseguirse en estos primeros años.

El episodio más lamentable de este periodo, que puso de relieve la decadencia militar del ejército bizantino, tendría lugar precisamente en el reinado del sucesor de Constantino X Ducas (Bartusis 1992). A la muerte de este, su viuda contrajo matrimonio con el aristócrata Romano Diógenes, que reinó con el nombre de Romano IV. El nuevo emperador, decidido a tomarse la revancha de los turcos por las derrotas que habían infligido al Imperio y a recuperar los territorios perdidos, emprendió una campaña oriental con un nutrido ejército. Tras el ímpetu inicial, el emperador logró hacer retroceder a los turcos hasta el río Éufrates, pero allí, en una decisión táctica muy arriesgada, dividió sus tropas en dos contingentes.

Con uno de ellos tomó el bastión de Manzikert, pero allí mismo le salió al paso el ejército turco del sultán Alp Arslan, que le derrotó abrumadoramente en la batalla librada en aquel lugar en 1071 (Haldon 2001). Romano IV fue capturado por los turcos de Alp Arslan, tras una derrota humillante quizá debida a la falta de apoyo de los militares de la familia del antiguo emperador o incluso a una traición. En la dura capitulación, Romano IV tuvo que firmar un acuerdo de paz claramente desventajoso para Bizancio, que cedió a los turcos las ciudades de Manzikert, Hierápolis, Edesa y Antioquía, comprometiéndose además a pagar un oneroso tributo para las arcas imperiales. Mientras tanto, en la capital, una conspiración entronizaba a Miguel, hijo de Constantino X Ducas, como Miguel VII Ducas.

Traicionado por los suyos y derrotado por los turcos, las pocas tropas fieles a Romano fueron vencidas por el ejército mandado por los Ducas (sobre esta influyente familia, cf. Polemis 1968). Romano IV fue apresado y renunció al trono tras recibir garantías de buen trato, pese a lo cual fue cegado y encerrado en un monasterio: el sultán le había tratado más humanamente que sus compatriotas.

En la frontera oriental bizantina, siempre cambiante e insegura, la aristocracia rural servía de contrapeso a la poderosa nobleza urbana en torno al emperador, reflejando de nuevo la compleja dinámica entre la capital y las provincias. Era una nobleza de la frontera que profesaba cierta amistad y mantenía estrechos vínculos con sus correspondientes *ghazi* islámicos y convertía al Imperio en un excepcional mecanismo de mediación entre el Oriente árabe y turcomano.

Mención especial merece el contacto con el Occidente latino, el norte eslavo y el sur mameluco, que también sirvió para perfilar el complejo entramado de relaciones que definía la sociedad periférica bizantina. Pero, sin duda, la pérdida de Anatolia en el siglo XI –como en el siglo VII había sido la conquista árabe de Egipto– supuso un mazazo para la economía bizantina y para su papel en las grandes rutas comerciales terrestres y marítimas. La pujanza política de las tribus turcas al este y de los eslavos al norte obligaría a partir de entonces al Imperio a mirar al Occidente latino, para su desgracia.

Hay que decir que el breve reinado de Miguel VII, tras el desastre de Manzikert, no supuso en modo alguno una recuperación política para el Imperio. Este emperador, que había sido educado por Miguel Pselo, solo se cuidaba de sus aficiones eruditas y literarias, y tanto la política interior como la exterior experimentaron una rápida decadencia; además, la mala situación de las finanzas hizo que se devaluara la moneda y el descontento cundió entre el pueblo por la excesiva tributación. De hecho, el sobrenombre de Miguel VII *Parapinakés* hace alusión al aumento del precio del trigo ante una moneda de menor valor. Para colmo de males, las amenazas exteriores se multiplicaban: por una parte, los búlgaros y los húngaros comenzaban a causar problemas en las fronteras, amenazando con reconstruir reinos poderosos: en 1041 se produjo la rebelión de Pedro Deljan, y en 1072, la coronación de Constantino Bodin como zar búlgaro.

A la par, los turcos empezaban a desempeñar un papel importante en las disensiones internas del Imperio, apoyando a uno u otro candidato al trono. Ante la amenaza turca, Miguel VII Ducas tuvo que pedir, por primera vez, ayuda a Occidente mediante un mensaje al papa Gregorio VII, al que prometió la reunificación de las dos Iglesias. Pero a este delicado frente oriental había que añadir que el pujante ducado normando del sur de la península itálica, bajo la égida del brillante militar Robert Guiscard, tomó en estos años la última posesión bizantina, la otrora inexpugnable ciudad de Bari, que cayó en 1071 tras un largo y cruento asedio. Con esta caída, que coincide simbólicamente con la derrota imperial en Manzikert, terminaban cinco siglos de presencia bizantina en la península itálica, y con ella, el viejo sueño de la *restauratio imperii* que había personificado Justiniano el Grande.

El fin de la presencia bizantina en Italia

Procede ahora examinar brevemente las consecuencias del final de la presencia bizantina en Italia y Sicilia en la época de este emperador. Hay que recordar que la presencia bizantina en la península italiana –que hemos relegado a una rápida mención al centrarnos antes en Sicilia– se extiende durante los cinco siglos que median entre Justiniano y Alejo I Comneno, entre el exarcado de Rávena y el Catepanato, o gobierno militar de los *themata* de Apulia y Calabria, entre la presión de los lombardos y árabes y la de los normandos. Nunca estuvo asegurado allí del todo el dominio bizantino desde que los lombardos comenzaron a reducirlo fundando sus ducados y principados tanto al norte como al sur de la península. En ese contexto hay que destacar el papel jugado por el papa Gregorio el Grande, por su mediación para contener a los lombardos, y el gobierno bizantino de Rávena, que duró hasta su conquista por el rey lombardo Astolfo en 751.

Tras la disolución del exarcado y la posterior independencia de Venecia y otros dominios bizantinos en el norte, centro y sur de Italia –unos a manos de los francos, otros de los árabes–, el territorio bajo el control del Imperio de Oriente en el siglo IX se reducía a ciertas zonas de Calabria, la región más profundamente helenizada y donde hasta el día de hoy se conserva un dialecto griego. Un breve reflorecimiento bizantino en la zona vino marcado por la reconquista de Bari (876) y Tarento de manos de los árabes, el establecimiento de los tres *themata* de la Longobardia, Calabria y Apulia, y la creación posterior de lo que se conoce como el Catepanato de Italia, que abarcaba esos territorios y les daba cohesión y funcionalidad político-militar.

Pero la presión de los principados lombardos en Campania y el descontento de la población con el gobierno bizantino causaron disturbios y revueltas, que supusieron el comienzo del fin del dominio imperial. Algunos mercenarios normandos ayudaron a las ciudades lombardas de Apulia contra los bizantinos, y la suerte quedó echada por la intervención de los normandos como mercenarios y la injerencia del Papado y el Sacro Imperio en este escenario. Tanto al papa como al emperador occidental les interesaba deshacerse de la presencia en Occidente de los bizantinos, que eran vistos como herejes; el Papado, por tanto, prefería apoyar la consolidación de los normandos. El último dominio relevante de los bizantinos en el sur de la península itálica se extinguió, como se ha dicho, cuando, tras una larga campaña organizada para la conquista del Catepanato de Italia, los normandos se apoderaron de Bari y expulsaron a los griegos para siempre de la Italia meridional. El juego político quedó entonces marcado por el surgimiento del potente estado normando en el sur de Italia y Sicilia, que culminaría con la proclamación de Rogelio II como rey. Esto cambiaba el equilibrio de la zona y propiciaba la entrada en escena directamente de las potencias occidentales, como el Sacro Imperio Romano Germánico.

Tras el gran Cisma de 1054, el Papado había encontrado apoyo militar en los normandos de Guiscard, que emprendieron su conquista de los restos de la Italia bizantina como una suerte de campaña para imponer el rito occidental en aquellas provincias de tradición oriental. Hay que recordar, a ese respecto, que desde los siglos VII-VIII la Iglesia siciliana y de la Italia meridional dependía del mundo religioso oriental, lo que produjo una floreciente cultura eclesiástica que se refleja tanto en la producción teológica como en el arte religioso. La expansión del Islam en regiones antiguamente bizantinas como Egipto y Siria había provocado una emigración al sur de Italia y Sicilia y un florecimiento de la vida espiritual y monástica de la zona. La edad de oro de la Iglesia oriental en Italia está señalada por la presencia del elemento griego en la vida social y cultural itálica con los diversos papas de origen greco-siciliano de los siglos VII-VIII, como ya se ha visto. Cabe recordar que el patriarca de Constantinopla Teófanes (681) también tuvo ese origen.

Tras la coronación de Carlomagno llevada a cabo por el papa León III (795-816), la relación de poder entre Roma y Constantinopla cambió y encontró en Italia un nuevo campo de batalla. Pero fue el fortalecimiento de la posición de los papas frente a Constantinopla desde el nacimiento del Sacro Imperio Germánico y, sobre todo, desde la irrupción de los normandos en la escena política itálica lo que vino a mermar la influencia bizantina, que otros episodios religiosos –como la iconoclasia– y militares –como la irrupción de los árabes en Sicilia– ya habían hecho decrecer notablemente. La persecución iconoclasta (*c.* 730-843) hizo que muchos monjes bizantinos de Italia marcharan a territorios lombardos para asentarse en comunidades monásticas amparadas por sus gobernantes.

La ortodoxia bizantina, con su lengua y sus ritos, rigió en el sur de Italia y Sicilia hasta que se convirtió en materia de disputa política. Con el establecimiento de lombardos y normandos, enemigos de Bizancio, en el sur de Italia y Sicilia, la Iglesia oriental fue desplazada gradualmente. Así, el Papado decidió favorecer a los normandos, que se inclinaron por las tesis de Roma frente a Constantinopla, con lo que se fueron relegando las tradiciones orientales del cristianismo del sur de Italia, cuya Iglesia quedó definitivamente sometida a la primacía papal con el sínodo de Bari en 1098.

El cerco del Imperio y la Primera Cruzada

Cuando el Imperio de Miguel VII, acosado en diversos frentes ante eslavos, turcos y normandos y desprestigiado por las diversas derrotas, tuvo que pedir ayuda a Occidente precisamente cuando se cedía el dominio de las tierras itálicas, muchos miembros de la corte y de la élite militar bizantina pensaron que se requería un gobierno enérgico que tomara el mando con mano dura para enderezar los asuntos militares.

Así, tras varias revueltas, en 1078 dos generales, Nicéforo Brienio y Nicéforo Botaniates, se levantaron en armas contra el emperador Miguel VII en sus respectivas regiones, los Balcanes y Anatolia. Los turcos apoyaron la sublevación de Botaniates, que tomó ventaja a Brienio y alcanzó la capital a toda prisa para tratar de alzarse con la corona imperial. Pero el nuevo emperador, coronado como Nicéforo III, solo pudo reinar hasta 1081: envejecido e incapaz de recabar todo el apoyo necesario de una aristocracia y una corte divididas, su gobierno se caracterizó por la inestabilidad y la anarquía.

Esta precaria situación política fue aprovechada por diversos enemigos del Imperio para atacar en flancos diferentes; así, hubo revueltas en Armenia y rebeliones de trasfondo religioso en Tracia, pero, sin duda, el revés más grave y sintomático de los nuevos tiempos fue el ataque normando en territorio imperial. El audaz caudillo normando Robert Guiscard, a la cabeza de sus tropas, se convirtió en el primer militar occidental que emprendió una invasión del Imperio Bizantino: so pretexto de defender a un candidato al trono con el que estaba emparentado, de la familia Ducas (Polemis 1968), lanzó una expedición militar hacia los Balcanes, aunque no logró sus objetivos finales.

En esta situación inestable, Nicéforo III se vio obligado a abdicar en favor de Alejo, un sobrino del antiguo emperador Isaac Comneno y emparentado con la familia de los Ducas, que ascendió al trono en 1061. Con Alejo Comneno se inaugura una etapa de cierta recuperación política, gracias a un gobierno con mano de hierro como representante del poder militar y de las grandes familias terratenientes. Alejo I Comneno, que reinó de 1081 a 1118, representa en cierto modo el fin de un largo periodo de declive y el comienzo de una política más realista, que tomó conciencia de la situación del momento real de Bizancio, dejando atrás los sueños imperiales de dominio del Mediterráneo y de Occidente. El emperador supo reaccionar velozmente para favorecer una reestructuración del Imperio en su nuevo lugar geopolítico. El escenario internacional de entonces había reducido a Bizancio a un papel de potencia media en la Europa de la época, pero dotada aún de un enorme capital simbólico del que sus diversos enemigos querían apropiarse. El resultado fue que el reinado de Alejo estuvo plagado de guerras en las que tuvo que involucrarse el Imperio para mejorar su posición estratégica (Treadgold 1997, 612-629).

Sin lugar a dudas, lo más urgente para el nuevo emperador, tras hacerse una composición de lugar, era afrontar los nuevos y complejos retos militares que se le presentaban en diversos frentes; el más perentorio era el de la invasión de los normandos, que se habían convertido en una suerte de brazo armado del catolicismo romano contra los bizantinos, y que, tras apropiarse de Corfú y Durazzo (Dyrrachium), amenazaban con marchar hacia la capital por la antigua Vía Egnatia. El jefe normando Robert Guiscard, después de expulsar a los bizantinos de la Italia meridional, se dirigía ahora con su temible ejército en dirección al corazón del Imperio, que aún era un referente político en toda Europa; de hecho, en las monedas del duque normando puede constatarse una tendencia a ser retratado a imagen de los emperadores, y en su gobierno hay numerosos indicios que señalan la conservación de tradiciones y costumbres bizantinas. Acaso no ambicionara otra cosa el normando Guiscard que apropiarse del prestigio que conferían los títulos bizantinos, o tal vez incluso tomar posesión de la corona imperial bizantina.

Como quiera que fuese, Alejo consideró urgente salir al encuentro de las tropas de Guiscard, que habían sitiado la ciudad tesalia de Larisa, y le plantó cara en diversos frentes. La derrota bizantina en Durazzo (1081) impulsó al emperador a buscar estrategias diplomáticas para conseguir la retirada de los normandos, que parecía más difícil por vías exclusivamente militares (Haldon 2001). Así, el emperador convenció a los venecianos para que le prestaran apoyo frente al común enemigo normando, y aprovechó a la vez la «querella de las investiduras» del emperador germánico Enrique IV y el Papado, que llevó a una ofensiva militar de aquel contra la península itálica. En un golpe de fortuna para los bizantinos, el papa Gregorio VII, asediado en Roma por Enrique IV, pidió ayuda a los normandos para que defendieran sus territorios. Guiscard volvió a la península itálica y expulsó a los alemanes, pero este llamamiento papal desembocó en el célebre saqueo de Roma a manos de los soldados normandos (1084). Cuando Guiscard regresó al frente bizantino, las tropas imperiales se habían retirado tras recuperar los territorios perdidos. Poco después el jefe normando moriría por unas fiebres, quedando conjurada por el momento la amenaza normanda.

Cuando se hubieron solucionado estos acuciantes problemas en el frente normando, el emperador se ocupó de reprimir varias revueltas sectarias en Tracia, protagonizadas por bogomilos y paulicianos, que amenazaban la paz interna del Imperio. En el siglo X habían surgido varias corrientes heréticas en el seno del cristianismo oriental que, sobre todo en Tracia, Bulgaria y otras regiones con fuerte impronta eslava, supusieron un desafío político para el Imperio Bizantino. Tales fueron los bogomilos (en antiguo eslavo, 'amados por Dios'), nombre que alude al fundador de la secta, de nombre Bogomilo. Aunque los búlgaros habían adoptado a finales del siglo IX el cristianismo gracias a la conversión de su rey Boris I, diversas corrientes religiosas subyacentes y nuevas tendencias heréticas dualistas habían alejado el sentir de este pueblo de la ortodoxia constantinopolitana. Este trasfondo, y otras herejías que habían surgido previamente, como el paulicianismo, que recalaron en la zona tras ser expulsadas de las fronteras orientales del Imperio, hicieron surgir un movimiento de ideas maniqueas que caló muy hondo en la zona (Obolensky 1948).

El bogomilismo era una herejía de tipo gnóstico-maniqueo que propugnaba un regreso a los orígenes del cristianismo. Defendía que Dios había tenido dos hijos, el Bien y el Mal (Miguel y Satán), y que Jesús era una encarnación del primero en la tierra. No tenían jerarquía sacerdotal y vivían en una suerte de cenobios, absteniéndose del contacto carnal. Durante los últimos años de su reinado, Alejo resolvió intervenir y erradicar esta herejía, que se apoyaba entonces en círculos aristocráticos de la capital y podía representar un gran peligro político. Así que hizo ajusticiar al líder bogomilo Basilio y persiguió a sus seguidores duramente, obligándoles a refugiarse en las montañas de Albania y Bosnia. Posteriormente, muchos bogomilos se convertirían al Islam bajo dominio otomano; de otros se dice que marcharon a Occidente e influyeron en otras herejías, como el catarismo.

Además, Alejo se enfrentó a los pechenegos, a los que derrotó con ayuda de los cumanos en 1091, tras una campaña cruenta. Así se habían conjurado los peligros más importantes en los Balcanes, dejándole las manos libres para enfrentarse a la mayor amenaza que pronto se cerniría sobre el Imperio: los turcos.

Desde sus primeros choques con los bizantinos en Armenia, los turcos selyúcidas se habían asentado firmemente en el Asia occidental, creando varios entes estatales que amenazaban la integridad bizantina. Bajo el gobierno de Alp Arslan, segundo sultán selyúcida y responsable del desastre de Manzikert (1071), los turcos habían avanzado hacia el corazón del Asia Menor, pasando a dominar Cilicia y Capadocia. Desde entonces habían aprovechado la anarquía política bizantina para campar a sus anchas por las provincias occidentales del Asia Menor, llegando incluso a la ciudad de Nicea, a las puertas de la capital. Ante esta dramática situación, Alejo hizo un llamamiento al papa en petición de ayuda para contrarrestar la tremenda amenaza turca, prometiendo a cambio una reconciliación de las Iglesias oriental y occidental. Existe una carta de Alejo, de discutida autenticidad, en la que el emperador pide ayuda a Occidente en 1091 ante los infieles diciendo: «Solo nos queda Constantinopla y los enemigos amenazan con tomarla muy pronto, si no acude un pronto auxilio de Dios y de los fieles cristianos latinos». Sin embargo, en vez de recibir un contingente de ayuda militar, como sin duda pretendía, Alejo se encontró nada menos que con la Primera Cruzada, convocada solemnemente por el papa Urbano II en el concilio de Clermont. No cabe dudar de que tras este complejo movimiento del papa existían motivaciones tanto políticas como religiosas, que no cabe analizar en detalle aquí. Había, además, un interesante trasfondo social tras este fenómeno de las Cruzadas (Setton ed. 1969-89, Runciman 2008), producto de la demografía y las tensiones sociales, religiosas y territoriales existentes en la Europa occidental, sin olvidar la necesidad imperiosa de establecer rutas comerciales y de peregrinaje a Tierra Santa.

Las peregrinaciones a Jerusalén ya eran comunes desde el siglo IX –fomentadas y protegidas por los reyes occidentales– e incluso antes: la monja hispana Egeria (siglo IV) o el santo anglosajón Wilibaldo (siglo VIII) habían hecho viajes muy celebrados en la literatura. A partir del siglo X, a raíz de las conquistas bizantinas en Siria y Palestina, el tráfico de peregrinos se intensificó, pero fue con la conquista de Palestina por los fatimíes egipcios cuando las cosas empezaron a cambiar. La destrucción de la iglesia de la Resurrección y del Gólgota en Jerusalén en 1009 por orden del califa fatimí Alhakem marcó el inicio de las dificultades para acceder a Tierra Santa, que se intensificaron con la derrota bizantina en Manzikert (1071) y el consiguiente dominio turco de esta zona estratégica para las rutas de Asia Menor.

La excusa del papa Urbano II era, pues, la liberación de estas rutas de peregrinos, pero subyacían sin duda otras cuestiones, como los movimientos espirituales de la época, en concreto el cluniacense, la pretensión del Papado de unir la cristiandad y la mencionada presión social y demográfica en la Europa occidental (cf. en general Setton ed. 1969-89).

Sea como fuere –justificados por la religión, llamados por los bizantinos en su ayuda y con semejante trasfondo sociopolítico–, una enorme masa de cruzados, en su mayoría pobres y civiles desarmados, se desplazó a Constantinopla bajo la guía del místico predicador Pedro el Ermitaño, con la idea de que tan solo con la ayuda de Dios se podía liberar de los infieles los Santos Lugares. Las huestes de cruzados marcharon hacia Oriente devastando los lugares por los que pasaban, y cuando en 1096-1097 se plantaron ante las puertas de Constantinopla, el emperador Alejo I, en vez de obtener el auxilio que tan angustiosamente había solicitado, se encontró con un grave problema. Al ver a los cruzados ante su capital, optó por una solución rápida y resolvió trasladarles a territorio turco lo antes posible, a fin de dar salida a aquel contingente tan inestable y peligroso para su capital y quizá también para su trono. Pero poco después de pasar a la zona enemiga, los cruzados fueron aniquilados por el ejército turco.

Tras este primer fracaso, no mucho tiempo después llegó una segunda invasión de cruzados, esta vez ya no civiles desarmados e iluminados, sino soldados profesionales que formaban parte de un nutrido ejército a las órdenes de los señores feudales Godofredo de Bouillon,

Bohemundo de Tarento y Balduino de Flandes, entre otros. Estos caudillos occidentales, antes de nada, juraron lealtad al emperador bizantino y prometieron devolverle los territorios que recuperasen de los turcos. Alejo, a su vez, se comprometió a darles medios para su campaña, que al principio reportó notables beneficios al Imperio: se recuperaron territorios –entre otros, ciudades importantes como Nicea o Esmirna, e islas como Quíos o Rodas– y se alivió temporalmente la presión de los turcos. Pero pronto comenzaron las disensiones en el seno de la coalición cristiana –entre latinos y griegos existía una natural desconfianza, derivada del cisma religioso– y los cruzados se sintieron desasistidos por la armada bizantina.

La escalada de desaires y suspicacias entre occidentales y orientales fue en ascenso de forma imparable. Así, en un punto culminante, cuando Balduino de Flandes tomó la ciudad de Edesa, optó por no reconocer el mando del emperador Alejo, sino que se autoproclamó príncipe, sentando un peligroso precedente para el Imperio, pues abría el camino para la fundación de principados cristianos –según el sistema feudal de Occidente– en las tierras conquistadas por la Cruzada. Además, en busca de legitimación política, Balduino fue adoptado por el rey armenio Toros de Edesa, reforzando sus pretensiones al trono y desestabilizando aún más la autoridad bizantina. Seguiría la toma de la simbólica ciudad de Antioquía, la cual, cuando fue recuperada para la cristiandad, quedó bajo el gobierno del normando Bohemundo de Tarento, que estableció allí un principado feudal. Se fundaba así una cabeza de puente de los peligrosos normandos, enemigos jurados de los bizantinos, en el corazón de las antiguas posesiones del Imperio en Asia Menor. Cuando al fin los cruzados llegaron a Tierra Santa y la ganaron por las armas, tomaron posesión del pequeño territorio y lo denominaron pomposamente Reino de Jerusalén, dejándolo bajo el gobierno de Godofredo de Bouillon, autoproclamado «Defensor del Sacro Sepulcro».

Con el nacimiento de estos entes estatales latinos en las tierras de Oriente, el emperador Alejo se encontró ante un nuevo e inesperado problema. Además, tuvo que enfrentarse con el normando Bohemundo, príncipe de Antioquía, que, tal vez siguiendo los pasos de Guiscard, proyectaba una nueva invasión de Bizancio desde el ducado de Apulia; el plan fracasó y Alejo logró derrotar a los normandos y someterlos temporalmente a vasallaje. Sin embargo, lo sucedido comenzaba a dejar un poso inextinguible de sospecha entre bizantinos y occidentales que no haría sino aumentar con el transcurrir del tiempo, creando un acentuado sentimiento antilatino entre la población del Imperio y viceversa, un ánimo contrario a los bizantinos entre los occidentales.

El peligro occidental y los privilegios de Venecia

Como puede verse, el gobierno de Alejo I significó un nuevo comienzo para el Estado bizantino, que remontó su decadencia prolongada y supo hacer frente en su momento a los nuevos retos que se le planteaban en el exterior. A la par, sin embargo, se vislumbraba la importancia de las amenazas que los pueblos occidentales podían llegar a suponer para el Imperio (Angold 1997).

En lo que a la política interior se refiere, la estrategia de Alejo consistente en establecer una red de lazos familiares en la nobleza logró estabilizar algo las intrigas cortesanas, y al pactar con las familias aristocráticas inauguró una nueva época marcada por el predominio de su dinastía. Sin embargo, se plantearon nuevos desafíos, sobre todo por parte de los principados occidentales que se habían establecido en Oriente.

La hija de Alejo, la historiadora Ana Comnena, glosó el reinado de su padre en su *Alexíada* como cronista de excepción de los conflictos en la corte y del desarrollo de la Primera Cruzada desde el punto de vista bizantino (Díaz Rolando ed. lit. 1989). A la muerte de Alejo, subió al trono su hijo Juan II, ya proclamado coemperador cuando solo era un niño, y a quien Alejo había preferido antes que al marido de su hija Ana, el también historiador Nicéforo Brienio el Joven. Esto provocó un conocido episodio conspirativo protagonizado por la propia Ana cuando, con la connivencia de su madre, la emperatriz Irene, planeó quitarle la corona a su hermano y conseguirla para su marido. Sin embargo, Nicéforo, tras descubrir la intriga, no quiso seguir adelante; fue entonces cuando, según se cuenta, Ana pronunció una frase que se ha hecho célebre: «La naturaleza se ha equivocado con nosotros. Él debía haber sido la mujer». Nada más tomar el poder, Juan II, apodado el Bueno (1118-1143), se apresuró a desarticular este complot familiar, y fue clemente con su madre y su hermana. Ana fue encerrada en un monasterio, donde se dedicó enteramente a la escritura, para fortuna de la historiografía bizantina.

En cuanto al reinado de Juan II, hay que decir que continuó con éxito la línea de consolidación política de Bizancio en el exterior –combinando acción militar y diplomática– y la política emprendida por su padre en el interior. Así, lanzó una brillante campaña militar contra Cilicia, Armenia y el principado latino de Antioquía, que se le sometieron sin remisión. La entrada triunfal del emperador en Antioquía coronó esta campaña. Sin embargo, y aunque su interés político se centró en reforzar la presencia bizantina en Asia Menor, tuvo que mantener contactos frecuentes con las cortes occidentales, que aumentaron su influencia en el Imperio.

Durante su reinado se produjo un hecho muy negativo para el Imperio: la unificación política de Sicilia y el sur de la península itálica –territorios sobre los que, hay que recordar, pesaban reclamaciones bizantinas– bajo la égida del normando Rogelio II, enemigo jurado de los bizantinos, que fue proclamado rey. También aumentó la presión de los comerciantes venecianos, cuyos privilegios se convirtieron en un asunto delicado. Juan II fracasó en su intento de romper el cuasi monopolio veneciano debido a presiones diplomáticas y comerciales de diversa índole.

Desde que obtuvo su independencia del Imperio, Venecia no rompió los lazos con el mundo bizantino, sino que estuvo hondamente marcada por un intenso contacto cultural, político y comercial con Constantinopla (cf. en general Nicol 1989). El primer tratado comercial que habían firmado en 992 el Imperio de Oriente y su antigua posesión en el norte de Italia no solo abrió la vía para facilitar el tráfico aduanero en Constantinopla a los mercantes venecianos, sino que supuso el inicio de una fecunda corriente de intercambio cultural entre el Adriático y el Bósforo. Las líneas comerciales regulares entre ambas ciudades, Venecia y Constantinopla, permitieron la llegada a Italia de notorias influencias bizantinas en el arte y la arquitectura que se prolongaron hasta bien entrado el siglo XIII; buenos ejemplos de este influjo son la catedral de Santa María Assunta, en Torcello, y la iglesia de Santa Fosca, que datan del siglo XI, o la iglesia de Santa María y Donato en Murano, del año 999. Otros edificios de inspiración bizantina, en la propia Venecia, son San Giacomo de Rialto, una de las iglesias más antiguas de la ciudad, el Palazzo Loredan o el Fondaco dei Turchi, grandes palacios que recogen el influjo de la arquitectura civil bizantina.

La ciudad de Venecia –cuyo gobernante ostentaba el título de Dux, en principio de origen bizantino– imitaba en apariencia el urbanismo imperial de Constantinopla. El ejemplo más destacado de este intercambio artístico es la famosa basílica de San Marcos, en el emplazamiento de una antigua iglesia que albergaba las reliquias del evangelista llegadas a la ciudad en 828. Sus mosaicos más antiguos, en el ábside –que representan a un Pantocrátor de inspiración bizantina junto a los apóstoles– y los de la entrada, son producto del intercambio artístico entre bizantinos y venecianos desde finales del siglo XI. Esta influencia cultural reflejada en los mosaicos se extendía a otras ciudades italianas como Rávena o Trieste. Venecia mostraba cierta envidia de las artes bizantinas. Solo hay que recordar que, tras el saqueo de Constantinopla por los cruzados, algunos monumentos emblemáticos de la capital de Oriente, como la estatua de los tetrarcas o los caballos del Hipódromo, pasarían a adornar la ciudad de San Marcos.

Pero si algo caracterizó la relación entre Venecia y Bizancio fueron los privilegios en el comercio y el acceso de la flota mercantil veneciana a las rutas del Oriente bizantino. Los estrechos lazos de Venecia con el Imperio Bizantino entre los siglos VII-IX –ya como parte del mismo, ya como aliada– y los avances en la navegación que se desarrollaron gracias a esta relación explican las razones por las que la República de San Marcos fue pionera en el acceso a los mares y rutas comerciales que llevaban a Constantinopla y conectaban con el mar Negro y el Lejano Oriente. Venecia fue dotándose de una poderosa flota que ya desde el siglo XI, gracias al desarrollo de la galera veneciana, cobró gran importancia estratégica. La flota de galeras ligeras no distinguía entre una sección mercante y otra militar, sino que era una escuadra versátil que lo mismo podía trasladar cualquier carga como defenderse de los enemigos en caso de conflicto. Las naves venecianas eran de diversos tamaños y clases, pese a la preeminencia de la galera ligera; algunas copiaban los modelos bizantinos, como el célebre dromone, y lo mejoraron con diversas innovaciones. El resultado fue que la flota veneciana se convirtió en la reina de las rutas del Mediterráneo, manteniendo a raya con notable éxito a árabes, bizantinos, francos y normandos.

En el siglo XI Venecia se enseñoreó de las rutas y puertos del Adriático, dominando las costas dálmatas y griegas. Con el ensanchamiento de privilegios comerciales en época de Alejo I Comneno y la ampliación de horizontes por parte veneciana después de las Cruzadas, se impulsó en la ciudad la construcción de un arsenal, en el que se gestionaba todo lo relativo a la gran flota veneciana en sus facetas mercantil y militar. La construcción y el mantenimiento de la flota quedaban bajo el control del Estado, consciente de la importancia de la escuadra en esta época clave para su expansión en la política internacional. El resultado más evidente de esta política fue, tras la Cuarta Cruzada, la serie de conquistas venecianas en ultramar que siguieron a la toma de Constantinopla en 1204. Desde entonces, las islas del Ducado del Archipiélago y las diversas posesiones en enclaves estratégicos hicieron de Venecia la primera potencia marítima del Mediterráneo oriental. A ello contribuyó, como se ha indicado, la creación de una flota estable que recorría sistemáticamente la red de bases comerciales y colonias venecianas, y el desarrollo de un nuevo modelo de galera grande, más recia y potente, que simbolizaba el poder militar de Venecia a la perfección y, a la vez, la posibilidad de plantar cara a las otras potencias marítimas italianas, sobre todo Génova, rival temible de Venecia (Day 1988), pero también Pisa.

Posteriormente, desde mediados del siglo XIII la República veneciana contó con una flota militar permanente patrullando el mar Adriático, encargada de proteger a los mercantes venecianos en sus rutas a Oriente y de atacar a cualquier barco de bandera enemiga con el que se encontrara. Las mejoras técnicas en la navegación que fueron introducidas en las repúblicas italianas a finales del siglo XIII y principios del XIV, probablemente traídas del Lejano Oriente, como la brújula o el timón central, desencadenarían el conflicto entre Venecia y Génova, que también se dirimiría en escenarios de Oriente. En el siglo XV, y ante el avance de los turcos otomanos en el este, Venecia ampliaría sus rutas hacia el norte, incluyendo entre sus destinos las ciudades de la Hansa y otros puertos de la Europa septentrional. Con todo, el más poderoso rival para los navegantes venecianos vendría de los sucesores del Imperio de Oriente, cuando Constantinopla cayó en manos de los turcos, que entraron directamente en conflicto con la Serenísima.

El nacimiento del reino de Sicilia. La cuestión latina

La formación del reino unificado de Sicilia (1130), bajo la égida de los normandos, en época de Juan II, fue la culminación política de un largo proceso que evidenciaba la problemática interacción entre Bizancio y los estados occidentales formados sobre sus antiguas posesiones. Desde comienzos del siglo IX, algunos grupos de normandos empezaron a asentarse en la península itálica y en Sicilia, convirtiéndose en un actor político relevante para las actividades del Imperio Bizantino en Occidente, y muy pronto, en un notable enemigo. Basilio II les plantó cara y pudo contenerlos momentáneamente, pero los normandos habían llegado para quedarse y amenazar los dominios italianos del Imperio tanto como los árabes.

En la época del emperador Miguel IV Paflagonio, como se ha visto, se retomaron los planes de reconquistar Sicilia y se lanzó una celebrada expedición al mando del general Jorge Maniaces (1038-1040). La campaña contó con algunos éxitos iniciales, como la toma de Mesina, gracias a la participación de mercenarios normandos como Guillermo de Hauteville (apodado «Brazo de Hierro») o de la compañía ruso-varega, al mando del rey nórdico Harald Hardrada; se llegó incluso a tomar Siracusa, pero por una serie de errores, y quizá también por la desconfianza de la corte bizantina hacia Maniaces, la expedición terminó por fracasar y tuvo que retirarse a la Puglia.

Fueron los normandos, sin embargo, quienes al fin tomarían el testigo de los árabes y los bizantinos en el dominio de Sicilia. El caudillo normando Robert Guiscard, proclamado duque de Apulia, logró arrebatar al Imperio plazas tan importantes como la ciudad de Bari, terminando así con el dominio bizantino en la región. A continuación, los normandos dirigieron su atención a Sicilia, que pronto se convertiría en el núcleo de su poder.

Contra lo que cabría pensar, la conquista normanda no significó el final de la influencia bizantina en el sur de Italia y en Sicilia. Antes al contrario, Robert Guiscard, y con él el resto de los líderes normandos, comenzaron a actuar como si fueran sucesores legítimos de los emperadores bizantinos y adaptaron su estética y su pompa. Cuando en Navidad de 1130 el normando Rogelio II fue coronado en Palermo rey de Italia y Sicilia, el ceremonial conservaba todo el prestigio del Imperio de Oriente.

Así nacía uno de los más terribles enemigos de Bizancio, el reino de Sicilia, tanto por su potencial militar como por el duro golpe simbólico que suponía la creación de una dinastía real cristiana con pretensiones imperiales en un territorio de tradición griega. El arte normando de Sicilia, de hecho, no es más que una imitación muy consciente de los modelos bizantinos: los espléndidos complejos normandos de esta época en Cefalú, Palermo o Monreale siguen dichos modelos. Los reyes normandos, como Guillermo II de Sicilia, llegaron a lanzar ofensivas que hicieron peligrar la integridad territorial del Imperio Bizantino.

Tras el reinado de Juan II, subió al trono su hijo Manuel I Comneno (1143-1180), cuyo gobierno se caracterizó por las buenas relaciones con los pueblos occidentales, lo que se reflejó en una intensa actividad diplomática y comercial; pruebas de ello fueron el recibimiento hecho a los reyes de Alemania y Francia en la corte de Manuel I, los privilegios concedidos a comerciantes occidentales y que el emperador tomara como esposas a dos occidentales: la alemana Berta de Sulzbach y la normanda María de Antioquía (cf. el segundo volumen de Chalandon 1900-1912 y, en general, Lamma 1955-57). Esta estrategia volcada hacia Occidente era una muestra evidente de la pretensión de Manuel I de extender sus derechos imperiales por toda Europa, despojando al emperador germánico de su título y tendiendo puentes con el papa de Roma, al que prometió la unión de las dos Iglesias si le concedía la corona única (Gill 1979). Huelga decir que sus esfuerzos a ese respecto fueron vanos, no solo por la situación estable y lejana de la política occidental, sino también porque en su época el patriarca Miguel de Constantinopla vino a ahondar la brecha con Roma en un sínodo en 1171 que resultó polémico con las tesis del catolicismo.

Además, bajo el reinado de Manuel I, apodado el Grande, se produjo la Segunda Cruzada, que estuvo marcada por los enfrentamientos entre los principados latinos de Oriente (Magdalino 2002). Cuando la ciudad de Edesa cayó en manos de los infieles, cundió en la cristiandad el ánimo de emprender una nueva cruzada, promovida por Bernardo de Claraval: la Segunda Cruzada se convocó en 1144 (Setton ed. 1969-1989, Runciman 2008). Las tropas germánicas –las primeras en llegar y que fueron recibidas por el emperador en Constantinopla– sufrieron un grave descalabro ante los turcos. Luego llegaron los franceses a la capital; de ellos desconfiaba Manuel por sus tratos con el normando Rogelio II, rey de Sicilia y rival del Imperio, que a la sazón había iniciado una nueva campaña en el oeste contra los bizantinos conquistando Corfú y otras islas. Cuando los franceses marcharon contra los turcos, fueron igualmente derrotados, con lo que se puso fin a esta cruzada.

Por otra parte, como se ha dicho, la amenaza normanda del reino de Sicilia volvía a cernirse sobre las posesiones bizantinas en la costa del Adriático, y Manuel decidió enfrentarse a ellos abiertamente. Aunque contaba en principio con apoyo alemán, Manuel sufrió un serio revés cuando Guillermo I, nuevo rey normando de Sicilia, le infligió una grave derrota en Brindisi (1156). Los bizantinos se enemistaron con el nuevo emperador germánico, Federico Barbarroja –la influencia alemana empezaba a pesar ya de manera importante en el sur de la península itálica–, y nunca más desempeñaron un papel relevante en la península. Desde entonces, la influencia política griega en el sur de la península itálica comenzó un declive inexorable.

La política exterior de Manuel, marcada por su sueño de restaurar la influencia bizantina en Occidente, se demostró así demasiado arriesgada e irreflexiva, pues se descuidó el frente oriental, y al mismo tiempo, el Imperio se granjeó enemistades irreconciliables en la Europa occidental. Pese a que Manuel tuvo éxitos iniciales en el este, sometiendo a vasallaje a todos los principados latinos, como el de Antioquía o el de Jerusalén, sufrió una estrepitosa derrota ante los turcos del sultanato de Iconio en la batalla de Miriocefalon (1176), un desastre que cercenó definitivamente las aspiraciones bizantinas de expulsar a los turcos del Asia Menor.

En el plano diplomático, Manuel sufrió otro grave revés cuando en 1177 se selló la paz entre el emperador Federico Barbarroja, el papa y las ciudades italianas. Con esta reconciliación quedaba la vía abierta para que los enemigos del Imperio, unidos por el credo católico y con la sanción papal, pudieran conformar una suerte de alianza natural antibizantina y antiortodoxa.

Comercio y política en la relación con Occidente

Entre tanto, en Constantinopla, el pueblo veía con desagrado la creciente influencia de los occidentales, de franceses, alemanes y, sobre todo, de los comerciantes italianos –venecianos, pisanos, genoveses–, que gozaban de muchos privilegios en el Imperio y que, desde el reinado de Manuel I especialmente, habían reforzado su posición de dominio. Sin embargo, había ya una secular presencia comercial occidental en el Imperio, en el marco de la historia económica y social de Bizancio. Hay que recordar a este propósito que el comercio fue, durante la historia del Imperio Bizantino, uno de los pilares básicos de su existencia política (cf. en general Laiou ed. 2007). La propia situación privilegiada de la capital del Imperio de Oriente en el Bósforo, en la confluencia de importantes rutas comerciales que unían el Este y el Oeste, el mar Negro y el Mediterráneo, el norte de Europa y el Egeo, convertía su faceta de intermediación comercial en uno de los fundamentos del Estado y el poder bizantinos. Ello por no hablar de la enorme relevancia económica de algunas de las regiones del Imperio antes de que fueran gradualmente perdidas ante sus enemigos, como Siria, Egipto, Sicilia, Italia, etc.

Los cereales y la seda eran los dos productos más importantes del comercio bizantino, si consideramos a la vez su nivel más básico y el de lujo. La seda en concreto, y después de su introducción desde Oriente, se convirtió en un monopolio estatal desde época de Justiniano y llegó a servir como medio de pago al Imperio. Las rutas y caravanas que, procedentes de zonas tan lejanas como la península índica o China, confluían en Bizancio para luego extenderse por toda la Europa medieval, dan idea del poder económico que llegó a representar el Imperio Romano de Oriente en su época de gloria.

Hasta el año 879, Venecia estuvo bajo el dominio nominal de Bizancio, y aun cuando se independizó por completo, sus gobernantes siguieron ostentando títulos bizantinos y mirando hacia Oriente para el comercio. Desde ese momento, Constantinopla y Venecia mantuvieron negociaciones como estados independientes pero con una cierta comunidad de intereses, que se demuestra sobre todo durante los siglos IX y X, frente al avance de árabes, eslavos y normandos (Nicol 1989). Además, había, qué duda cabe, un cierto sentimiento de pertenencia cultural que ligaba a la República de San Marcos con el Imperio de Oriente, como se ha comentado ya. En el plano comercial, cuando en 992 Basilio II firmó el primer tratado con el dogo veneciano Pietro Orseolo II para conceder derechos de aduana a Venecia en Constantinopla, los venecianos aceptaron a cambio transportar tropas bizantinas al sur de Italia, en un momento delicado para el mantenimiento de las pretensiones imperiales sobre aquellas tierras. En este primer tratado comercial –concedido por medio de una *chrysoboula,* con la relevancia que se daba a los documentos sellados por este procedimiento imperial– se sometía a los buques venecianos a una tasa de salida siete veces más alta que la tasa de entrada en el puerto, lo que da una idea de la proporción de importaciones e importaciones que interesaba a los venecianos. Estos privilegios concedidos al comercio con Venecia se pueden explicar –al igual que los de otras ciudades que habían sido súbditas de Bizancio, como Amalfi– por ese vínculo cultural existente, aunque lo cierto es que posteriormente también se concederían a Pisa o a Génova (Day 1988).

El trasfondo de la preeminencia dada a Venecia también tenía motivos políticos y estratégicos. Con Alejo I, la República de San Marcos recibía grandes privilegios comerciales mediante una *chrysoboula* de 1082 a cambio de la ayuda de su flota contra los normandos de Robert Guiscard. Este decreto suponía la exención de tarifas aduaneras a los venecianos, que se veían con las manos libres para actuar comercialmente en todo el Imperio, desde Asia Menor a los Balcanes; además, obtenían un barrio propio en la capital y varios puntos de carga en el puerto; desde entonces, el peso de los latinos en la capital se hizo sentir de manera creciente, conforme aumentaban los privilegios comerciales.

Desde esta época, y durante más de doscientos años, no solo Venecia sino también otras repúblicas italianas como Génova y Pisa pudieron comerciar con el Imperio Bizantino en condiciones privilegiadas. El siglo XI supuso el despertar a una nueva era de los viajes por mar, en la que las potencias italianas –notablemente Venecia, Génova y Pisa– desarrollaron importantes avances técnicos y desplegaron un dominio incontestable por las rutas del Mediterráneo y el mar Negro. La ruta que, desde el Adriático, se comunicaba con la costa de África, el Egeo y el Mediterráneo oriental, hasta llegar al mar Negro, fue el principal campo de operaciones de esta actividad comercial. Mientras, el control veneciano se consolidaba en la costa del Adriático a través de neurálgicos centros comerciales como Zara, Spalato, Ragusa o Durazzo, destinados a servir de comunicación con las islas Jónicas, Corfú, Paxos, Leucas, Ítaca, Cefalonia y Zante –y más allá, con el Peloponeso– en dirección a Constantinopla, en una doble ruta que pasaba por las islas Cícladas y la costa de Asia Menor, por un lado, y por Salónica, por otro. Los venecianos también fletaban barcos hacia Creta y Chipre, centros principales de la ruta con Siria y Egipto.

El otro recorrido, que partía desde la rival Génova, presentaba una ruta que bordeaba las costas de la Campania, atravesaba el estrecho de Mesina, tocaba Calabria y Apulia, y desde Otranto llegaba a las islas Jónicas entrando en competencia con las rutas venecianas anteriormente descritas. La ruta de los barcos genoveses seguía una lista de puertos diferentes desde las islas Jónicas: o bien se navegaba hasta Monemvasía y luego por las islas del Egeo, como Quíos y Lesbos, hasta llegar a la Propóntide, o bien se ponía rumbo directamente a alguna de las islas Cícladas, como Melos o Naxos, para dirigirse luego hacia Chipre y Egipto (cf. Laiou ed. 2007, en el capítulo dedicado a la navegación).

Sin embargo, los extensos privilegios concedidos por Alejo Comneno a Venecia pusieron los cimientos de nuevos conflictos políticos y comerciales notables, no solo con otras potencias mercantiles como Génova o la Corona de Aragón, sino también con los propios bizantinos, que no podían competir con la beneficiosa situación de los venecianos y comenzaron a concebir un creciente odio contra ellos. El sucesor del emperador Alejo, Juan II, resolvió romper el trato de favor hacia Venecia, lo que provocó el ataque de la flota veneciana contra diversas partes del Imperio. Al final, Juan tuvo que ceder ante el poderío marítimo de la República de San Marcos y respetar el decreto de su padre.

La revuelta antilatina

El sucesor de Juan II, Manuel I, era conocido por sus inclinaciones prolatinas, lo que incitó aún más un estado de ánimo antioccidental en amplios sectores de la población (Magdalino 2002). A ello daba aliento de manera destacada la Iglesia oriental, cuyo clero extendía soflamas anticatólicas entre el pueblo. Las disputas comerciales y políticas, o la simple xenofobia, dieron pie a disturbios violentos en la capital, primero entre las distintas naciones latinas, y luego de los habitantes de Constantinopla contra ellos. Así, los colonos de Pisa, por ejemplo, atacaron el barrio genovés en 1162, y nueve años más tarde fueron los venecianos los que lo saquearon, con la tácita aprobación de las autoridades imperiales.

En época de Manuel I, Venecia recibió aún más ventajas a cambio del apoyo contra el rey normando Rogelio, en forma de nuevas instalaciones para sus barcos y mercancías en Constantinopla. Todo ello agudizó el odio de la población constantinopolitana, que veía con fastidio la actitud prepotente de los occidentales asentados en la capital, que gradualmente habían ido ocupando las posiciones más favorables en el puerto y a los que se permitía sin trabas practicar su culto religioso en público y habitar en sus barrios con grandes ventajas.

En una sucesión lineal, característica de este periodo de los Comneno, a la muerte de Manuel I subió al trono su hijo Alejo II (1180-1183), pero como este era todavía un niño, la regencia fue asumida por la emperatriz María de Antioquía, de origen normando, aunque el gobierno de hecho lo ejerció el *protosebastos* Alejo Comneno, sobrino del fallecido emperador. La presencia de una occidental en la posición de poder en palacio no tardó en hacer prender la mecha del descontento popular; surgió entonces un fuerte partido contrario a María, a su favorito Alejo y, en general, a los latinos.

Al frente de esta facción antilatina supo colocarse de forma oportunista Andrónico Comneno, un controvertido pariente del fallecido emperador. Andrónico, a la sazón primo de Manuel, ya se había hecho notar en la corte bizantina tanto por su carácter levantisco como por su porte caballeresco y persuasivo. De hecho, su excesiva popularidad siempre había suscitado las sospechas del emperador Manuel, que había mandado al exilio a su popular primo, temeroso de que se convirtiera en rival para su corona. Andrónico a punto estuvo de morir en el curso de su destierro por una traición de los príncipes eslavos. Después de su rehabilitación, y varios exilios y episodios novelescos, había sido alejado de la corte por un cargo en provincias. Pero, tras la muerte del emperador Manuel I, cuando la situación de descontento contra la regencia de una emperatriz de origen occidental lo hizo recomendable, Andrónico no lo dudó y marchó desde Paflagonia, cerca de sus posesiones familiares, a la capital, erigiéndose en defensor del emperador niño y de los derechos de los griegos frente a los latinos.

El pueblo –y el partido antioccidental que decía defender al joven emperador frente a sus validos latinos– se levantó en armas al conocer la inminente llegada del popular Andrónico. La revuelta produjo una masacre inenarrable entre la gran comunidad latina de Constantinopla. El cronista bizantino Nicetas Coniates cuenta que Andrónico promovió el ataque a los latinos, quienes «intentaron salvarse como pudieron, dejando sus casas y riquezas... pues al punto se ejecutaba a los prisioneros». Unos 30.000 occidentales fueron asesinados y otros 4.000 vendidos como esclavos. La violencia callejera de soldados y amotinados se cebó incluso con mujeres, niños, ancianos y religiosos; dice el arzobispo Eustacio de Salónica: «Mujeres y niños eran abatidos por las espadas. Pero la visión más horrible era cuando el acero abría el vientre de las mujeres embarazadas». El legado del papa de Roma, el cardenal Juan, fue decapitado y su cabeza atada a la cola de un perro para que fuese arrastrada por las calles. Aquella brutal matanza de 1182 sembró la semilla para la posterior ansia de venganza de los occidentales en diversas acciones contra el Imperio, que culminaron en la toma de Constantinopla en 1204, de una violencia feroz e inusitada.

Andrónico, cuando el ímpetu del motín amainó, hizo proclamar formalmente los derechos del emperador Alejo II al trono imperial. Pero, mientras tanto, mandó estrangular a su madre y a sus parientes y cegar a su valido. Aunque se proclamó coemperador con el joven Alejo II, pocos días después lo mandó asesinar en privado y quedó en solitario en el trono como Andrónico I Comneno. Desde que asumió el poder, sospechando constantemente contra todo el que le rodeaba, Andrónico basó su política interior en un verdadero régimen de terror.

Por otro lado, la política exterior del Imperio se resintió tras la matanza de 1182, pues los estados occidentales comenzaron a mostrar una actitud beligerante contra los bizantinos. Así, Guillermo II de Sicilia orquestó una campaña militar de venganza contra Bizancio aliándose con los venecianos, cuyos intereses comerciales prometió salvaguardar. Andrónico llevó a cabo intentos diplomáticos de aproximación al papa y de reconciliación con Venecia que no obtuvieron el éxito deseado. Guillermo II lanzó una gran ofensiva contra los bizantinos y tomó Salónica, la segunda ciudad del Imperio, causando una terrible masacre. Tras la traumática toma de Salónica –lo que fue un duro golpe para los bizantinos–, tuvo que ser otra revuelta popular, instigada por un nuevo pretendiente al trono, Isaac Ángel, la que acabara con el gobierno de Andrónico y, a la par, con la dinastía de los Comneno.

En efecto, aprovechando que el emperador estaba ausente de la capital, estalló un violento motín que daba fe del descontento de grandes sectores de la corte y de la población con el emperador. Al regresar a palacio, Andrónico se vio acorralado por los rebeldes, que llegaron a entrar en su residencia imperial y saquear sus arcas. Su estrella había cambiado drásticamente: Andrónico pasó de ser un popular pretendiente al trono a convertirse en un tirano aborrecido por la población. Pese a hacer mil promesas, cayó en manos del populacho, que le sometió a torturas humillantes, haciéndole desfilar por las calles entre burlas y golpes despiadados. Al llegar al Hipódromo, le cortaron las manos, y le arrancaron el cuero cabelludo, los dientes y los ojos. Andrónico resistió estoicamente, diciendo solo mientras era torturado (en alusión a Isaías 42, 1-3): «¡Señor, apiádate de mí! ¿Por qué te cebas con una caña ya quebrada?». Luego fue colgado cabeza abajo de dos columnas para que cualquiera pudiera herirle, hasta que un soldado italiano se apiadó de él y lo mató. Su cadáver no recibió sepultura y a su hijo Manuel le castigaron, como era usual para disuadir a los posibles candidatos al trono, arrancándole los ojos.

Este cruel episodio, que significó el final de la dinastía de los Comneno y el comienzo de una nueva edad de decadencia bajo la dinastía de los Ángel, nos recuerda que el pueblo de Constantinopla fue otro personaje más en la tortuosa historia del Imperio. Su fama levantisca –que habría de perpetuarse desde entonces– la comenta así el cronista Nicetas Coniates:

> En todas las otras ciudades, la plebe es irreflexiva... pero en Constantinopla es particularmente tumultuosa, violenta y de conducta impredecible, porque la componen nacionalidades diferentes [...] La indiferencia respecto a los emperadores es mal endémico: hoy elevan a uno al trono legítimo y mañana lo derriban como a un criminal. *(Historia,* ed. Bekker, 304-305)

8. La fragmentación del Imperio

Hacia un nuevo renacimiento cultural

La conmoción que supuso para el Imperio la serie de episodios de violencia que culminaron con la ejecución de Andrónico dio paso a un periodo diferenciado de la historia bizantina que está señalado por un cambio de la familia imperial, y que podemos caracterizar por la intervención directa, militar y política, de los occidentales en los destinos del Imperio. La dinastía de los Ángel fue inaugurada por Isaac II (1185-1195), cuyo reinado abre una era marcada por la fragmentación territorial del Imperio. Sin embargo, y paradójicamente, en el campo de las ciencias y las artes, el siglo XII culmina un proceso que constituye un renacimiento cultural en toda regla.

En paralelo con la Europa occidental, cuyo renacimiento cultural glosó ya Haskins en su célebre estudio (Haskins 2013), el Imperio Bizantino experimentó un florecimiento de las artes y las letras que toma forma en una auténtica recuperación del legado de la cultura griega clásica. La dinastía de los Comneno, más allá de sus éxitos o fracasos políticos (Chalandon 1900-1912), había desempeñado un papel muy destacado en la historia literaria. De hecho, puede decirse que esta segunda edad de oro bizantina está enmarcada por las propias obras de la familia Comneno: las *Musas* de Alejo, la *Alexíada* de Ana o los *Comentarios a Homero* de Isaac. El arte de la dinastía de los Comneno es fiel reflejo de una nueva era de consolidación de la identidad bizantina y de recuperación tras las pérdidas territoriales y las derrotas de los tiempos inmediatamente anteriores. Los emperadores de esta dinastía ejercieron el mecenazgo de las artes en todas partes del Imperio, y las obras de este periodo también sirvieron de modelo fuera de él, como prueban los mosaicos de Daphni, Monreale o Palermo.

Numerosos son los monumentos de la literatura bizantina en esta edad. En historiografía destaca Juan Cinnamo, que continúa la *Alexíada* de Ana, la crónica de Nicetas Coniates, que comienza con el reinado de Juan II, o la crónica de Constantino Manasés. El hermano de Nicetas Coniates, Miguel Coniates, arzobispo de Atenas y profundo admirador de la Grecia clásica, escribió sermones y algunos poemas, mientras que sus cartas son un testimonio histórico de primer orden. Acaso el mejor poeta de este segundo renacimiento bizantino fuera Teodoro Pródromo, que escribió épica burlesca y novela versificada, mientras que en la erudición filológica destacaron las obras del arzobispo Eustacio de Salónica, autor de comentarios a Homero que aún se usan en los estudios homéricos, de Juan Tzetzes, gran conocedor y comentador de la literatura griega clásica, y la enciclopedia *Etymologicum Magnum,* un compendio del saber léxico bizantino (Krumbacher 1891, Hunger 1978).

En el marco de este renacimiento cultural bizantino, además, se debe mencionar el reflorecimiento del género novelesco, que procedía directamente de la antigua novela griega (como la de Heliodoro, Aquiles Tacio o Longo) pero privada de su fuerte carga erótica y ciertamente cristianizada. Como en la tradición griega antigua, los títulos de estas novelas contienen los nombres de los dos amantes protagonistas. Se conservan varias obras de esta época, algunas de ellas versificadas; citaremos como ejemplo la más célebre, *Rodante y Dosicles* de Teodoro Pródromo (Moreno Jurado ed. lit. 1996). Más tarde, la tradición de esas novelas sería continuada hasta el final del Imperio y pasaría a Occidente.

No se limita a la literatura este renacimiento, sino que otras artes brillan especialmente en este periodo. Así sucede con la pintura y los ya citados mosaicos, en los que, por ejemplo, se adoptan masivamente tipos iconográficos simbólicos en diversas partes de las iglesias según un programa hermenéutico que incluye al Pantocrátor en la cúpula, los cuatro evangelistas *(Tetramorphos)* o la Virgen en sus diversas advocaciones de *Theotokos* y *Kyriotissa.* La cultura de los iconos, venerados a lo largo de todo el Imperio, se desarrollaba especialmente en los monasterios, y los Comneno supieron favorecer la vida cultural y religiosa de los monasterios del monte Atos, a la par que buscaron el respaldo de los monjes. Así, Alejo Comneno eximió a los monasterios de impuestos, liberándolos en cierta medida de la subordinación al patriarca de Constantinopla. Al poner a los prestigiosos monjes bajo su protección directa, el emperador se servía de ellos como contrapeso ante el poder y la influencia del patriarca sobre sus súbditos, al tiempo que promovía un nuevo auge cultural en los monasterios.

También destaca la arquitectura de la época, en lo que constituye una segunda edad de oro de la construcción monumental bizantina tras la época justinianea (Mango 1976, Rodley 1994). Siguiendo los planos de iglesias de planta de cruz griega y cúpulas doradas que predominaron desde la época de Basilio I, se impone un estilo que se extenderá por todo el Imperio, con modelos como la iglesia de los Santos Apóstoles de Constantinopla, y que será imitado también en otros ámbitos, como prueba la basílica de San Marcos de Venecia (1063) y otros ejemplos en el mundo eslavo. Un ejemplo de la arquitectura civil es la construcción del palacio de las Blanquernas, nueva residencia imperial de los Comneno.

En un breve excurso sobre este palacio, hay que recordar que el suburbio de las Blanquernas, en el noroeste de la capital del Imperio, cobró especial relevancia a partir de la dinastía de los Comneno. Hasta el siglo VII, este barrio había permanecido fuera del círculo defensivo de Constantinopla, pero según se fue ampliando la ciudad, se construyeron allí iglesias, monumentos y fuentes que hicieron de este suburbio un nuevo espacio del poder bizantino. Aunque ya desde los primeros emperadores con sede en Constantinopla se habían construido iglesias y monumentos en las Blanquernas, fue la dinastía de los Comneno, sobre todo desde Alejo I, la que llevó al palacio de Blanquernas a convertirse en una de las sedes imperiales predilectas desde el siglo XI hasta la caída de la ciudad ante los turcos. No lejos del palacio imperial se encontraba la iglesia de Nuestra Señora de Blanquernas, que cobró gran relevancia en la corte imperial por la cercanía del palacio; tanto es así que en 1347, en dicha iglesia sería coronado emperador Juan VI Cantacuzeno. En la Europa occidental el nombre de Blanquerna fue popularizado gracias a la novela homónima de Ramon Llull (1283), cuyo protagonista se llama así.

La toma de Constantinopla

Tras la brillante época de los Comneno, sin embargo, hay que decir que el cambio de dinastía, y de siglo, fue especialmente desgraciado para Bizancio. En efecto, la ascensión de la dinastía de los Ángel, emparentada con la de los Comneno, trajo consigo el que sin duda constituye el más lamentable episodio de la historia bizantina: la toma de Constantinopla por los cruzados en 1204.

Los orígenes de este desastre sin precedentes para la historia de Bizancio –se trata del primer saqueo de la ciudad desde su fundación constantiniana– se encuentran en una disputa por el trono entre los dos primeros emperadores de la nueva dinastía. Según la tradición, tanto Isaac II como su hermano y sucesor Alejo III (1195-1203) han sido recordados con una fama negativa por su afición al lujo y su descuido de las tareas de gobierno; la conspiración de Alejo III para derrocar a Isaac II fue la chispa que prendió la mecha de la catástrofe. El hijo de

Isaac II, también llamado Alejo, escapó de la conjura de su tío –que había cegado y aprisionado al emperador– y se puso a salvo bajo la protección del alemán Felipe, duque de Suabia, hijo menor del emperador Federico I Barbarroja. Alejo Ángel, que era a la sazón cuñado del emperador alemán, obtuvo la promesa de que tanto el Sacro Imperio como el Papado le ayudarían a recobrar el trono de Oriente. Las potencias occidentales veían la ocasión, sin duda, de intervenir decisivamente en el Imperio Bizantino y lograr acaso su control.

Ello coincidía, además, con el llamamiento a una nueva cruzada, la Cuarta, que, tras el fracaso de la Tercera (1189-1192), en principio pretendía la reconquista de Tierra Santa, aunque, en realidad, se dirigía contra Egipto; no obstante, también podían intuirse otras motivaciones, como el ánimo revanchista frente a los cristianos orientales (cf. en general, Setton ed. 1969-1989, Queller y Madden 1997). En efecto, el papa Inocencio III, deseoso de retomar Jerusalén, probablemente no veía con malos ojos extender su dominio al Imperio Oriental ni restar influencia en la Iglesia ortodoxa, la cual, cabe recordar, era considerada herética en Occidente. Los venecianos, a su vez, deseaban restablecer su monopolio comercial en Bizancio y tomarse la revancha de la matanza de 1182, que había impresionado hondamente en Occidente.

Franceses y venecianos, pues, formaron una alianza natural bajo el estandarte papal, pero las tropas de los cruzados variaron su rumbo para dirigirse, en 1203, a Constantinopla, atendiendo la llamada de auxilio de Alejo Ángel, e inspirados también por un cierto recelo contra el Imperio de Oriente. Las tropas que, se suponía, iban a dirigirse a Egipto a emprender una nueva cruzada acabaron poniendo cerco a la capital bizantina para ayudar al joven aspirante al trono. La capital imperial fue tomada en un doble asedio por los cruzados, fundamentalmente venecianos y franceses, que arribaron en el verano de 1203 con la excusa de instalar en el trono a Alejo IV Ángel y a su padre Isaac II, depuesto por su hermano Alejo III. Pese a que se suponía que las tropas cruzadas habían reunido sus estandartes contra los musulmanes ya, pronto se vio que su objetivo no solo era inmiscuirse en las disputas dinásticas, sino hacerse con el control de la propia ciudad del Bósforo. El primer asedio logró romper la resistencia de los defensores bizantinos del emperador Alejo III; los cruzados, tras atacar la torre que, desde Gálata, bloqueaba el acceso al puerto, abrieron la cadena que impedía el paso a la flota invasora. Poco después Alejo III huía despavorido y dejaba el camino libre a los dos emperadores títere de los latinos.

Los cruzados derrocaron así a Alejo III y entronizaron al joven Alejo, como Alejo IV, restaurando en el gobierno al anciano y ciego Isaac II. Pero la estabilidad duró muy poco: los compromisos económicos adquiridos por el nuevo emperador con los cruzados, que permanecieron acuartelados en las inmediaciones de la ciudad, no podían ser cumplidos tan fácilmente. Los cruzados urgieron a Alejo IV a vender sus posesiones y así pagar sus servicios; el nuevo emperador pedía más tiempo, pero los occidentales se impacientaban por hacerse con las riquezas que prometía la legendaria Constantinopla, y ni siquiera la conversión al catolicismo de Alejo IV les apaciguó. Por otro lado, estas concesiones y la presencia de tantos occidentales en el corazón del Imperio causaron un enorme descontento en la población, que concibió un gran odio hacia su nuevo emperador, al que consideraban una marioneta de los ejércitos latinos.

Así, en 1204, se prendió la mecha de una nueva revuelta popular, instigada o apoyada por facciones aristocráticas y eclesiásticas antilatinas, que proponía subir al trono a un oscuro pariente de la casa imperial como Alejo V Ducas Murzuflo. En el transcurso de los disturbios fueron apresados y murieron los dos emperadores aupados al trono por los latinos, Alejo IV e Isaac II. En enero de 1204, Alejo Ducas se proclamó emperador e intentó que los cruzados se retirasen de su campamento en las cercanías de la ciudad, en el suburbio de Gálata, al otro lado del estrecho, pero estos decidieron lanzar un ataque contra la capital. En este escenario de violencia general, y viendo que sus protegidos eran depuestos del trono, los cruzados acuartelados en la capital acabaron por tomar las armas y asaltar a su vez la ciudad y el palacio imperial, como respuesta armada a las revueltas callejeras de la población constantinopolitana.

El resultado es trágico y conocido: la violencia inusitada del conflicto condujo al saqueo de Constantinopla por los soldados occidentales, bajo el mando del dux veneciano Enrico Dandolo. En marzo de 1204 comenzó el segundo asedio de Constantinopla, defendida por Alejo V, que poco pudo hacer para evitar, un mes más tarde, la irrupción de los cruzados desde Blanquernas hacia el interior de la ciudad, en una oleada de muerte y destrucción que no respetó ni la edad ni el sexo ni la religión. Sedientos de venganza por los inveterados conflictos anteriores, desde la matanza de 1182, y por las diferencias religiosas y culturales, los cruzados desencadenaron una violencia salvaje en la orgullosa capital del Bósforo. Mataron y violaron indiscriminadamente, saquearon iglesias y monasterios de rito oriental y destruyeron obras de arte y manuscritos de valor incalculable, en una de las quemas de libros más terribles de la historia. Cuentan las crónicas que los cruzados, para ofender la religiosidad bizantina, profanaron la sede patriarcal y sentaron a una prostituta en el trono del patriarca. La iglesia de Santa Sofía fue profanada y su altar mayor, construido con todo tipo de materiales preciosos, fue hecho pedazos y distribuido entre los soldados. Estos luctuosos hechos afectaron profundamente a la población civil, que sufrió los desmanes de los cruzados, e impresionaron hondamente a los contemporáneos; así lo refiere Nicetas Coniates:

> No había nadie que no participara del dolor. En las calles, en las avenidas y en los templos había quejas, llantos, lamentaciones, lloros, gemidos de los hombres, gritos de las mujeres. Cundían las heridas, la violación, el cautiverio, la separación de las personas más estrechamente unidas. Los más nobles vagaban ignominiosamente, los de venerable edad estaban bañados en lágrimas, los ricos caían súbitamente en la pobreza. Así sucedía en cada calle, en cada esquina, en cada templo y recoveco de la ciudad. Ningún lugar permaneció inviolado o fue un refugio para los suplicantes. Todo lugar se llenó de todo tipo de crímenes. ¡Oh, Dios inmortal, cuán terribles son las aflicciones de los hombres, cuán grande su sufrimiento! *(Historia,* ed. Bekker, 757 ss.)

Pese a la condena inicial del papa, los cruzados serían luego perdonados por esta horrible matanza, pero las repercusiones que hubo fueron enormemente relevantes tanto para la historia de las mentalidades como para el nuevo curso político del Imperio bajo la tutela occidental. La trágica toma de Constantinopla por los cruzados en 1204 trajo consigo que la coalición occidental se hiciera con el control político del Imperio de Oriente, desmembrando sus territorios en una serie de estados latinos que, bajo la autoridad teórica del nuevo emperador Balduino, modelaron el corazón del mundo bizantino en la Grecia continental al estilo de los señoríos feudales.

La fragmentación del Imperio

Tras la toma del poder en la capital bizantina, los cruzados se dividieron los vestigios del Imperio de Oriente en varios estados, correspondientes a la ciudad y su zona de influencia, en primer lugar, al área de Macedonia en segundo lugar, y al ámbito de la Grecia central y el Peloponeso, por último. La división se realizó como si el Imperio fuera un botín de guerra para ser repartido entre las diversas facciones de la coalición occidental, sobre todo entre franceses y venecianos.

De esta forma, el primer Estado que surgió fue el Imperio Latino de Constantinopla, que quedó bajo el gobierno de Balduino de Flandes; el segundo, el Reino de Salónica, bajo Bonifacio de Monferrato; en tercer lugar, bajo el liderazgo de Godofredo de Villehardouin y Guillermo de Champlitte nació en el Peloponeso el Princi-

Mapa 6. Fragmentación del Imperio tras 1204

pado de Acaya, también llamado de Morea (un nombre de origen disputado, acaso eslavo). La famosa *Crónica de Morea,* de la que circulan versiones en griego, francés y aragonés, se refiere precisamente a ese señorío y a su desarrollo histórico (Egea ed. lit.1996). El sucesor de Godofredo, Guillermo de Villehardouin, construyó una capital fortificada a imagen de los castillos occidentales, Mistra, que posteriormente sería sede de un despotado tardobizantino. Surgieron además otros estados semiindependientes que fueron otorgados a los diversos señores distinguidos en la toma de Constantinopla, como el Ducado de Tebas, el de Atenas o el de Naxos, por no hablar de los territorios ocupados por los venecianos en el mar Egeo, las fortalezas de Modón y Corón en el Peloponeso, Creta, Corfú, Rodas y otras islas (cf. en general, Fine 1994).

Pero los latinos no consiguieron dominar todo el territorio del antiguo Imperio Bizantino, y amplias zonas del Asia Menor, la costa del Adriático y de ciertas partes del mar Negro quedaron bajo el dominio de lo que quedaba de la aristocracia de la corte imperial que había logrado huir, que contó con el apoyo de la administración y nobleza provinciales. Las familias de la aristocracia griega que se las arreglaron para escapar de la capital y hacerse con tropas mantuvieron el espíritu bizantino y las pretensiones de recuperar algún día la perdida capital. Salvando una parte del aparato estatal y administrativo imperial, gracias a la estructura territorial, surgieron tres estados griegos herederos del Imperio Bizantino: el Imperio de Nicea, el Despotado del Epiro y el Imperio de Trebisonda, donde se refugiaron respectivamente las familias Láscaris, Ducas y Comneno con la idea de aguardar tiempos mejores para expulsar a los latinos del corazón del Imperio de Oriente.

En cuanto al Imperio de Nicea, situado en la homónima ciudad a poca distancia de la capital, bajo el gobierno de Teodoro I Láscaris, su origen se relaciona con la huida del último emperador ante el saqueo latino. Cuando Alejo V Ducas escapó de la Constantinopla asediada por los cruzados, Constantino Láscaris fue coronado emperador, pero murió poco después. En la ciudad de Nicea se instaló la familia Láscaris y el hermano de Constantino, Teodoro, consolidó el más importante de los tres nuevos estados griegos, que controlaba Bitinia y gran parte de la costa del Asia Menor. A esa corte, que llegó a ser floreciente y poderosa, fueron a parar los refugiados griegos de la corte bizantina esperando la ocasión para desalojar a los latinos (Mitsiou 2006).

En segundo lugar estaba el Despotado del Epiro, al noroeste de Grecia, bajo el mando de Miguel I Ángel Ducas Comneno. Tras la conquista de los cruzados, la familia de los Comneno fundó este despotado (de *despotes,* en griego 'señor') un señorío de corte semifeudal en la costa occidental de la Grecia balcánica. Bajo el gobierno de su sucesor Teodoro, que llegó a autoproclamarse emperador, ganó bastante terreno a sus rivales y sobreviviría, bajo diversas dinastías, serbias o italianas, a la caída de Constantinopla ante los turcos hasta tan tarde como 1479 (Nicol 2010).

El tercer estado griego que sobrevivió al Imperio Latino fue el de Trebisonda, fundado por Alejo Comneno un poco antes de la caída de la capital bajo la égida de una rama de la familia Comneno, descendiente del emperador Andrónico I. Sus gobernantes, autodenominados *Megalokomnenoi* ('Grandes Comneno'), se apoyaron provechosamente en su contacto con pueblos vecinos como el georgiano. Este ente estatal estaba situado en la costa sur del mar Negro, el antiguo Ponto Euxino de los griegos, en torno a la antigua ciudad griega de Trapezunte, también conocida como Trebisonda (Janssens 1969).

En todo caso, la fragmentación del Imperio dejaba tras de sí un panorama de una conflictividad desoladora, en la que había que contar además con las intervenciones de los poderes vecinos, los búlgaros y los turcos. En cuanto a la identidad bizantina, si bien se vio desintegrada entre tantos entes políticos que aspiraban a reclamar sus derechos, hay que señalar que el sentimiento griego y la religiosidad ortodoxa sirvieron siempre como elemento de cohesión (Hussey 1986), y aun en el momento de la toma de Constantinopla y de la fragmentación del mundo griego, mantuvieron siempre viva la esperanza de recobrar la capital y el Imperio. Seguramente, como veremos, fue el Estado constituido en Nicea el que más vivamente conservó la llama del orgullo griego y el que luchó con más denuedo por la restauración del poder bizantino durante estos años turbulentos y confusos.

El Imperio Latino en el marco de los intereses comerciales occidentales

La Cuarta Cruzada y su resultado, la fragmentación del Imperio, pueden ser perfectamente entendidos en este contexto de rivalidades culturales, comerciales y de privilegios entre las ciudades italianas (Queller y Madden 1997). Lo que en principio parecía una expedición contra los infieles con la bendición papal y la participación de alemanes, franceses e italianos acabó en la luctuosa toma de Constantinopla. Cabe preguntarse ahora por las razones subyacentes tras este ataque occidental, sobre todo por el trasfondo económico y estratégico de este.

Se han aducido diversas razones para explicar el desvío de la ruta inicial de los cruzados, que terminaron por recalar en Bizancio en vez de hacerlo en Egipto, teorías de todo tipo que explican el desastre por los intereses políticos de Venecia, el Papado o el Sacro Imperio Romano Germánico. Pero a todas luces se puede comprender la fácil presa que suponía el Imperio Bizantino, en un momento de vacío de poder, para las potencias económicas occidentales, especialmente Venecia, que podrían aprovechar esa situación para asumir directamente las riendas del poder político y hacerse con el control de todo el comercio, ya no como concesionarios, sino como dueños. De hecho, el principal instigador de la Cuarta Cruzada, que acabó tornándose conquista de Bizancio, fue el dogo de Venecia, Enrico Dandolo. Tal vez influido por los anteriores episodios de violencia contra los venecianos o seguramente para consolidar los intereses mercantiles de la República de San Marcos más allá de toda disputa dinástica en Constantinopla y de cualquier negociación de tratados, el caso es que la obsesión de Dandolo fue restablecer, ante el desgobierno bizantino, como fuera la posición hegemónica de Venecia en el comercio oriental frente a sus rivales Pisa y Génova. Cuando en el año 1204, una vez tomada Constantinopla, se firmó el tratado de repartición del Imperio entre Venecia y los caballeros cruzados, Dandolo se reservó las ventajas más notables, y los venecianos regirían en pie de igualdad con los franceses el Imperio Latino. Hay que mencionar que este dogo veneciano está aún hoy enterrado en Santa Sofía.

Así pues, a partir de la Cuarta Cruzada y del Imperio Latino, las condiciones cambiaron y se volvieron mucho más favorables para los venecianos, que dominaban el panorama comercial en disputa con los genoveses; las dos grandes repúblicas comerciales del norte de Italia utilizaron toda la región que ocupaba el menguante Imperio Bizantino para sus intereses económicos, y una vez asentada su preeminencia en las rutas que conducían a Constantinopla, las potencias italianas vieron expedito el camino a las regiones del mar Negro, de intenso comercio con Rusia y la cuenca del Cáucaso. Los privilegios imperiales permitieron la creación de barrios italianos en la capital bizantina –de los que Pera era el más populoso y conocido– que se convirtieron en verdaderas colonias comerciales que servían de lanzaderas para las expediciones al norte o al este. Desde allí, los comerciantes italianos se lanzaron a la conquista de nuevos mercados en la costa del mar Negro, desde la desembocadura del Danubio hasta la península de Crimea, y en la desembocadura del Tanais (Don) para llegar a las rutas que se adentraban en Asia.

El dominio de los mares era producto de la pericia en la navegación de estas repúblicas. Hay documentos que indican la duración aproximada de los viajes por mar de los barcos genoveses, que navegaban costeando y rara vez se atrevían a poner rumbo a mar abierto (Day 1988). A mediados del siglo XIV, por ejemplo, un barco genovés podía recorrer al día unos 70 kilómetros, y la travesía entre Alejandría y Génova duraba más o menos 23 días. Los barcos no navegaban de noche y se refugiaban en puertos cuando las condiciones atmosféricas así lo requerían; nos han llegado detallados portulanos de todas las rutas de Oriente. La precaución se debía a la posibilidad de ser avistados por piratas o por barcos de potencias enemigas, lo que hacía la navegación comercial una aventura con matices políticos en la que se implicaba toda la ciudad.

Venecia disponía de algo parecido a una línea regular de comunicaciones con Constantinopla y los puertos bizantinos del mar Negro; comenzaba su recorrido a finales de julio, se demoraba varias semanas en la capital del Imperio y continuaba después su singladura por los puertos comerciales de Trebizonda y la desembocadura del Don, donde recogía mercancías para emprender la vuelta a casa. El viaje duraba en total unos seis meses y las naves estaban de regreso en Venecia en Navidad. Cabe mencionar también que, sobre todo a partir de esta época, Venecia controlaba diversas islas y territorios que habían sido parte del Imperio Bizantino pero que habían caído bajo su control directo. Estos lugares se convirtieron en formidables enclaves para el comercio veneciano, además de rendir notables ganancias gracias a sus minas, plantaciones e industrias, que incluían el azúcar o el coral.

Diversos testimonios de esta época permiten hacerse una idea de las pingües ganancias que el comercio con Oriente reportaba a las repúblicas italianas. Se comerciaba con especias, tejidos de lana, seda, cristal veneciano, hierro, plomo, cobre, vino y aceite de oliva (cf. en general la obra colectiva editada por Laiou 1997).

Sobre este trasfondo económico, y tras la caída de Constantinopla en manos de los cruzados y el reparto del Imperio, examinaremos brevemente la actuación política de cada uno de los estados latinos y griegos sucesores del Imperio Bizantino.

En primer lugar, el escenario central se situó en la pugna entre el Imperio Latino y el Imperio de Nicea. El Imperio Latino, bajo la égida de Balduino I, se erigió en el máximo poder de los occidentales en la zona, teniendo en principio como estados vasallos al resto de entes políticos de corte occidental (Carile 1978). Para reforzar su posición, el Imperio de Balduino llevó a cabo campañas en Asia Menor y en Europa; en tierras de Asia Menor actuó con éxito contra el Imperio niceno de Teodoro I Láscaris en los diez años siguientes a la toma de Constantinopla, capturando Bitinia y diversos territorios, pero luego se llegó a un cierto equilibrio armado. Por otro lado, en la parte europea, tuvo que hacer frente a los búlgaros del zar Kaloyan, que infligieron una grave derrota a los cruzados en Adrianópolis (1205), a medio camino entre Constantinopla y Salónica; el propio emperador Balduino fue capturado y murió en prisión, y parte de la Tracia paso a dominio búlgaro. La batalla de Adrianópolis marcó el comienzo del declive del dominio latino –en esencia franco y veneciano– de Constantinopla y elevó las posibilidades de reestructuración del poder griego a través del Imperio de Nicea. El sucesor de Balduino en el trono constantinopolitano, Enrique de Flandes, tuvo que luchar en un doble frente: contra los griegos de Nicea en Asia y contra los búlgaros en Europa, con los que finalmente firmó la paz en 1210. En 1214 selló otro acuerdo ventajoso con Teodoro I Láscaris que puso fin momentáneo a las hostilidades. El Imperio Latino también se enfrentó al Despotado griego del Epiro, que atacó el Reino latino de Salónica del italiano Bonifacio de Monferrato, con participación de los serbios en la lucha.

En segundo lugar, en cuanto al Despotado del Epiro, hay que decir que Miguel I, un primo de los emperadores Ángel, logró convertirlo en un fuerte Estado y un baluarte del poder griego en los Balcanes, consolidando su control de la zona ante Venecia y los ducados latinos. Bajo el mando de su sucesor, Teodoro Comneno Ducas, este ente estatal griego fue ganando terreno poco a poco a los latinos y a los búlgaros. Derrotó al tercer emperador latino, Pedro de Courtenay, que perdió la vida en prisión. Teodoro continuó su expasión frente a los latinos llegando a recuperar Salónica (1224) y Adrianópolis al nuevo emperador de Constantinopla, Roberto de Courtenay, hijo de Pedro. Si los epirotas no llegaron a tomar Constantinopla fue sin duda por la presión de los búlgaros al norte de sus fronteras. Teodoro, déspota del Epiro, fue coronado emperador en 1227 por Demetrio Comateno, arzobispo de Acrida y de Bulgaria, aunque no fue reconocido por todas las autoridades religiosas ortodoxas (notablemente el patriarcado) ni por los demás estados griegos. El resultado fue que llegó a haber tres emperadores en Oriente en esta época: los griegos de Nicea y Epiro y el latino de Constantinopla. Sin embargo, al fin, la estrella de Teodoro Comneno Ducas declinó a causa de su enfrentamiento con los búlgaros, que lo derrotaron estrepitosamente en la batalla de Clocotnitsa (1230). Teodoro Comneno fue capturado y cegado, su ejército exterminado y los búlgaros del zar Iván II consolidaron su naciente Segundo Imperio.

En tercer lugar, el Imperio de Trebisonda, también en manos de la familia Comneno, al igual que sus homólogos en el Imperio de Nicea y en el Despotado del Epiro, pretendió perpetuar el título tradicional de emperador bizantino. Situado en un lugar abrupto y montañoso pero crucial como punto de contacto con las rutas comerciales que se adentraban en el Oriente, el Imperio de Trebisonda tuvo que relacionarse también con sus vecinos y rivales –caso de los turcos del sultanato de Rum– y experimentó un cierto florecimiento político bajo Manuel I (1238-1263). El reino de los Grandes Comneno tuvo prosperidad y larga vida gracias al apoyo de la vecina Georgia, con cuya dinastía reinante tenía lazos personales, y se consolidó como foco de helenismo bizantino y emplazamiento clave para las rutas comerciales del mar Negro. Monarcas eficaces como Alejo II supieron servir como mediadores entre Oriente y Occidente e hicieron de Trebisonda un reino políticamente relevante en el área entre sultanatos turcos, como el de Sínope, los comerciantes genoveses y los reyes georgianos. Paralelamente, se desarrolló una importante tradición helénica en el Ponto a través de fundaciones de monasterios que fueron centros de cultura de primer orden en el mundo fronterizo oriental. Cuando el trono de Constantinopla volvió a ser griego bajo la dinastía de los Paleólogo, los monarcas de Trebisonda conservaron una relativa autonomía, y Juan II Comneno logró mantener sus prerrogativas como emperador de las posesiones bizantinas del Ponto. El Imperio de Trebisonda bajo los Comneno gozó de una autonomía muy notable y de una gran relevancia cultural y económica hasta relativamente tarde, cuando cayó ante los turcos en 1461. Aun así, no se extinguió del todo aquella rica simbiosis cultural en los territorios del Ponto, sino que ha sobrevivido hasta nuestros días una comunidad étnica y lingüísticamente griega, de religión islámica, que conserva notables arcaísmos del griego antiguo, como el uso del infinitivo.

La restauración del Imperio griego

Y en cuarto lugar, hay que reseñar algo más por extenso el desarrollo político y cultural del estado sucesor del Imperio y el más resistente de los tres estados griegos al poder latino. Se trata del Imperio de Nicea, cuyos soberanos recibieron el nombre de «emperadores de los romanos» siguiendo la tradición bizantina. A diferencia de los otros pretendientes del Epiro o de Trebisonda, los de Nicea fueron reconocidos como sucesores legítimos del trono imperial por el patriarca de Constantinopla, que mostró su apoyo desde el principio a Teodoro I Láscaris en su actividad política y cultural. Nicea, ciudad famosa por sus concilios, se convirtió así en el centro espiritual y político del poder griego.

La fragmentación del Imperio en 1204 conllevó también el traslado de la actividad literaria y artística a la corte nicena de los Láscaris, que acogió a intelectuales como el historiador Nicetas Coniates, el teólogo y filósofo Nicéforo Blemmides, el historiador y político Jorge Acropolita –que escribió sobre la época de la fragmentación del Imperio– o los hermanos Nicolás y Juan Mesarites. Son excepciones los nombres y obras que nos ha legado la historia literaria de este periodo que no están radicados en el estado niceno; es el caso de los autores del Despotado del Epiro, Juan Apocaucos o Jorge Bardanes. En su corte de Nicea, por tanto, el soberano Teodoro I Láscaris reunió en torno a sí a un nutrido grupo de escritores y científicos de todas las áreas, especialmente filosofía y teología, que cultivaban la prosa y el verso de estilo clásico y arcaizante (Hunger 1978). Así ocurre con el epitalamio de Nicolás Irenikós, escrito en el estilo del rico ceremonial cortesano y de semejante escuela a los versos de Teodoro Pródromo.

Pero esta época experimentará también un florecimiento de la prosa y el verso en lengua popular, novelas y cantares en griego medieval o las novelas bizantinas versificadas, que tuvieron gran influencia posterior en las literaturas europeas y de cuya datación se discute todavía (siglos XIII-XIV); las más célebres siguen el esquema tradicional de la novela bizantina (Beck 1971). Entre las novelas románticas de este grupo, de autoría anónima y datación que llega incluso a época de los Paleólogo, deben citarse *Beltandro y Crisanza* (Egea ed. lit. 1998), *Calímaco y Crisórroe* (García Gual ed. lit. 1990), *Lívistro y Rodamna* (Moreno Jurado ed. lit. 1993), *Imberio y Margarona* (Moreno Jurado ed. lit.1998) o *Florio y Platzia Flora*. La popularidad de las novelas bizantinas, tanto las del siglo XII como estas posteriores, con sus intrigas de amores, viajes y tramas complejas, tuvo una larga trayectoria que llega hasta el nacimiento de la novela moderna europea con Cervantes (García Gual 2009).

El Imperio de Nicea quedó, pues, simbólica y políticamente como representante más conspicuo de la tradición imperial bizantina y el Estado mejor situado para tratar de restablecer el Imperio de Oriente en Constantinopla en cuanto fuera posible. Tal fue la misión de la que fueron conscientes los descendientes de Teodoro I Láscaris, que, tras los reveses iniciales, lograron acorralar progresivamente al Imperio Latino y avanzar hacia Constantinopla; en torno a la misma época en la que los latinos perdían Salónica, el Imperio de Nicea también les presionaba en Asia. Los diversos emperadores de Nicea mantuvieron un difícil equilibrio entre los búlgaros y los latinos, y a la par duras disputas con los turcos selyúcidas del sultanato de Rum, con capital en Iconio. El emperador latino Roberto de Courtenay tuvo que ceder al fin todos los territorios conquistados en Bitinia.

Aunque la amenaza epirota había disminuido después de la derrota de los griegos de Teodoro frente a los búlgaros del zar Iván II, este se alió ahora con los soberanos ortodoxos Juan III Ducas Vatatzés de Nicea y Manuel de Salónica para hacer frente al católico Imperio Latino, al que fue restando poder y tierras. Aunque esta alianza oportunista duró poco, representó el declive definitivo del Imperio Latino en Oriente.

Ante el avance de los estados griegos, el quinto y último emperador latino, Balduino II, tras la breve regencia de Juan de Brienne, reinó ya sobre un exiguo territorio que se extendía poco más allá de la ciudad de Constantinopla. Balduino II dedicó en vano su tiempo a pedir ayuda económica a Occidente, llegando a empeñar buena parte de las valiosas obras de arte bizantino e incluso zonas del mismo palacio. Su situación se volvió tan desesperada que, según cuenta la tradición, llegó a entregar a su propio hijo como prenda.

La decadencia de su corte contrastaba con la estrella ascendente del Imperio de Nicea, que en breve restauraría finalmente el dominio griego sobre Constantinopla. Los sucesores de Juan III Vatatzés fueron Teodoro II y Juan IV Ducas Láscaris, que no se destacaron especialmente por su buena labor política, pero pronto irrumpió en escena el hábil militar Miguel Paleólogo, pariente de Juan III. Miguel venció en la batalla de Pelagonia (1258) a una coalición de los príncipes latinos y los griegos del Epiro, con lo que se ponía punto final al predominio latino en Oriente. Tras esta victoria griega, los príncipes latinos de Acaya perdieron fuerza en la zona y Mistra cayó en manos de quienes iban a convertirse en nuevos señores de Bizancio, los Paleólogo. Los nuevos emperadores, en lo sucesivo, harán de Mistra un bastión central del postrer espíritu bizantino y, además, crearán allí una suerte de escuela de príncipes.

Poco después, las tropas de Miguel, aliadas con Génova y bajo la dirección del general Alejo Estrategopoulo tomaron fácilmente Constantinopla en 1261. Acto seguido, Miguel, tras un rápido golpe de mano, subió al poder y mandó prender y cegar a Juan IV; el Imperio de Nicea quedó en sus manos, convirtiéndose de inmediato y por extensión en el refundador del Imperio de Oriente en su legendaria capital. Allí se coronó como Miguel VIII.

9. La época de los Paleólogo y el final del Imperio

La guerra y la diplomacia frente a los estados latinos

Miguel VIII Paleólogo fue a la vez el último emperador del Imperio de Nicea y el que retomó Constantinopla para los griegos con el título tradicional de *Basileus ton Rhomaion,* haciendo renacer de sus cenizas el Imperio Romano de Oriente (para un panorama de estos años, cf. Nicol 1993). Por familia, Miguel VIII podía jactarse de una estirpe que lo encajaba perfectamente en la tradición imperial, pues estaba emparentado a la vez con los Ángel y con los Comneno como hijo de Andrónico Ducas Comneno Paleólogo, comandante de la corte imperial, y de Teodora Paleologina, nieta del emperador Alejo III Ángel. Con Miguel VIII da comienzo, a la sazón, la última dinastía que reinó sobre el trono de Bizancio, la de los Paleólogo.

Tras esta restauración imperial, se recuperó pronto el control de las posesiones latinas en Grecia, aunque los estados griegos de Trebisonda y Epiro mantuvieron su autonomía durante cierto tiempo. En teoría estaban subordinados política y simbólicamente al Imperio –en la capital estaba la corte tradicional y el patriarcado–, pero su actividad acabó generando en la práctica ciertas tensiones difíciles de resolver y que comportaron graves riesgos para la supervivencia de Bizancio.

Así, el Despotado del Epiro fue en principio un estado vasallo de Constantinopla, pues Miguel VIII permitió que Nicéforo I continuara reinando allí, pero estuvo también sometido a la órbita de los estados latinos –como, por ejemplo, a la Acaya de Carlos I de Anjou–, y a la postre resultó un importante factor de inestabilidad para el renacido Imperio Bizantino.

Epiro se mantuvo independiente hasta la ya mencionada batalla de Pelagonia (1258), en la que Miguel VIII obtuvo una gran victoria contra una coalición de sus enemigos: el Reino de Sicilia, el Despotado del Epiro y el Principado de Acaya.

Por su parte, después de la restauración del trono imperial, el soberano de Trebizonda, Juan II (1280-1297), llegó al acuerdo con Constantinopla de conservar el gobierno de este Estado griego, nacido del naufragio de la dinastía de los Comneno, y de ostentar el título oficial de «Emperador y Autócrata de Oriente, Iberia y Peratía». Como se ha dicho, Trebizonda, en las viejas posesiones griegas de las riberas orientales del mar Negro, era un estado aislado que, a la larga, sobreviviría incluso unos años a la caída de Constantinopla.

En cuanto a las líneas maestras del gobierno bizantino tras la restauración de los Paleólogo, hay que decir que la política interior de Miguel VIII Paleólogo se centró ante todo en la recuperación de las instituciones griegas, después del largo lapso del Imperio Latino. En el exterior, trató de restaurar en la medida de lo posible la flota bizantina y de mantener a raya a sus enemigos occidentales. Este emperador comenzó su andadura militar con un gran éxito militar en Pelagonia, pero también se le deben contar dos intentos fallidos de reconquista de la Grecia central, pues consideraba la lucha contra los restos de los estados latinos en Oriente –y, en concreto, la toma del Principado de Acaya– una misión necesaria para la supervivencia del Imperio. Entre estos fracasos en la lucha por el control de la zona destaca el duro revés que sufrió en la batalla de Settepozzi (1263), ante los venecianos y una coalición bizantino-genovesa, y el descalabro de Neopatras (1275), donde su numeroso ejército sucumbió ante una fuerza mucho menor dirigida por el duque de Tesalia, Juan Ducas, y Juan de la Roche, duque de Atenas.

Las guerras de Miguel VIII contra los latinos suponían una necesidad perentoria, y se vieron acompañadas de una intensa actividad diplomática. En efecto, el emperador era muy consciente del peligro que representaban sus enemigos latinos en tierras griegas, pero también debía conjurar una posible unión de estos entre sí y con otras potencias europeas que les ayudasen desde Occidente, pues esto conllevaba el riesgo de que intentaran restaurar su poder en el seno del Imperio de Oriente. Así, astutamente, Miguel VIII inició una estrategia diplomática e hizo frente a su principal rival en Occidente, el Reino de Sicilia, usando las armas de la política internacional.

En ese momento, Sicilia estaba bajo el mando de Carlos de Anjou, tras el gobierno normando de la isla y las pretensiones imperiales del Sacro Imperio Romano Germánico, que siempre consideraron intrusiva la presencia bizantina en Occidente. Había sido Federico II de Hohenstaufen quien logró reunir en su día el cetro alemán con el del rico Reino de las Dos Sicilias, creando una corte ilustrada en Palermo que siguió recibiendo influencia de la cultura bizantina (Lamma 1955-57). En 1250, a la muerte de Federico II, el trono siciliano pasó a su hijo natural Manfredo, mientras que el cetro imperial pasaba a Conrado IV, su hijo legítimo. Posteriormente, y a instancias del Papado, la dinastía francesa de Anjou se instaló en Sicilia, tras derrotar Carlos de Anjou a Manfredo en la batalla de Benevento (1266).

A partir de entonces, Carlos de Sicilia, con el apoyo del papa, había planeado restaurar el poder latino en Oriente apoyándose en los restos de los estados occidentales que había en tierra griega y con el acuerdo del derrocado emperador latino Balduino II, exiliado entre Francia e Italia, que le daba vía libre para actuar. Con ello, Carlos reactivaba la vieja ambición del reino siciliano, ahora bajo gobierno angevino, de marchar contra Bizancio. Además, Carlos se consideraba el heredero legítimo del Imperio Latino y, por tanto, del trono imperial de Constantinopla. Para evitarlo, Miguel VIII Paleólogo emprendió una frenética actividad diplomática que, ciertamente, dio más frutos que la militar en sus guerras latinas. En cuanto a la cuestión religiosa, consiguió convencer al papa para impulsar una unión de la Iglesia oriental con la Iglesia de Roma en el segundo concilio de Lyon (1274), pero Miguel VIII se encontró con una fuerte oposición a sus planes en la Iglesia de Constantinopla y, al fin, con un fuerte rechazo del clero a sus pretensiones. Por otro lado, reforzó la alianza con Génova, que databa del año 1261, y le otorgó renovados privilegios comerciales en detrimento de su eterna rival, Venecia.

Miguel VIII aprovechó hábilmente las debilidades de sus enemigos más directos, Bulgaria y Sicilia, para neutralizarlos. Así, por una parte, explotó la guerra civil que había estallado en el reino búlgaro para lograr ganancias territoriales en Tracia. Por otra, cuando Carlos de Anjou lanzaba su proyectada campaña contra el territorio bizantino, comenzando por las islas y la costa del Adriático, Miguel alentó en la distancia la rebelión contra Carlos en Sicilia. En efecto, en el propio corazón del poder angevino estalló una violenta revuelta, las llamadas «Vísperas Sicilianas» (1282) del pueblo siciliano contra los franceses, que acabó con la llegada al poder de los aragoneses de Pedro III. Parece claro que Miguel VIII tuvo que ver en este episodio, financiando en parte la intervención aragonesa, en lo que supuso la neutralización definitiva de la acción de este peligroso rival, rey de Sicilia y señor de Acaya. La contrapartida fue, sin duda, que se introducía en el escenario de la política oriental a un nuevo actor, el poderoso reino de Aragón, que habría de ser también una fuente de problemas para Bizancio.

Pero, inmerso en todas estas operaciones, Miguel VIII cometió un serio descuido al dejar de lado excesivamente los asuntos de allende la frontera oriental, y en concreto la amenaza del naciente poder turco, pues estaba más preocupado por consolidar su poder frente a los estados latinos. Por esta época habían proliferado diversos estados turcos en Anatolia, regidos por beys, que guardaban vasallaje al sultanato turco selyúcida de Rum y se habían fortalecido notablemente, convirtiéndose en un serio peligro para el Imperio.

Sin embargo, apareció un inesperado aliado de los bizantinos en las tierras orientales que mantuvo a raya a los turcos: los invasores mongoles que surgieron de las estepas en la década de los cuarenta. El peligro mongol de las huestes de Gengis Kan y sus sucesores se había precipitado primero sobre la Rusia europea y luego sobre Armenia y el sultanato de Rum, y había convertido en vasallos a todos los estados de Asia Menor, incluidos los bizantinos de Nicea y Trebisonda. Entre los avances más notables de la conquista mongola de Anatolia destaca la derrota de los turcos selyúcidas en la batalla de Koese Dag (1243). En la época del emperador Miguel VIII, las relaciones diplomáticas con los mongoles, que neutralizaron momentáneamente el peligro turco, fueron cuidadas sobremanera. Aunque los turcos selyúcidas habían visto reducida su influencia, sin embargo, ya se vislumbraba el peligro que podían representar estos nuevos y pujantes estados turcos dirigidos por beys para la frontera oriental bizantina.

El origen de los turcos otomanos y la campaña de los almogávares

A la muerte de Miguel VIII en 1282, tras un reinado pleno de peripecias en pos de la reafirmación del poder bizantino recién restaurado, le sucedió su hijo Andrónico II Paleólogo, llamado el Viejo. Andrónico, que fue proclamado coemperador ya en 1261, reinó en solitario tras la muerte de su padre (1282-1328). Durante su largo reinado, el Imperio sufrió una alarmante falta de recursos económicos y una crisis financiera que llevó a la depreciación de la moneda, pese a que el emperador ganó popularidad por un descenso de la presión fiscal. También redujo la flota bizantina, y se puso en manos de la política comercial de las repúblicas italianas de Venecia y Génova. Su política exterior osciló entre contentar al pueblo y a la Iglesia griega, y hacer cesiones a las potencias occidentales. Andrónico II revocó la unión de las Iglesias que había impulsado su padre e intentó apaciguar a sus enemigos mediante una política matrimonial, tomando como esposa a Yolanda de Monferrato, que pertenecía precisamente a la familia latina que había regido el Reino de Salónica.

Pero fue en Oriente donde Andrónico II tuvo que enfrentarse por primera vez con un nuevo y terrible enemigo, el Estado turco otomano. En efecto, uno de los beys turcos más pujantes, el joven Osmán I, estaba amenazando muy seriamente la frontera bizantina. En principio, el Estado osmanlí era uno de los principados turcos comandados por beys que se habían creado a partir de las tierras perdidas por los bizantinos en el Asia Menor y la decadencia del sultanato de los turcos selyúcidas de Rum, tras la invasión mongola. Así, uno de esos principados, con capital en Sogut, fue cedido por el Estado selyúcida, poco antes de esta invasión, al fundador de la dinastía osmanlí, Etrogull, a la sazón padre y predecesor de Osmán. Pero las bases del futuro poderío otomano se sientan cuando Osmán I se hace con el trono de Sogut en 1281 y sucede a Etrogull. En 1290, Osmán rompió su vasallaje con respecto a los turcos selyúcidas y comenzó a expandirse a costa de los dominios cristianos y de los vecinos señoríos turcomanos. Andrónico II envió a su hijo y coemperador Miguel IX para que se enfrentara al peligroso Osmán, pero Miguel IX sufrió una calamitosa derrota en la batalla de Bafea (1302), que sería el primer enfrentamiento serio con el joven estado otomano y marcaría el ascenso de su Imperio. A partir de ahí, las opulentas ciudades bizantinas del Asia Menor, como Nicomedia, Nicea o Prusa, quedarían expuestas a la expansión otomana. El emperador bizantino, desesperado, recurrió de nuevo a un llamamiento de ayuda a los occidentales. Esta vez se trataba de una compañía de mercenarios que se había destacado por su actividad militar durante el conflicto entre la Casa de Aragón y la de Anjou en Sicilia: era la célebre Compañía Catalana, al mando de Roger de Flor, un hombre de ascendencia germánica que se había destacado en varios lances guerreros en el Mediterráneo (Marcos 2005).

Las tropas de choque conocidas como almogávares se habían labrado fama de terribles y sanguinarias a lo largo de los conflictos bélicos que asolaron el Mediterráneo durante el siglo XIII. Estos mercenarios incluían no solo a aragoneses y catalanes, sino también a soldados de fortuna de variada procedencia que habían confluido en las diversas campañas de los reyes de Aragón. Curtidos en las guerras contra los musulmanes en la Península Ibérica y el norte de África, así como en la aventura expansionista en Sicilia, los almogávares fueron llamados al Imperio Bizantino para hacer frente a los turcos.

Su llegada a Constantinopla fue acogida con júbilo, aunque al poco de arribar causaron una masacre entre la numerosa colonia genovesa, pues la rivalidad de Génova y Aragón era muy acentuada. Posteriormente, los catalanes se desplazaron a la frontera oriental, donde cosecharon varios éxitos en una campaña de dos años contra los turcos, tomando incluso diversas ciudades, por lo que Roger de Flor recibió en agradecimiento los títulos de *Megadux* y César de manos del emperador bizantino.

Pero su intervención resultó desastrosa para los propios bizantinos, pues la Compañía Catalana demostró ser una banda de indisciplinados e incontrolables mercenarios que se dedicó al saqueo y pillaje de la población. El emperador, temeroso de las ambiciones políticas de estas tropas occidentales que actuaban en pleno corazón de su Imperio, organizó una conspiración contra ellos. Así, en 1305 Andrónico II mandó asesinar a Roger de Flor y a su círculo más cercano en un banquete organizado por Miguel IX en Adrianópolis, mientras su tropas les atacaban en Gallipoli, plaza fuerte de los catalanes, y diezmaron a los almogávares.

Los almogávares, descabezados, no se retiraron a sus tierras sino que resistieron con coraje y plantearon serios problemas a los bizantinos. El caudillo catalán Bernat de

Rocafort, en venganza por el ataque sufrido, organizó una feroz campaña de saqueo y devastación en tierras del Imperio, aliándose con enemigos suyos como el rey de Bulgaria. La «venganza catalana», de infausta memoria aun hoy en Grecia, asoló Tracia y Macedonia. Incluso los inaccesibles y sagrados monasterios del monte Atos, que ya habían sufrido ataques de los latinos desde la toma de Constantinopla, fueron presa de las incursiones de la compañía entre 1307 y 1309. La Compañía Catalana llegó a conquistar en 1311 el Ducado de Atenas y Neopatria, así como la ciudad de Tebas, de las que tomaron posesión en nombre de la Corona de Aragón, y establecieron un dominio que duró hasta su conquista por la Compañía Navarra, otra tropa de mercenarios que operaba en Morea, en 1379. Mientras tanto, libres ya del obstáculo que había supuesto la Compañía Catalana, los turcos prosiguieron sus ataques en el flanco oriental del Imperio, conquistando gran parte de Bitinia y poniendo de nuevo en apuros a los bizantinos.

Volviendo al desarrollo de la política bizantina, a la muerte de Andrónico II no fue su hijo Miguel IX, fallecido en 1320, su sucesor, sino su nieto Andrónico III, llamado el Joven, que acabó destronando a su abuelo, después de que este le hubiera desheredado por su conducta disoluta y su carácter difícil. Los conflictos entre el abuelo y el nieto fueron fomentados por un grupo de jóvenes nobles bizantinos, compañeros del futuro Andrónico III. Entre ellos estaba el influyente Juan Cantacuzeno (Weiss 1969), íntimo amigo del joven Andrónico, bajo cuya influencia se gestó la llamada «Primera guerra civil bizantina» (1321-1328), que acabó con el derrocamiento de Andrónico II en 1328 y el ascenso al poder de una nueva generación de políticos y militares bizantinos, encarnados en Andrónico III. En esta guerra, Bizancio se insertaba en otros conflictos generacionales que abundaron en el siglo XIV, como la guerra contra Pedro I en Castilla o la Guerra de los Cien Años. Por otro lado, hay que destacar que en esta guerra civil bizantina participaron, en apoyo de uno u otro bando, otras potencias de la zona, como los serbios, en una tendencia intervencionista que iría en aumento desde entonces.

Durante el reinado de Andrónico III, que se prolongó hasta 1341, el emperador se despreocupó un tanto del gobierno, que dejó en manos de su favorito, Juan Cantacuzeno, quien ya le había prestado sus servicios para hacerse con el poder. En cuanto a la política exterior bizantina, en esta época se firmó una paz –poco ventajosa– con los búlgaros y con los serbios, que habían invadido Macedonia.

En efecto, en los Balcanes había surgido otro poder preocupante para Bizancio, los serbios. Los diversos entes estatales eslavos, en el entorno del actual Montenegro, se originaron ya en el siglo XII y alcanzaron la categoría de señoríos y principados en la órbita bizantina como Zeta o Duklija, pero su florecimiento más notable se produjo bajo la Serbia posterior, que los englobará, sobre todo durante el gobierno de Esteban Uroš IV Dušan, a mediados del siglo XIV.

Los serbios aprovecharon que Andrónico III debía ocuparse de su frontera oriental para apoderarse del norte de Macedonia y de Albania. Esteban aspiraba seguramente a marchar sobre Constantinopla con la idea de asumir la dignidad imperial. Así, en primer lugar, se coronó zar y, haciendo ostentación de munificencia, concedió nuevos privilegios a los monasterios del monte Atos, que quedaron bajo su protección. Hay que recordar que, tras el Gran Cisma de 1054, el monte Atos quedó como la gran referencia espiritual del mundo ortodoxo, también para los poderosos patriarcas de la capital imperial. Su prestigio atrajo a otros cristianos orientales seguidores de la Iglesia ortodoxa –eslavos, rumanos o georgianos–, que fundaron también comunidades monásticas en la península y otras, a imitación, en sus tierras del norte, desde los montes de Macedonia hasta la costa de Bulgaria y más allá. Entre los monasterios fundados por otros pueblos ortodoxos que dan fe de la comunidad cultural bizantina (Obolensky 1971) destacan el rumano de Koutloumoussiou, establecido por los voivodas de Valaquia, o el serbio de Chelandariou, cuarto en la jerarquía atoniana, o el búlgaro de Zografou. Sin embargo, los planes imperiales de Esteban no llegaron a su fin, pues murió antes de poder consolidar su poderío. A su muerte en 1355, la nobleza serbia, los húngaros y búlgaros se repartirían su Imperio, que poco después caería bajo el dominio otomano.

A pesar de su aparentemente escaso interés por los asuntos prácticos de gobierno, el emperador bizantino Andrónico III llegó a participar en diversas acciones militares a la cabeza de sus tropas (Bosch 1965); así, en el transcurso de una importante expedición, en 1337, el Imperio se anexionó finalmente el Despotado del Epiro. Con esta campaña occidental se trataba de consolidar la precaria presencia imperial en la zona central de Grecia, neutralizando a los enemigos de los señoríos latinos (Fine 1994). Sin embargo, los asuntos en la frontera oriental presentaban una urgencia acaso mayor y que requería una atención más cuidadosa de la que le fue prestada entonces. En ese sentido, el reinado de Andrónico III fue testigo de la extinción gradual de la presencia bizantina en Asia Menor. En el año 1331, el bey Orhan, hijo y sucesor de Osmán, logró apoderarse de la simbólica ciudad de Nicea, famosa por los concilios de la Iglesia y por haber sido la cabeza de la resistencia griega al Imperio Latino, tras un largo sitio que los bizantinos intentaron romper infructuosamente en la batalla de Pelecanon. Poco después cayó también Nicomedia (1337), la otra gran ciudad bizantina de la zona, ya a las puertas de la capital. Con estas pérdidas irreparables, el Imperio ya solo controlaba unos pocos enclaves en el continente asiático y veía enormemente mermada su capacidad de acción en el este, pero al menos había logrado consolidar la situación en los territorios europeos, en un difícil equilibrio, y reducir al máximo el influjo latino en los Balcanes. La amenaza turca fue, a partir de entonces, la preocupación más acuciante para los gobernantes bizantinos.

La discordia civil y la pujanza turca

Cuando en el año 1341 falleció el emperador Andrónico III, subió al trono su hijo con el nombre de Juan V Paleólogo. Al contar con tan solo nueve años de edad, el Imperio quedó bajo la regencia del hombre fuerte de la corte, el general Juan Cantacuzeno. Aunque Cantacuzeno se disponía a apoyar al heredero legítimo, la madre de este, la emperatriz de origen occidental Ana de Saboya, sospechaba de sus intenciones y temía que ambicionase el trono para sí, por lo que resolvió tratar de apartarle del núcleo decisorio de la corte. Para ello, Ana, apoyada por el patriarca de Constantinopla, aprovechó una ausencia de Juan Cantacuzeno de la capital –que se había desplazado con sus tropas a Morea– para proclamar a Juan V único emperador y pedir la disolución del ejército de Cantacuzeno. Sin embargo, la reacción inmediata a estas noticias fue que las tropas de Cantacuzeno le proclamaron a su vez emperador, con el apoyo de parte de la sociedad bizantina, siguiendo el fuerte partido que le secundaba.

Con dos pretendientes al trono en oposición y dos facciones de la corte enfrentadas no pudo evitarse el estallido de una calamitosa segunda guerra civil bizantina (1341-1347) entre Cantacuzeno y la regencia de Juan V, que mermó las posibilidades de recuperación política del Imperio ante sus numerosos enemigos y flancos débiles. Cada facción llamó en su apoyo sucesivamente a serbios, búlgaros, turcos y mercenarios occidentales. Al fin, en 1347 Juan VI Cantacuzeno obtuvo el triunfo gracias a la decisiva ayuda turca, y pudo entrar triunfalmente con sus tropas en Constantinopla (Weiss 1969). Pero no tomó represalias contra Juan V Paleólogo, sino que, quizá respetando la memoria de su amigo de juventud Andrónico III, padre de Juan V, le mantuvo como coemperador junto con él.

Esta segunda guerra civil había resultado desastrosa para Bizancio, que ya estaba acosado por todas sus fronteras y por diversos enemigos, sobre todo por quienes habían apoyado a los contendientes y ahora reclamaban contraprestaciones a su ayuda (cf. Nicol 1993). Los comerciantes occidentales volvían a imponer su ley en Constantinopla, los serbios conquistaron el Epiro en 1348 y los turcos otomanos ponían pie por primera vez en tierra europea con la toma de Gallipoli en 1354. Los bizantinos, a instancias de Cantacuzeno, participaron en 1351 en la guerra entre Venecia y Génova, apoyando a la primera, pero fueron derrotados.

Los sucesivos desencantos y reveses políticos y militares que sufrió el Imperio restaron apoyo a Juan VI Cantacuzeno, y su gobierno se volvió impopular por las cargas financieras con las que sostener sus campañas militares, que aumentaron la presión fiscal sobre la población. Así, la asociación en el trono con Juan V no duró mucho tiempo, y cuando Cantacuzeno nombró coemperador a su hijo se difundieron de nuevo las suspicacias mutuas y otra vez se desataron las hostilidades entre ambos partidos. Juan V llamó en su ayuda a los turcos y genoveses, y con su apoyo se hizo con el poder absoluto en solitario en el año 1354. Cantacuzeno se retiró entonces a un monasterio para escribir sus memorias. La herencia que le quedó a Juan V Paleólogo era, sin embargo, descorazonadora: un Imperio diezmado y menguado por todo tipo de desastres que se reducía prácticamente a la capital, a una Tracia devastada y a unas pocas islas.

Para más desgracia en esta época de crisis, hubo que sumar a la guerra civil una epidemia de peste negra que sufrió la capital entre 1347 y 1349, que dejó duras secuelas, mientras los rivales del Imperio se aprovechaban de la situación y la discordia civil comenzaba a cundir de nuevo. Además, apareció en estos tiempos una nueva controversia religiosa, el hesicasmo. Esta corriente meditativa estaba basada en las prácticas del retiro espiritual (la palabra proviene del griego *hesychia,* 'calma, silencio' y *hesychazo,* 'guardar silencio'), y encontraba sus orígenes y fundamentos en el cristianismo oriental del siglo IV, en el monacato y en los escritos de los Padres capadocios (Meyendorff 1974, 1983).

El hesicasmo proponía una suerte de quietismo o paz interior absoluta para propiciar la unión divina y la huida del mundo, lo que es muy significativo en un momento histórico de grandes turbulencias. Su introducción en la religiosidad bizantina produjo una nueva escisión en la Iglesia. La controversia empezó cuando Barlaam de Seminara, un monje ortodoxo de origen suritálico que estaba en el Imperio de Oriente, entró en contacto con estas prácticas de oración y meditación de los monjes del monte Atos, que tachó de mera *omphaloskopia* (es decir, un 'mirarse el ombligo'). Barlaam quedó convencido de que esta doctrina suponía una peligrosa herejía y se dedicó a combatirla proponiendo un tipo de teología más intelectualizada, con el apoyo de otros teólogos como Gregorio Akindynos. De la otra parte estaba Gregorio Palamás, que sería arzobispo de Salónica y que fue el mayor defensor de esta ascesis monacal y de su validez para toda la Iglesia en varios concilios y en diversas obras teológicas, al considerarla basada en la tradición meditativa del cristianismo. La controversia, aparte de su importante dimensión teológica en pos de un nuevo ascetismo, adquirió tintes políticos durante la guerra civil entre Juan V Paleólogo y Juan Cantacuzeno, pues el hesicasmo fue favorecido por el partido de este último. Al final, en 1351, un sínodo presidido por este emperador sancionó la ortodoxia del hesicasmo, que sigue siendo hoy doctrina de la Iglesia oriental, y decretó el destierro de Barlaam, que regresó a Italia e ingresó en la Iglesia católica, siendo nombrado obispo de Gerace gracias a la influencia del humanista Petrarca.

El reinado de Juan V Paleólogo como emperador en solitario se extendió hasta 1376, en una época marcada por las pérdidas territoriales ante los otomanos del bey Orhan. El Imperio ya solo era una sombra de lo que había sido, mientras aumentaban los asentamientos turcos en los antiguos territorios bizantinos. Juan V, en la estela de sus predecesores, hizo un llamamiento desesperado a Occidente y ofreció al papa la unión de las Iglesias si recibía ayuda o si se convocaba una nueva cruzada contra los turcos (Gill 1979). Sin embargo, esta vez no hubo respuesta ni ayuda desde Roma, y solo la casa de Saboya, a la que pertenecía la madre de Juan V, prestó cierto apoyo militar que permitió un respiro a los bizantinos. Aprovechando esta ocasión, y a fin de obtener más auxilio de Occidente, Juan V marchó a Roma, donde se sometió al papa y se convirtió a la fe católica; fue una conversión de carácter personal y no extensiva a su Imperio.

Pero las cosas no iban a mejorar tras este gesto. Cuando los otomanos tomaron ya en suelo europeo las importantes ciudades de Adrianópolis y Filipópolis (1369), amenazando directamente Constantinopla, comenzaron a exigir tributo al emperador. Fue solamente la sumisión expresa de Juan V al bey turco Murad I la que evitó la caída del Imperio en aquellos momentos.

En efecto, Murad I, sucesor e hijo de Orhan y la noble bizantina Nilüfer Hatun, expandía de forma imparable los dominios otomanos a costa de lo que quedaba del Imperio Bizantino y de otros reinos de los Balcanes, como los de los serbios y los búlgaros, hasta el punto de ser proclamado sultán en 1383 por sus triunfos. Se adueñó de varias fortalezas en las cercanías de Constantinopla, que en el futuro habrían de servir de base para la toma de la ciudad. Los otomanos se enfrentaron a los serbios en la controvertida batalla de Kosovo en 1389, que marcó simbólicamente el comienzo de la larga dominación otomana en los Balcanes; poco después, en 1393, los ejércitos turcos conquistaron el reino búlgaro.

Pero este vasallaje del emperador a los turcos causó una nueva discordia civil en el Imperio, pues provocó la rebelión del hijo mayor y heredero al trono, Andrónico, contra su padre en 1373, con la excusa del desacuerdo en la política exterior que había llevado Juan V. En 1376, Andrónico depuso a su padre y le encerró en prisión junto con su hermano Manuel, mientras él se coronaba como Andrónico IV (1376-1379), con su hijo Juan como coemperador. Pero en 1379 Juan V se escapó y recuperó el trono gracias a la ayuda solicitada a los turcos. Cuando Juan V llegó a un acuerdo con su hijo en 1381 para reconocerle como único heredero, hubo nuevas revueltas por parte de Manuel, segundo hijo de Juan V, que pasó a conquistar Tesalia y el Epiro, y de Juan, hijo de Andrónico IV, que se rebeló también al morir este, tomando Constantinopla en 1390 y reinando pocos meses como Juan VII.

Decadencia política y florecimiento cultural

Las intervenciones extranjeras, sobre todo turcas y venecianas, fueron una constante en esta época de luchas dinásticas y civiles, mientras se estrechaba el asfixiante cerco de la capital. Se impuso finalmente Manuel, que reinó primero con su padre hasta la muerte de este en 1391, y luego como Manuel II (1391-1420). Su reinado supuso un último intento por salvar los vestigios del diezmado Imperio de Oriente; sus empresas diplomáticas y militares representan el último estertor de Bizancio, y sus hijos y herederos Juan y Constantino, nacidos de una princesa eslava, habrían de ser los últimos emperadores bizantinos.

En realidad, aunque la dinastía de los Paleólogo es la última en ocupar el trono del Imperio Bizantino –inmerso en un proceso de claro declive político, acompañado de una merma constante de sus territorios hasta su desaparición final ante el empuje otomano–, no se puede hablar de una decadencia total si se tiene en cuenta que se trata de la familia que gobernó el Imperio durante más tiempo y que, además, durante su época se produjo un reflorecimiento cultural sin precedentes. El que con toda justicia podemos llamar tercer renacimiento bizantino tiene una enorme relevancia histórico-cultural para Europa pues, no en vano, significó la transferencia a Occidente del gran legado de la Grecia clásica y de la Roma imperial (Runciman 1970).

En efecto, una de las áreas en las que Bizancio más ha destacado históricamente es en la transmisión de la cultura escrita y, en concreto, en la tradición literaria en griego de la Antigüedad al Renacimiento. Se conservan aún hoy –pese a las destrucciones de bibliotecas y a lo costoso de los materiales que componían los códices– unos cuarenta mil manuscritos bizantinos, lo que da idea del nivel de producción libresca de aquella cultura (cf. Wilson 1983). Los monasterios bizantinos contribuyeron a esta enorme labor de difusión cultural, en la que el libro era un objeto de lujo, de cultura y casi de culto, como prueban las grandes crónicas, libros científicos como los de Dioscórides, libros religiosos iluminados, etc. Centros destacados de esta labor de copia fueron la academia imperial, el monte Atos, el monasterio de Santa Catalina en el Sinaí o el de Patmos. Hubo periodos de crisis en la producción de libros bizantinos, como por ejemplo el siglo de la controversia iconoclasta (VIII-IX) o los años en los que los occidentales gobernaron Constantinopla (1204-1261), pero en la época de los Paleólogo y al final de la edad bizantina, sabios como Máximo Planudes o el cardenal Besarión se ocuparon de revitalizar la copia de manuscritos. Tras la caída de la capital bizantina, los copistas orientales se refugiaron en las ciudades occidentales, sobre todo en Venecia y Florencia, para seguir difundiendo el arte de copiar libros griegos. En España, por ejemplo la Biblioteca Nacional, la Biblioteca Universitaria de Salamanca y la Biblioteca de El Escorial atesoran un buen número de estos manuscritos, que fueron comprados por reyes, eruditos y personajes clave de la cultura española renacentista, como Diego Hurtado de Mendoza o Antonio Agustín.

Tras el trágico saqueo de Constantinopla en 1204 –que produjo grandes destrozos en obras de arte– y el intervalo del Imperio Latino, la dinastía de los Paleólogo supuso un auge del arte figurativo y de la arquitectura bizantina (Mango 1976), tanto en la capital como en el Peloponeso, de lo que son buen ejemplo las construcciones sacras atestiguadas en Mistra. A través de la influencia en Venecia y en la península itálica en general (sin olvidar la Creta veneciana), el estilo bizantino, sus iconos y sus mosaicos, tendrían una enorme pervivencia en la Europa occidental (Rodley 1994).

En el ámbito de la historia de la literatura, hay que comenzar destacando que varios emperadores escribieron obras literarias; es el caso de los tratados teológicos de Miguel VIII o de las memorias de Juan Cantacuzeno. Historiadores de renombre en esta época son Jorge Paquimeres, Nicéforo Calixto Jantópulo o el sabio Nicéforo Gregorás, que llegó a ocuparse incluso de astronomía, junto a Jorge Frantzés, Ducas y Laónico Calcocondilas, que glosaron la caída de Constantinopla (Krumbacher 1891, Hunger 1978).

Entre los teólogos y filósofos destacaron Demetrio Cidonio o Besarión, metropolita de Nicea, que participó en el concilio de Florencia-Ferrara y fue nombrado cardenal en la península itálica tras la caída del Imperio. Ambos, Cidonio y Besarión, ejemplifican a la perfección la labor de esta generación de intelectuales bizantinos que obró la asombrosa transferencia cultural de la literatura griega clásica desde Constantinopla hacia la península itálica, donde el estudio de las letras griegas floreció con figuras como Coluccio Salutati o Leonardo Bruni.

Ante la amenaza turca, y gracias a los frecuentes intercambios comerciales con Venecia, Florencia o Génova, el aluvión de sabios griegos que enseñaron en la península itálica era constante desde el siglo XIV y se acentuó en el XV. Ya las enseñanzas del monje Barlaam de Seminara, exiliado en Italia, influyeron en el primer humanismo de Boccaccio y Petrarca, a quien enseñó rudimentos de griego. Posteriormente, los maestros Manuel Crisoloras y Besarión instruyeron a una generación entera de humanistas –desde Guarino da Verona hasta Poggio Bracciolini o Lorenzo Valla– en la lengua y la literatura griegas (Wilson 1983, Reynolds y Wilson 2013). Entre otros responsables de esta transmisión del legado clásico cabe mencionar también a filólogos como Demetrio Triclinio, Tomás Magister, Máximo Planudes, Manuel Moscópulo o Teodoro Metoquita.

Además de la capital, este renacimiento bajo los Paleólogo floreció en el Peloponeso, sobre todo en el despotado de Morea, donde su capital Mistra se convirtió –entre los reinados de Juan Cantacuzeno y Constantino XI– en un centro cultural y político de primer orden. En época de Manuel II, por ejemplo, desarrolló en esa ciudad su actividad política y filosófica el sabio neoplatónico Jorge Gemisto Pletón, un entusiasta de la Antigüedad clásica, que escribió un tratado utópico sobre las leyes ciertamente muy alejado de la situación política contemporánea del Imperio (Lisi y Signes Codoñer eds. lit. 1995).

En cuanto a los monasterios del monte Atos, refugio de la cultura griega y de la fe ortodoxa, puede decirse que vieron acentuada su decadencia al ser presa de diversos ataques –desde incursiones de los cruzados y de la Compañía Catalana hasta las de piratas de todo signo que avistaban sus costas– que aterrorizaron a los monjes y diezmaron los tesoros que custodiaban. De los 300 monasterios que se calcula que había a comienzos del siglo XIV quedaron solo 35 a finales de ese siglo.

Este siglo XIV quedó también marcado por el movimiento hesicasta, que influyó enormemente en la espiritualidad del monte Atos. Era el *Hagion Oros*, en efecto, un emplazamiento idóneo para la meditación ante el soberbio espectáculo de la naturaleza y la soledad de sus escarpadas rocas. La práctica ascética del hesicasmo buscaba, en ese contexto monástico, la unión mística con Dios a través de la paz de espíritu y la armonía con la naturaleza. Hay quienes relacionan este ascetismo con tendencias orientales cuya práctica conlleva soledad, silencio exterior y quietud interior. Si hay un lugar sagrado que aúne estos valores, este es Atos, una península de belleza verdaderamente conectada con lo divino. Así, no es de extrañar que sus monjes –dedicados a sus letanías en repetición constante que acompañaban con una respiración acompasada– fueran un factor clave en el triunfo del movimiento hesicasta pese a la oposición de algunos sectores de la Iglesia (Meyendorff 1974). Cuando se produjo la conquista otomana de Salónica (1430) y la caída de Constantinopla (1453), que significó el fin del mermado Imperio de Oriente, los monjes enviaron una embajada al sultán Mehmed II el Conquistador, quien, ya como heredero del poder imperial, reconoció sin vacilar los privilegios seculares del monte Atos.

Los turcos en los Balcanes y la caída de la Nueva Roma

El empeño decidido del emperador Manuel II ante la situación dramática de bloqueo a la que, cada vez en mayor medida, estaba sometido el Imperio Bizantino consistió en intentar por todos los medios una recuperación militar que permitiera una recuperación territorial.

La conquista otomana de los Balcanes, con un aparato militar aparentemente invencible y una hábil e inteligente política de atracción de ciertos sectores de las sociedades que iban asediando y sometiendo, había proseguido de forma imparable, esta vez con dirección al reino de Hungría. Ante esta situación, el rey magiar Segismundo pidió ayuda a Occidente; en respuesta, recibió algunas tropas, que, sin embargo, no pudieron resistir el empuje otomano. Otro punto decisivo en las campañas otomanas en los Balcanes lo marcó la batalla de Nicópolis (1396), que fue una victoria turca inapelable.

Con todo, en su largo reinado, Manuel II pudo mantener el dominio bizantino en Morea, a costa de los restos de los ducados latinos, y recuperar algunas plazas fuertes de la costa del mar Negro de manos de los turcos, como Nesebar o Varna (Barker 1969). Pero, además de estos esfuerzos militares, tomó una arriesgada medida al negarse a pagar el tributo al sultán otomano Beyacid (o Bayaceto), hijo de Murad I y de su esposa de origen bizantino. Hay que notar que los otomanos iban incorporando diversas culturas en un gran imperio multiétnico y en principio tolerante hacia otras lenguas y religiones, como indican los lazos existentes entre la propia familia de los sultanes con la nobleza bizantina. Comoquiera que fuese, la negativa a satisfacer el tributo de vasallaje por parte de Manuel II provocó un nuevo asedio turco de Constantinopla en 1394, que duró nada menos que ocho años.

La situación llegó a tal gravedad que Manuel II tuvo que realizar una gira por las lejanas cortes del Occidente europeo para implorar ayuda. Cuando en la Navidad del año 1400 Manuel II llegó desde su exhausta capital al floreciente París de Carlos VI, se hacía obvio el contraste entre ambos mundos y el desplazamiento de los centros de poder hacia la Europa occidental que se había producido en el transcurso de los últimos siglos. A continuación, Manuel II viajó hasta Londres, donde fue recibido por Enrique IV, pero todo fue en vano y todas las promesas quedaron solamente en una ayuda testimonial. Constantinopla hubiera caído sin remisión de no ser porque se produjo una inesperada noticia que vino a concederle un último respiro a Bizancio, pues desde las estepas de Oriente llegó una nueva invasión de los mongoles. Después de que Tamerlán hubiera reunificado el Imperio Mongol, irrumpió en una campaña arrolladora que llegó al sultanato otomano, derrotando a Bayaceto en la batalla de Angora (1402). Gracias a ello, Manuel II, de regreso a Constantinopla, pudo firmar una ventajosa paz con los turcos.

Esta nueva situación liberó temporalmente a los bizantinos de su tributo, pero la tranquilidad duró solo hasta la abdicación en 1421 de Manuel II en su hijo Juan VIII. En efecto, el nuevo emperador decidió inmiscuirse en la política interna del sultanato, lo que a la postre demostró ser un error de consecuencias nefastas. Deseando debilitar el poderío otomano, los bizantinos incitaron una lucha interna en el sultanato apoyando a un candidato al trono. Cuando este intento fracasó y el sultán Murad II supo de las injerencias bizantinas, resolvió vengarse emprendiendo una feroz campaña contra Constantinopla y Salónica en 1422-1423. Los bizantinos decidieron poner en manos venecianas la ciudad de Salónica con la esperanza de que pudiera salvarse de los turcos, pero el control veneciano duró poco tiempo. En 1430 la emblemática ciudad cayó ante los otomanos, una ocupación que impresionó a toda Europa e hizo tomar conciencia seriamente por primera vez a Occidente del peligro que representaba el Imperio Otomano.

En efecto, Salónica –fundada en 315 a. C. por Casandro de Macedonia, con el nombre de su mujer, a la sazón hija de Filipo II, padre de Alejandro Magno– fue tradicionalmente una de las ciudades más relevantes del Imperio Bizantino. Su situación en un emplazamiento privilegiado, en la confluencia de varias vías importantes de comunicación terrestres y marítimas, la hizo prosperar ya desde la Antigüedad tardía. Ubicada en un punto clave de la Vía Egnatia, que comunicaba el Imperio de Oriente y Occidente, entre Constantinopla y Dyrrachium, esto le confirió un carácter de encrucijada cultural, comercial y política. La ciudad era a la vez uno de los puertos principales del Imperio Oriental y albergó una importante comunidad judía y cristiana desde antiguo. Además, la cercanía de los monasterios de Atos a la ciudad la convirtió en un centro eclesiástico y cultural de primer orden. Allí desarrolló su labor, por ejemplo, el arzobispo Eustacio, comentador de Homero. Por otro lado, su situación en el norte de Grecia la hizo sufrir diversas incursiones e invasiones antes de su caída en manos otomanas: ya había sido tomada por los sarracenos en 904, por los normandos en 1185 y, posteriormente, fue sede de un reino occidental gobernado por Bonifacio de Montferrato hasta su recuperación por los griegos del Epiro. La caída en manos de los turcos en 1430, sin embargo, fue muy diferente y representó una conmoción para los súbditos del Imperio, que hacía pensar en los peores presagios para la capital en un momento de crisis agónica (Nicol 1993, Harris 2010).

Para conjurar la amenaza de un nuevo asedio ante los muros de la capital, el Imperio tuvo que volver a pagar un humillante tributo de sumisión a los otomanos. Solo quedaban ya escasos territorios en manos bizantinas a la muerte de Manuel, cuando su hijo Juan VIII quedó solo en el trono. El mayor mérito de este emperador, sin duda, consistió en haber podido resistir más de veinte años en tan precaria situación. Juan VIII Paleólogo (1425-1448) también intentó recabar en vano la ayuda de Occidente ante los turcos prometiendo de nuevo al papa de Roma la tan dilatada unión de las dos Iglesias (Gill 1979). Para ello, forzó una declaración de la Iglesia ortodoxa que superara la controversia *filioque* que había provocado el Gran Cisma y propició la celebración del célebre concilio de Florencia-Ferrara (1438), que concluyó con la aceptación de la doctrina romana en Constantinopla (Gill 1959). Sin embargo, los patriarcas orientales se reunieron en un sínodo en 1443 que rechazó la unión de las dos Iglesias, pues consideraban irrenunciable la independencia doctrinal frente a Roma, sin reparar en otras motivaciones de urgencia política, siquiera de supervivencia, como era el caso.

Como quiera que fuese, el concilio de Florencia-Ferrara –que fue entendido como una sumisión a Occidente y

Mapa 7. Restos del Imperio en 1453

un oprobio por la jerarquía eclesiástica oriental y por la mayor parte de la orgullosa población de Constantinopla– tampoco conllevó una ayuda efectiva al Imperio (Hussey 1986). El papa Eugenio IV, con todo, proclamó una nueva Cruzada y consiguió las adhesiones de los reyes húngaros, polacos y rumanos, que congregaron sus tropas para marchar contra los turcos, a quienes veían como una amenaza ciertamente cercana para ellos mismos. La situación se distendió un tanto en la capital bizantina cuando se supo que el sultán turco Murad II había de hacer frente a esta coalición cristiana. Sin embargo, no duró mucho tiempo la alegría, pues el ejército cruzado, al mando de Ladislao de Polonia y Hungría, fue derrotado por los turcos en la batalla de Varna (1444).

Desde ese momento, y tras solventar Murad II algunos problemas de política interna, Constantinopla quedaba ya irremediablemente condenada. Los turcos, tras superar este último obstáculo, tenían ya el camino expedito para dirigir sus fuerzas contra la capital. A la muerte en 1448 de Juan VIII, que no había tenido hijos de ninguna de sus tres esposas, subió al trono su hermano Constantino XI Paleólogo, al que cabe el honor de haber sido el último emperador de Bizancio (Nicol 1992).

El emperador Constantino XI, que había sido señor de Morea y se había destacado por la defensa férrea de este territorio frente a los otomanos, llegó a Constantinopla llevado por naves catalanas desde el Peloponeso, y fue acogido con muestras de júbilo por la agotada pero orgullosa población de la capital, que sin duda veía en él la última esperanza del Imperio. Pero el nuevo emperador siguió la línea de sus predecesores inmediatos y abrazó la fe católica para intentar conseguir ayuda de Occidente, ganándose así la impopularidad entre los irreductibles eclesiásticos constantinopolitanos.

Su figura heroica y romántica y su breve reinado, de 1448 a 1453, estuvieron marcados por el asalto final del sultán Mehmed II –que sucedió a su padre Murad II en 1451– contra Constantinopla. Así, en la tradición, este emperador se ha convertido en una especie de héroe legendario de la caída de Bizancio (Runciman 2006, Nicol 1992). Frente a él se alza también la inmensa figura del sultán otomano Mehmed II, que se había propuesto como meta personal vencer la milenaria resistencia de la capital bizantina y completar con ello el sueño imperial del estado otomano, que en adelante sería la única potencia de la zona, heredando el capital simbólico que suponía el trono de Constantinopla.

Mehmed II, llamado el Grande, reunió un enorme ejército –unos 100.000, hombres, según muchas fuentes– a las puertas de Constantinopla en abril de 1453. Tendió entonces un asedio en torno a los muros con los medios técnicos y poliorcéticos más avanzados del momento, incluyendo piezas de artillería pesada. Al otro lado de las murallas, Constantino XI se negó a rendir la ciudad, esperando que esta pudiera resistir un nuevo asedio, y aunque no recibió auxilio de Occidente, reunió en torno a sí a lo mejor de las exiguas fuerzas griegas y a varios idealistas caballeros latinos en un último sacrificio. Hay que decir que, pese a los desencuentros históricos, los occidentales de Constantinopla –venecianos, pisanos y catalanes, pero sobre todo genoveses– lucharon denodadamente en defensa de la capital (Runciman 2006).

Igualmente hizo el reducido contingente de occidentales que permanecía fiel al emperador, quien cayó entre ellos batiéndose con valentía. En un gesto heroico, Constantino XI se quitó las insignias imperiales y se lanzó contra las tropas turcas secundado por su primo Teófilo Paleólogo, su amigo Juan Dálmata y por Francisco de Toledo, un aristócrata castellano que se creía emparentado con la dinastía de los Comneno. Su cadáver nunca se encontró. Tal vez en cumplimiento de una vieja profecía –como las que habían marcado la fundación del Imperio– o por un azar de la fortuna –símbolo de la vieja capital imperial–, el último emperador romano de Oriente se llamó también Constantino. La ciudad sobre la que gobernó, heredada del taciturno Manuel y de su hijo Juan, de la crepuscular dinastía de los Paleólogos, no era más que una sombra de la gloriosa ciudad que fundara su homónimo Constantino el Grande algo más de mil años atrás.

Se dice que Constantino XI Paleólogo murió en el feroz asedio –que costó la vida a más de 5.000 personas y condujo a la esclavitud a decenas de miles más– luchando bravamente contra los turcos y rodeado de un puñado de incondicionales cuando las huestes otomanas lograron abrir brecha en la Kerkoporta, una de las entradas a la muralla de la ciudad, durante la noche del 29 de mayo de 1453. Así refiere el cronista italiano Nicolò Barbaro, testigo presencial del asedio, desde el punto de vista de un occidental residente en Constantinopla, la entrada de los turcos en la ciudad y la masacre subsiguiente:

> En este momento de confusión, que ocurrió al amanecer, nuestro Dios Todopoderoso tomó su decisión más amarga y

> decidió cumplir todas las profecías pues, como ya he dicho, los turcos entraron en la ciudad al amanecer, cerca de San Romano, donde las murallas habían sido arrasadas por los cañones. Pero antes de que pudieran penetrar en la ciudad, se desencadenó una lucha feroz entre los turcos y los cristianos que se les oponían desde dentro, y muchos de ellos murieron, pues se podrían haber llenado unos veinte carros con los cadáveres de los primeros turcos caídos. A continuación, la segunda ola que siguió a la primera se extendió ya a toda prisa por la ciudad, y pasó por la cimitarra a cualquier persona que encontró a su paso, ya fueran hombres y mujeres, viejos y jóvenes, de cualquier condición. Esta carnicería duró desde el amanecer, desde el momento en que los turcos entraron en la ciudad, hasta el mediodía. Cualquiera que se topase con ellos era degollado al punto y con fiereza. Aquellos de nuestros comerciantes que lograron escapar se escondieron en pasajes subterráneos. Solo cuando la primera masacre furibunda hubo terminado, fueron encontrados por los turcos. Entonces fueron apresados todos y vendidos como esclavos.

La magnitud de la tragedia es difícil de describir. Aunque los nuevos centros de poder –Venecia, Roma, París, Moscú– habían mirado hacia otro lado ante las peticiones de ayuda de Bizancio, la impresión que dejó la caída de la ciudad fue tremenda en toda la cristiandad (Harris 2010). Puede decirse que ningún otro asedio ha conmocionado tanto a Occidente desde la legendaria caída de Troya. Muchos reinos quisieron encabezar una nueva Cruzada, otros pretendieron heredar el prestigio de la Nueva Roma o recuperar el trono imperial de Oriente. Parece incluso que los hermanos del último emperador bizantino legaron sus derechos al trono indistintamente al rey de Francia, Carlos VIII, y a los Reyes Católicos de España. No solo el sultán otomano sino también el zar ruso se consideró heredero del Imperio Oriental, pues reclamaba para sí el dominio de los países de religión ortodoxa, y Moscú pronto comenzó a ser llamada la «Tercera Roma», tras la caída de la Segunda.

En todo caso, más allá de este prolongado episodio histórico, la herencia de Bizancio es enorme. A Bizancio se debe la pervivencia de un enorme legado cultural y simbólico, el del mundo clásico griego y latino, y el del ideal político y espiritual del Imperio que encarnó durante mil años de vibrante historia.

A modo de epílogo: *Eis ten Polin* ('hacia la ciudad')

El 8 de noviembre de 324 fue el día en que el emperador Constantino el Grande puso la primera piedra de la ciudad que habría de consagrar su nombre en la historia: *Konstantinoupolis,* «la ciudad de Constantino». Desde entonces 'hacia la ciudad' *–eis ten polin,* en griego, de donde probablemente viene el nombre actual de Estambul– se dirigieron durante un milenio todas las corrientes artísticas, las disputas teológicas, las rutas comerciales y las miradas de admiración del Oriente asiático, el noroeste eslavo y el Occidente latino. La península del Bósforo, de lados ligeramente curvados, que fue elegida por el mítico Bizante como emplazamiento idóneo para fundar una ciudad mil años atrás, adquirió un rango legendario. El triángulo precioso enmarcado por una muralla con sus vértices occidentales en la Puerta de Blanquernas, en el Cuerno de Oro, y la Puerta Dorada, en el Mármara, separadas por unos seis kilómetros, y Santa

Bárbara, la punta de la antigua acrópolis de la ciudad griega original (el actual Topkapi) en su extremo oriental, a seis kilómetros de Blanquernas y a nueve del Studion, fue la capital de una civilización cristiana oriental, rica en arte y tesoros y heredera de la antigua Grecia y del Imperio Romano que llegó a dominar, en su apogeo, todo el Mediterráneo (Stephenson ed. 2010).

La ciudad fue creciendo durante los siglos V a VIII hasta convertirse en la gran metrópoli oriental, modelo artístico para ciudades del Occidente italiano, de la Rus de Kiev e incluso de la lejana Escandinavia. Durante los siglos IX a XI su población la hizo destacar como la ciudad más populosa de la cristiandad, una de las más grandes del orbe. A partir del entonces, y notablemente tras desastres como el de la batalla de Manzikert (1071), comenzó para Bizancio un largo declive, marcado por el aislamiento progresivo de la capital del Bósforo. Las fortificaciones tuvieron que detener una y otra vez a sus diversos enemigos en asedios implacables, como el de los árabes de 678 y 718 o el de los búlgaros de 813 y 1090. Las progresivas pérdidas territoriales del Imperio –resultado de derrotas militares, de estrategias erradas, de disputas entre familias políticas y de la expansión territorial o comercial de peligrosos rivales como los venecianos, los búlgaros y los turcos– fueron progresivamente cortando las fuentes de alimentación y comercio del corazón del Imperio (Treagold 1997).

Sin embargo, la decadencia fue tan prolongada y, paradójicamente, tan brillante, que empequeñece frente a los logros de un Imperio siempre crepuscular y fascinante. *He Polis,* 'la ciudad', resistió tanto cultural como militarmente durante siglos, protegida por el baluarte del legado clásico y defendida por recias murallas. Parte del secreto de la larga resistencia de la ciudad a sus enemigos y a sus muchos asedios fue, al margen de la fortaleza de su emplazamiento natural, la facilidad para poder abastecerse: dos puertos al norte, bien resguardados en el Cuerno de Oro y frente a la colonia de Pera, y tres al sur, en el mar de Mármara (Propóntide), garantizaban el suministro de la capital. Además, un sistema de acueductos desde las colinas del noroeste conectaban con una serie de cisternas subterráneas de gran capacidad que abastecían a una ciudad que durante muchos siglos fue la más avanzada del mundo y, desde luego, la más populosa de Europa. Desde Constantino y Teodosio II, que ampliaron el perímetro de la capital imperial, cada emperador llevó a cabo nuevas construcciones, siendo Justiniano el que la dotó, como es sabido, de algunos de sus edificios más emblemáticos, como Santa Sofía, la que, hasta la construcción de la catedral de Sevilla, tendría el honor de ser la iglesia más grande de la cristiandad, y hasta la renacentista basílica de San Pedro, mil años después, la cúpula más grande del mundo.

También hay que mencionar, para explicar la dura resistencia de la capital imperial en la perspectiva de la *longue durée* histórica, las dinámicas políticas y económicas que se dieron entre Constantinopla y las provincias orientales del Imperio, por un lado, y el continuo flujo comercial con Occidente y con el Lejano Oriente, por otro. Así, en cuanto a la dinámica entre la capital y las provincias, una poderosa aristocracia urbana en torno al emperador servía de contrapeso a la aristocracia rural, y las conexiones familiares corrían parejas con los intereses comerciales de quienes defendían la frontera frente a los pueblos vecinos, a la vez que se enriquecían con los intercambios mercantiles. Además, las vías de comunicación que unían la ciudad, entre Oriente y Occidente, con el mundo entero fueron un excepcional mecanismo de mediación política, cultural y comercial: el Oriente islámico y turcomano, el Occidente latino, el norte eslavo y el sur mameluco confluían en la magnífica ciudad de Constantino, que suponía un punto central de grandes rutas comerciales terrestres y marítimas (Vasiliev 1946, Bravo 1997). No obstante, las sucesivas pérdidas de los territorios más ricos, caso de Egipto en el siglo VII o de Anatolia en el XI, supusieron duros golpes para la economía bizantina y fueron minando, poco a poco, los recursos del Imperio.

Cultura griega y pragmatismo político romano eran, así, dos de los tres pilares sobre los que fundaría su poder el Imperio Romano de Oriente como heredero del mundo grecolatino. Pero ya desde su acción fundadora, Constantino se había dejado llevar por la intuición política de un tercer elemento que habría de hacer historia en lo sucesivo: el cristianismo como religión oficial del Imperio. Desde el edicto de tolerancia a los cristianos bajo Constantino hasta la adopción del credo niceno por Teodosio como parte integrante de la estructura legislativa del Estado tardorromano o las diversas oscilaciones del poder en torno a las variantes doctrinales del cristianismo que se adoptaron en la corte o por parte de cada emperador –arrianismo, miafisismo, iconoclasia, hesicasmo…–, el devenir histórico del Imperio quedará marcado indeleblemente por la cuestión religiosa. La simbiosis entre lo político y lo religioso, que recoge también una antigua tradición clásica, marcó no solo el nacimiento de la capital oriental, sino también el desarrollo de un Imperio que quedaba bajo la tutela del dios de la cruz. Sin duda, el cristianismo fue el tercer pilar de este duradero Imperio de Oriente, que floreció en torno a la espléndida capital del Bósforo perfilándose a sí mismo como defensor de los dogmas cristianos.

Los bizantinos –que, recordémoslo siempre, se llamaron a sí mismo *rhomaioi* ('romanos')– fueron siempre conscientes de la enorme herencia de la que eran depositarios: la filosofía y la literatura griegas, las constituciones jurídicas y la historia romanas y la primacía de la ortodoxia (o «recta fe», por la que tantas discusiones teológicas y conflictos se desataron). Un arraigado prejuicio occidental ha querido asociar el mundo bizantino con las nociones de decadencia, banalidad o lujo estéril; más allá de cualquier consideración superficial, hay que reivindicar sin duda el milenio de esplendor de un Imperio de lengua griega y espíritu romano que llegó a reconquistar temporalmente la Europa occidental, que plantó cara a persas, eslavos y otomanos, que comerció con Escandinavia y China, que realizó magníficos avances en la ciencia y las artes y que perpetuó la cultura grecolatina para facilitar su definitivo renacimiento en la Europa moderna. Se debe rendir, en fin, tributo al Imperio Bizantino, encrucijada entre Oriente y Occidente, el mundo clásico y el medieval, que representa un espléndido e irrepetible capítulo de la historia cultural europea.

La pujanza política y comercial de los turcos al este y de los eslavos al norte obligaría a Constantinopla a mirar cada vez más al Occidente cristiano en busca de ayuda. Por desgracia, esta ayuda supuso más problemas que soluciones, como prueban episodios tan estremecedores como la toma de Constantinopla por los latinos y la fragmentación del Imperio. La relación con Occidente, que se deterioró cada vez más desde el Gran Cisma de 1054, habría de conducir al desgraciado saqueo de Constantinopla en el marco de la Cuarta Cruzada. Paradójicamente, lo que tantos pueblos bárbaros e infieles no habían podido lograr –la toma de la gran capital bizantina– fue llevado a cabo con crueldad inusitada por cristianos occidentales; Constantinopla fue arrasada a sangre y fuego en 1204, en una inconmensurable catástrofe cultural que destruyó valiosas obras de arte, reliquias y manuscritos, y que supuso que el poder quedara en manos de los latinos hasta la reconquista bizantina de la ciudad en 1261. Los occidentales dejaron colonias en diversos barrios que a partir de entonces ejercerían un férreo control comercial; la más conocida era la colonia genovesa de Pera, pero también se establecieron en el Cuerno de Oro colonos de Venecia, Ancona, Florencia, Aragón o Ragusa.

El precario equilibrio de Constantinopla, la ciudad entre dos mundos, se quebraba para siempre; su supervivencia anacrónica ya no interesaba en un mundo con nuevos equilibrios de poder y cuyos centros decisorios estaban lejos. La toma de partido bizantino en las Cruzadas, amargamente pagada con el Imperio Latino, había roto los vínculos con Oriente. Los intentos de acercamiento a Roma la desprestigiaron a los ojos de los eslavos ortodoxos. Y los propios bizantinos, con sus innumerables querellas dinásticas y teológicas y sus diversos estados y facciones eclesiásticas, habían contribuido definitivamente a la desunión y la debilidad.

Pero el elemento que aceleraría su decadencia fue la entrada en escena del Estado fundado por los otomanos, que desde principios del siglo XIV fue ocupando poco a poco el Asia Menor occidental hasta dejar a Constantinopla aislada por el mar de sus posesiones. Tras varios intentos de conquista y desesperadas peticiones de ayuda a Occidente, Constantinopla fue tomada por los otomanos de Mehmed II: la gran ciudad cambiaba por última vez de nombre y señor la noche del 29 de mayo de 1453, cuando los turcos rompieron las murallas de la ciudad de Constantino y cambiaron su nombre por el de Estambul. Tal fue el milenio de Bizancio, cuyos ecos siguen perdurando hoy.

Bibliografía

ANGOLD, M. (1997), *The Byzantine Empire, 1025-1204. A Political History.* Londres: Longman.

ATHANASSIADI, P. (1992), *Julian: An Intellectual Biography.* Oxford: Oxford University Press.

BÁDENAS DE LA PEÑA, P. (ed. lit. 1993), *Barlaam y Josafat.* Redacción bizantina anónima, Madrid: Siruela.

BÁDENAS DE LA PEÑA, P., A. BRAVO GARCÍA e I. PÉREZ MARTÍN (eds. 1997), *El cielo en la tierra: estudios sobre el monasterio bizantino*, Madrid: CSIC.

BAGNALL, R. (1993), *Egypt in Late Antiquity.* Princeton: Princeton University Press.

BANAJI, J. (2001), *Agrarian Change in Late Antiquity: Gold, Labour and Aristocratic Dominance.* Oxford: Oxford University Press.

BARCELÓ, P. (2004), *Constantius II. und seine Zeit. Die Anfänge des Staatskirchentums.* Stuttgart: Klett-Cotta.

BARCELÓ, P. (2013), *Das Römische Reich im religiösen Wandel der Spätantike. Kaiser und Bischöfe im Widerstreit.* Regensburg: Pustet.

BARKER, J. (1969). *Manuel II Paleologus (1391-1425): A Study in Late Byzantine Statesmanship.* New Brunswick: Rutgers University Press.

BARNES, T. D. (1993), *Athanasius and Constantius: Theology and Politics in the Constantinian Empire.* Cambridge (Mass.): Harvard University Press.

BARNES, T. D. (1984), *Constantine and Eusebius.* Cambridge (Mass.)-Londres: Harvard University Press.

BARTUSIS, M. C. (1992), *The Late Byzantine Army: Arms and Society, 1204-1453*. Filadelfia: University of Pennsylvania Press.
BECK, H. G. (1971), *Geschichte der byzantinischen Volksliteratur.* Múnich: Beck.
BOSCH, U. V. (1965), *Kaiser Andronikos III. Palaiologos. Versuch einer Darstellung der byzantinischen Geschichte in den Jahren 1321-1341.* Ámsterdam: Adolf M. Hakkert.
BOWERSOCK, G. W. (1990), *Hellenism in Late Antiquity.* Ann Arbor: University of Michigan Press.
BRAVO, A. (1997), *Bizancio. Perfiles de un imperio.* Akal: Madrid.
BRAVO, A., J. SIGNES CODOÑER y E. RUBIO GÓMEZ (1997). *El Imperio bizantino. Historia y civilización. Coordenadas bibliográficas.* Madrid: Ediciones Clásicas.
BRAVO, G. (1991), *Diocleciano y las reformas administrativas del Imperio*. Madrid: Ediciones Akal.
BRAVO, G. (2010), *Teodosio. Último emperador de Roma, primer emperador católico.* Madrid: La Esfera de los Libros.
BROWN, P. (1971) *The World of Late Antiquity.* Londres [trad. esp. *El mundo en la Antigüedad tardía*. Madrid: Taurus, 1989].
BROWN, P. (2012), *Through the Eye of a Needle: Wealth, the Fall of Rome, and the Making of Christianity in the West, 350-550 AD*. Princeton, Oxford: Princeton University Press.
BROWNING, R. (1975) *The Emperor Julian.* Londres: Weidenfeld and Nicolson.
BRUBAKER, L., y J. F. HALDON (2011), *Byzantium in the Iconoclast era. c. 680-850. A History*. Cambridge: Cambridge University Press.
CAMERON, Alan (1965), «Wandering Poets. A Literary Movement in Byzantine Egypt», *Historia 14*, 470-509.
CAMERON, Alan (1970). *Claudian: Poetry and Propaganda at the Court of Honorius*, Oxford: Clarendon Press.
CAMERON, Alan (1976), *Circus Factions, Blues and Greens at Rome and Byzantium.* Oxford: Clarendon Press.
CAMERON, Alan (2011), *The Last Pagans of Rome*. Oxford, Nueva York: Oxford University Press.

CAMERON, Averil (1985), *Procopius and the Sixth Century*. Berkeley: University of California Press.

CAMERON, Averil (1993), *The Mediterranean World in Late Antiquity, AD 395-600*. Londres y Nueva York: Routledge [trad. esp. *El mundo mediterráneo en la antigüedad tardía (395-600)*. Barcelona: Crítica, 1998].

CARILE, A. (1978): *Per una storia dell'Impero Latino di Costantinopoli (1204-1261)*, 2.ª ed. Bolonia: Pàtron Editore.

CHALANDON, F. (1900-1912), *Les Comnènes. Étude sur l'empire byzantin aux XIe et XIIe siècles*, 3 vols. París: Picard.

CHUVIN, P. (1991), *Chronique des derniers païens. La disparition du paganisme dans l'Empire Romain*. París: Les Belles Lettres/Fayard.

CORTÉS ARRESE, M. (2010), *Bizancio: el triunfo de las imágenes sagradas*. Madrid: Editorial Biblioteca Nueva.

CURBERA COSTELLO, J. (ed. lit. 1991), *Miguel Pselo. Opúsculos*. Madrid: Ediciones Clásicas.

DAGRON, G. (1984), *Naissance d'une capitale: Constantinople et ses institutions*, París: PUF.

DAGRON, G. (1996), *Empereur et prêtre: Études sur le «césaropapisme» byzantin*. París: Gallimard.

DAY, G. W. (1988), *Genoa's Response to Byzantium 1155-1204: Commercial. Expansion and Factionalism in a Medieval City*. Urbana: University of Illinois Press.

DEL CAMPO ECHEVARRÍA, A. (2012), *La teoría platónica de las Ideas en Bizancio (siglos IX-XI)* (Nueva Roma, 36). Madrid: CSIC.

DEMANDT, A. (1989), *Die Spätantike. Römische Geschichte von Diocletian bis Justinian, 284-565 n.Chr.* Múnich: Beck.

DÍAZ ROLANDO, E. (ed. lit. 1989), *Ana Comneno. Alexíada*. Sevilla: Universidad de Sevilla.

DODDS, E. R. (1968), *Pagan and Christian in an Age of Anxiety*. Cambridge: Cambridge University Press [trad. esp. *Paganos y Cristianos en una época de angustia*. Madrid: Ed. Cristiandad, 1975].

EGEA, J. M. (ed. lit. 1996), *La Crónica de Morea*. Madrid: CSIC.

EGEA, J. M. (ed. lit 1998), *Historia extraordinaria de Beltandro y Crisanza*. Granada: Athos-Pérgamos.

FINE, J. V. A. (1994), *The Late Medieval Balkans. A Critical Survey from the Late Twelfth Century to the Ottoman Conquest*. Ann Arbor: University of Michigan Press.

FLORES RUBIO, J. A. (ed. lit. 2000), *Procopio de Cesarea. Historia de las guerras*. Libros III-IV. Guerra vándala. Madrid: Gredos.

FREND, W. H. C. (1972), *The Rise of the Monophysite Movement: Chapters in the History of the Church in the Fifth and Sixth Centuries*. Cambridge: Cambridge University Press.

GARCÍA GUAL, C. (ed. lit. 1990), *Calímaco y Crisórroe*. Madrid: Alianza Editorial.

GARCÍA GUAL, C. (2008), *Las primeras novelas: desde las griegas y las latinas hasta la Edad Media*. Madrid: Gredos.

GARCÍA ROMERO, F. A. (ed. lit. 2000), *Procopio de Cesarea. Historia de las guerras*. Libros I-II. Guerra persa. Madrid: Gredos.

GERO, S. (1973), *Byzantine Iconoclasm during the Reign of Leo III, with Particular Attention to the Oriental Sources*. Lovaina: Secrétariat du Corpus SCO.

GERO, S. (1977), *Byzantine Iconoclasm during the reign of Constantine V. With particular attention to the Oriental sources*. Lovaina: Secrétariat du Corpus SCO.

GILL, J. (1959), *The Council of Florence*. Cambridge: Cambridge University Press.

GILL. J. (1979), *Byzantium and the Papacy: 1198-1400*. New Brunswick: Rutgers University Press.

GOFFART, W. (1974), *Caput and Colonate: Towards a History of Late Roman Taxation*. Toronto: University of Toronto Press.

GRABAR, A. (1966), *Byzantium from the Death of Theodosius to the Rise of Islam*. Londres: Thames and Hudson.

GRABAR, A. (2000), *La iconoclastia bizantina*. Madrid: Akal.

HAARER, F. K. (2006), *Anastasius I: Politics and Empire in the Late Roman World*. Cambridge: Francis Cairns.

HALDON, J. (1990), *Byzantium in the Seventh Century: The Transformation of a Culture.* Cambridge: Cambridge University Press.

HALDON, J. (2001), *The Byzantine Wars. Battles and Campaigns of the Byzantine Era.* Stroud: Tempus.

HARRIS, J. (2010), *The End of Byzantium.* New Haven y Londres: Yale University Press.

HASKINS, C. H. (2013), *El renacimiento del siglo XII.* Barcelona: El ático de los libros.

HEAD, C. (1972), *Justinian II of Byzantium:* Madison: University of Wisconsin Press.

HERRIN, J. (2002), *Mujeres en púrpura. Irene, Eufrosine y Teodora, soberanas del mundo bizantino:* Madrid: Taurus.

HUNGER, H. (1978), *Die hochsprachlicher profane Literatur der Btyzantiner.* 2 vols. Múnich: Beck.

HUSSEY, J. M. (1986), *The Orthodox Church in the Byzantine Empire.* Oxford: Clarendon Press.

JANSSENS, E. (1969), *Trébizonde en Colchide,* Bruxelles, Presses Universitaires de Bruxelles.

JEFFREYS, E. (ed. 2008), *The Oxford Handbook of Byzantine Studies.* With J. Haldon and R. Cormack. Oxford: Oxford University Press.

JONES, A. H. M. (1948), *Constantine and the Conversion of Europe*, London, English Universities Press.

KAEGI, W. (1968), *Byzantium and the Decline of Rome.* Princeton: Princeton University Press.

KAEGI, W. (1995), *Byzantium and the Early Islamic Conquests*. Cambridge: Cambridge University Press.

KAEGI, W. (2003), *Heraclius: Emperor of Byzantium.* Cambridge: Cambridge University Press.

KAZHDAN, A. P. (ed. 1991), *The Oxford Dictionary of Byzantium.* 3 vols. Oxford: Oxford University Press.

KOLB, F. (1987) *Diokletian und die Erste Tetrarchie: Improvisation oder Experiment in der Organisation monarchischer Herrschaft?* Berlín/Nueva York: De Gruyter.

KRUMBACHER, K. (1891), *Geschichte der Byzantinischen Literatur*. Múnich: Beck, 1897 (2ª ed.).

LAIOU, A. E. (ed. 2007), *The Economic History of Byzantium. From the Seventh Century through the Fifteenth Century* (Dumbarton Oaks Studies 39). Washington DC: Dumbarton Oaks Publ.

LAMMA, P. (1955-1957), *Comneni e Staufer. Ricerche sui rapporti fra Bisanzio e l'Occidente nel secolo* XII, 2 vols. Roma: Istituto Storico Italiano per il Medioevo.

LIEBESCHUETZ, J. H. W. G. (1990), *Barbarians and Bishops: Army, Church, and State in the Age of Arcadius and Chrysostom.* Oxford: Clarendon Press.

LIPPOLD, A. (1980), *Theodosius der Grosse und seine Zeit*, 2.ª ed. Stuttgart: Beck.

LISI, F. L., y J. SIGNES CODOÑER (eds. lit. 1995), Pletón (Jorge Gemisto). *Tratado sobre las leyes. Memorial a Teodoro.* Salamanca: Tecnos.

MACMULLEN, R. (1963), *Soldier and Civilian in the Later Roman Empire*. Cambridge, Mass.

MAGDALINO, P. (2002), *The Empire of Manuel I Komnenos, 1143-1180*. Cambridge: Cambridge University Press.

MANGO, C. (1976), *Byzantine Architecture.* Nueva York: Abrams.

MARCOS, E. (2005), *Almogàvers. La història*. Barcelona: L'esfera dels llibres.

MARTÍNEZ GARCÍA, O. (ed. lit. 2003), *Poesía heroica bizantina. Canción de Armuris. Digenís Akritas. Poema de Belisario*. Madrid: Gredos.

MEIER, M. (2004), *Justinian: Herrschaft, Reich und Religion.* Múnich: C.H. Beck.

MEYENDORFF, J. (1974), *Byzantine Hesychasm: Historical, Theological and Social Problems.* Londres: Variorum Reprints.

MEYENDORFF, J. (1983), *Byzantine Theology: Historical Trends and Doctrines*. Nueva York: Fordham University Press.

MITSIOU, E. (2006), *Untersuchungen zur Wirtschaft und Ideologie im «Nizänischen Reich»*. Viena: Universidad de Viena.

MORENO JURADO, J. A. (ed. lit. 1993), *Lívistro y Rodamna (Poema caballeresco bizantino).* Sevilla: Universidad de Sevilla.

MORENO JURADO, J. A. (ed. lit. 1996), *Teodoro Pródromo. Rodante y Dosicles.* Madrid: Ediciones Clásicas.

MORENO JURADO, J. A. (ed. lit. 1998), *Imberio y Margarona. Véltandro y Crisantza.* Madrid: Gredos.

NEIRA FALEIRO, C. (2005), *La Notitia Dignitatum: nueva edición crítica y comentario histórico.* Madrid: CSIC.

NICOL, D. M. (1989), *Byzantium and Venice. A Study in Diplomatic and Cultural Relations.* Cambridge: Cambridge University Press.

NICOL, D. M. (1992), *The Immortal Emperor: The Life and Legend of Constantine Palaiologos, Last Emperor of the Romans.* Cambridge: Cambridge University Press.

NICOL, D. M. (1993), *The Last Centuries Of Byzantium, 1261-1453.* Cambridge: Cambridge University Press.

NICOL, D. M. (2010), *The Despotate of Epiros 1267-1479: A Contribution to the History of Greece in the Middle Ages.* Cambridge: Cambridge University Press.

NIEHOFF-PANAGIOTIDIS, J. (2003), *Übersetzung und Rezeption. Die byzantinische-neugriechischen und altspanischen Versionen von 'Kalîla wa Dimna',* «Serta Graeca» 18. Wiesbaden: L. Reichert Verlag.

NOCITO, A. S., y P. A. CAVALLERO (ed. lit. 1995), *Liutprando de Cremona,* Informe de la embajada a Constantinopla. Buenos Aires: Universidad de Buenos Aires.

OBOLENSY, D. (1948), *The Bogomils: A Study in Balkan Neo-Manichaeism.* Cambridge: Cambridge University Press.

OBOLENSY, D. (1971), *The Byzantine Commonwealth: Eastern Europe, 500-1458.* Nueva York: Praeger Publishers.

ORTOLÁ SALAS, F. J. (ed. lit. 1998), *Florio y Platzia Flora. Una novela bizantina de época Paleóloga.* Madrid: CSIC.

PÉREZ MARTÍN, I. (ed. lit. 2002), *Miguel Ataliates. Historia.* Madrid: CSIC.

PÉREZ MARTÍN, I. y P. BÁDENAS DE LA PEÑA (eds. 2004), *Bizancio y la península ibérica: de la antigüedad tardía a la edad moderna.* Madrid: CSIC.

POLEMIS, D. I. (1968), *The Doukai: A Contribution to Byzantine Prosopography.* Londres: Athlone.

PRINGLE, D. (1981), *The Defence of Byzantine Africa from Justinian to the Arab Conquest. An account of the military history and archaeology of the African provinces the sixth and seventh centuries,* BAR International Series 99, 2 vols. Oxford: Archaeopress.

QUELLER, D., y T. MADDEN (1997), *The Fourth Crusade: The Conquest of Constantinople*, 2.ª ed. Filadelfia: University of Pennsylvania Press.

REYNOLDS, L. D., y N. G. WILSON (2013), *Copistas y filólogos, las vías de transmisión de las literaturas griega y latina.* Prólogo de David Hernández de la Fuente (Nueva Biblioteca Románica Hispánica). Madrid: Gredos.

RODLEY, L. (1994), *Byzantine Art and Architecture. An Introduction.* Cambridge: Cambridge University Press.

RUBIN, B. (1960), *Das Zeitalter Iustinians,* vol. I. Berlín: Walter de Gruyter.

RUNCIMAN, S. (1970), *The Last Byzantine Renaissance.* Cambridge: Cambridge University Press.

RUNCIMAN, S. (1955), *The Eastern Schism: A Study of the Papacy and the Eastern Churches During the* XI*th and* XII*th Centuries*. Oxford: Clarendon Press.

RUNCIMAN, S. (1990) [1929], *The Emperor Romanus Lecapenus and his Reign: A Study of Tenth-Century Byzantium.* Cambridge: Cambridge University Press.

RUNCIMAN, S. (2006), *La Caída de Constantinopla.* Madrid: Reino de Redonda.

RUNCIMAN, S. (2008), *Historia de las Cruzadas.* Madrid: Alianza Editorial.

SANZ SERRANO, R. (1991), *El paganismo tardío y Juliano el Apóstata.* Madrid: Akal.

SANZ SERRANO, R. (2009), *Historia de los Godos. Una epopeya histórica de Escandinavia a Toledo*. Madrid: La Esfera de los Libros.

SARRIS, P. (2006), *Economy and Society in the Age of Justinian*. Cambridge: Cambridge University Press.

SCHLUMBERGER, G. (1923), *Un empereur byzantin au dixième siècle: Nicéphore Phocas.* París: Boccard.

SETTON, K. M. (ed. 1969-1989), *A History of the Crusades,* 6 vols. Madison: University of Wisconsin Press.

SIGNES CODOÑER, J. (ed. lit. 2000a), *Cecaumeno. Consejos de un aristócrata bizantino.* Madrid: Alianza Editorial.

SIGNES CODOÑER, J. (ed. lit. 2000b), *Procopio de Cesarea. Historia secreta.* Madrid: Gredos.

SIGNES CODOÑER, J. (ed. lit. 2005), Miguel Pselo. *Vidas de los emperadores de Bizancio.* Madrid: Gredos.

SIMÓN PALMER, J. (ed. lit. 2001), *Mosco, Leoncio, et al., Historias bizantinas de locura y santidad.* Madrid: Ediciones Siruela.

SPECK, P. (1978), *Kaiser Konstantin VI. Die Legitimation einer fremden und der Versuch einer Herrschaft.* Múnich: Wilhelm Fink Verlag.

STEIN, E. (1928), *Geschichte des spätrömischen Reiches, Bd. 1: Vom römischen zum byzantinischen Staate (284-476 n. Chr.).* Viena: Seidel.

STEIN, E. (1949), *Histoire du Bas-Empire: De la disparition de l'Empire d'Occident à la mort de Justinien (476-565 n.Chr.).* Bruselas/París: Desdée de Bouwer.

STEPHENSON, P. (ed. 2010), *The Byzantine World.* Londres: Routledge.

STEPHOU, L. (ed. lit. 2011), *Die neugriechische Metaphrase von Stephanites und Ichnelates.* Madrid: CSIC.

TEJA, R. (1995), *La «tragedia» de Éfeso (431): herejía y poder en la antigüedad tardía.* Santander: Universidad de Cantabria.

TEJA, R. (1999), *Los concilios en el cristianismo antiguo.* Madrid: Ediciones del Orto.

TORRES GUERRA, J. B. (ed. lit. 2013), *Juan de Damasco, Sobre las imágenes sagradas.* Navarra: Eunsa.

TOYNBEE, A. (1973), *Constantine Porphyrogenitus and his world.* Oxford: Oxford University Press.

TREADGOLD, W. (1988), *The Byzantine Revival, 780-842.* Stanford: Stanford University Press.

TREADGOLD, W. (1995), *Byzantium and Its Army, 284-1081.* Stanford: Stanford University Press.

TREADGOLD, W. (1997) *History of Byzantine State and Society.* [S. l.]: Stanford University Press.

VALLEJO GIRVÉS, M. (1993), *Bizancio y la España Tardoantigua. ss. V-VIII. Un capítulo de historia mediterránea.* Alcalá de Henares: Universidad de Alcala de Henares. Servicio de Publicaciones.
VALLEJO GIRVÉS, M. (2012), *Hispania y Bizancio. Una relación desconocida.* Madrid: Akal.
VARONA CODESO, P. (2009), *Miguel III (842-867): construcción histórica y literaria de un reinado,* Madrid: CSIC.
VASILIEV, A. A. (1935), *Byzance el les Arabes. Tome I. La dynastie d'Amorium (820-867).* Édition française préparée par H. Grégoire et M. Canard. Bruselas: Éditions de l'Institut de Philologie et d'Histoire Orientale.
VASILIEV, A. A. (1946), *Historia del Imperio Bizantino.* Barcelona: Iberia.
VASILIEV, A. A. (1950a), *Byzance et les Arabes. Tome II. La dynastie macédonienne (867-959).* Édition française préparée par H. Grégoire et M. Canard. Bruselas: Éditions de l' Institut de Philologie et d'Histoire Orientale.
VASILIEV, A. A. (1950b), *Justin the First. An Introduction to the Epoch of Justinian the Great.* Cambridge, Mass: Harvard University Press; Londres: Cumberlege.
WARD PERKINS, B. (2005), *The Fall of Rome and the End of Civilization.* Oxford: Oxford University Press [trad. esp. *La caída de Roma y el fin de la civilización.* Madrid: Espasa, 2007].
WEISS, G. (1969), *Joannes Kantakuzenos - Aristokrat, Staatsmann, Kaiser und Mönch - in der Gesellschaftsentwicklung von Byzanz im 14. Jahrhundert.* Wiesbaden: Otto Harrassowitz.
WHITBY, M. (1988), *The Emperor Maurice and His Historian. Theophylact Simocatta on Persian and Balkan Warfare.* Oxford: Clarendon Press.
WILLIAMS, S. (1985), *Diocletian and the Roman Recovery.* Nueva York: Methuen
WILLIAMS, S. y G. FRIELL (1994), *Theodosius: The Empire at Bay.* Yale University Press.
WILSON, N. G. (1983), *Scholars of Byzantium,* Londres: Duckworth; Baltimore: Johns Hopkins University Press.

Índice de mapas

Índice onomástico